학교 없는 교육개혁

:유토피아를 꿈꾼 미국 교육개혁 100년사

David Tyack · Larry Cuban 공저 | 권창욱 · 박대권 공역

박영
story

Preface
한국어판 서문

이 책에서 우리는 다음과 같은 질문을 던졌습니다.

☑ 미국인들은 왜 백년 이상 교육의 진보를 믿다가 지금은 그것이 실패했다고 생각하는가?

☑ 학교 교육을 재창조하려는 개혁가들의 시도가 반복해서 있었지만 왜 대부분 성공을 거두지 못했는가?

☑ 우리가 학교 교육의 기본틀이라 부르는 학교의 기본 구조 및 교실에서 일어나는 일들은 왜 거의 바뀌지 않는가?

이런 질문과 또 다른 여러 질문에 답하는 과정을 통해, 우리는 개혁가들이 지난 세기 동안 나이에 따라 학년이 나뉘는 학교와 교사 중심의 수업에 내재된 강력한 연속성을 별로 고려하지 않은 채 상명하달식으로 이상향적인 대규모의 변화를 추구해 왔음을 밝혔습니다. 유치원 및 중고등학교, 교실에서의 과학기술 등 여러 사례들을 통해, '학교교육의 기본틀'이 거듭해서 부여되는 개혁 과제를 수용할 뿐만 아니라 개혁 자체를 변화시킨다는 것도 보였습니다. 지난 세기 동안의 이러한 일들이 반복되면서 '땜질', 즉 '가치 있는 것은 보존하고 가치 없는 것은 수정하는' 데에 뜻을 같이하는 교사 그룹이 생겨났습니다.

따라서 이 책의 원제 "이상향을 향한 땜질(Tinkering toward Utopia)"은 비꼬거나 경박하거나 비판적인 표현이 아닙니다. 막대한 정치력을 가진 사람들이 학교와 교실에 이상향적인 개혁을 밀어붙일 때, 힘없고 평범한 교육자들이 구사하는 적극적인 전략이라는 뜻을 지니고 있습니다.

한국의 교육자들과 개혁가들이 학교교육을 향상시키기 위한 지속적인 노력을 이해하는 데에 '이상향을 향한 땜질', '정책 논의', '정책 실행', '학교교육의 기본틀' 등의 개념이 도움이 되기를 바랍니다.

2013년 5월
저자를 대표하여
스탠포드에서 래리 큐반

Recommendation
추천사

미국 공립 학교개혁의 역사를 정리한 이 책은 한국의 학교개혁을 바라보는 관점에 있어서 중요한 시사점을 제공한다. 우선, 교육개혁에 대한 주장이 높고 요란할지라도 실제 개혁은 완만하고 점진적인 '수선(tinkering)'의 양상을 지닌다는 이 책의 통찰은, 우리 학교개혁의 주체들이 이상을 지니되 그 이상의 칼을 섣불리 휘두르지 않고, 기존의 공과를 균형있게 돌아보며 좋은 지점에 한 발짝씩 다가서는 진중한 탐구심과 책무감, 진정성을 지녀야 한다는 점을 일깨운다. 다음으로, 이 책은 현대 한국의 학교개혁의 역사 정리의 필요성과 방향을 돌아보게 한다. 학교를 둘러싼 교육의 문제가 늘 소란스러운데도 그 역사에 대한 체계적인 이해의 문제의식 및 실천이 빈약한 한국의 현실에서, 이 책은 학교개혁사가 왜 서술되어야 하고 어떻게 서술될 수 있는가를 보여주고 있다.

황금중 (연세대 교육학과 교수)

'학교 없는 교육개혁'은 학교가 중심이 되지 않는 교육개혁은 실패할 수밖에 없다는 짧고 강한 메시지를 주는 책이다. 제목처럼 학교 없는 개혁, 현장과 괴리된 개혁, 아래로부터의 동력에 기반한 개혁이 아닐 경우 얼마나 지난하거나 또는 실패할 수밖에 없는지, 그래서 왜 미국 공립학교 개혁의 100년사를 원제목처럼 '유토피아를 향한 땜질의 과정'으로 명명할 수밖에 없는지를 이 책은 잘 보여주고 있다.

　우리도 교육의 근본을 바로 세우려는 중요한 시대적 기로에 서 있다. 미국 교육사 100년 동안 진행된 개혁 속에 녹아 있는 다양하고 깊은 고민은 바로 우리에게 주어진 과제이기도 하다. 이 책에서 던진 '학교'와 '개혁'이라는 두 가지 핵심 키워드를 갖고 지금 우리는 '혁신교육'이라는 이름으로 새로운 길을 모색하고 있다. 우리네 교육만큼 '사공'이 많은 영역도 없을 것이다. 교육의 백년지대계를 세우는 것이 그만큼 어려운 일이다. 그럼에도 언제나 놓치지 말아야 할 것은 '학교'를 공교육의 중심에 확고히 세우는 것, 그것이 아닐까 생각한다. 이 책은 그러한 기본을 우리에게 성찰적으로 잘 상기시켜주고 있다.

조희연 (서울특별시교육감)

　미국 공립학교 개혁의 100년사를 다룬 *Tinkering Toward Utopia*를 번역한 『학교 없는 교육개혁』이 2011년 처음 발행된 이후 세 번째 인쇄본으로 나왔다. 자녀 교육에 대한 팁(Tips)을 주는 대중적인 교육학 서적이 아님에도 불구하고 널리 독자들에게 꾸준하게 읽히고 있다는 증거인 셈이다. 이 책이 꾸준하게 읽혀 온 것은 독자들이 이 책이 담고 있는 메시지에 대하여 공감했기 때문이라고 생각한다. 이 책은 교육의 이상향은 한꺼번에 실현되는 것이 아니라 점진적으로 이루어진다는 것, 이상향을 실현한다고 주장되는 개혁안들 중에서 교사들이 공감하는 개혁안들만이 실천된다는 것, 교사들은 학생들의 성장과 중요한 교육적 가치를 담고 있는 개혁안에 대해서는 공감하고 실천하려고 노력한다는 점을 한 세기에 걸친 미국 공교육 개혁의 역사를 분석함으로써 드러내고 있다. 우리 사회에서 학교개혁을 소리 높여 외치는 사람들은 개혁을 주장하기 전에 이 책부터 읽어보아야 한다. 이 책을 대학원생들과 함께 읽기도 하고 지인(知人)들에게 소개하기도 하고 선물하기도 했던 적이 있었기에 3쇄(刷)를 진심으로 축하한다.

김성열 (경남대 교수/전 한국교육과정평가원장/제44대 한국교육학회장)

학교교육의 변화는 정치·경제적 요소와 사회 복지적 접근 등 매우 복잡한 메커니즘으로 되어 있다. 그런데 우리나라에서 추진했던 학교교육의 개혁 방식은 늘 단선적이었고 교육 소비자에 대한 인기, 현재의 유행과 어설픈 미래 예측에 근거하였기 때문에 성공적이지 못했다. 이 책은 지난 100년간 미국 공교육의 역사를 성찰하면서 미국 공교육 개혁의 효과와 실패를 솔직하게 보여주고 있다. 효력이 작용한 기간과 과정을 밝히고, 실패한 교육정책들에 대해서는 준엄한 역사적 평가를 내리고 있다. 맥락적 이해와 역사적 의식 없이 미국의 교육 제도나 정책을 도입하려는 성급한 정책입안자들에게는 경고의 메시지가 될 것이며, 진정한 의미의 학교교육의 개혁을 성취하고자 하는 뜻있는 교육실천가들에게는 매우 유익한 지침서가 될 것이다.

박하식 (충남삼성고등학교장)

"이상향을 향한 땜질!" 저자들은 미국 교육개혁 100년사를 이 한마디로 평가하고 있다. 교육개혁이라는 이상향을 향한 그 많은 노력들이 어째서 임기응변식 땜질이 되고 말았는가. 교육사에 남을 굵직굵직한 개혁 사례들을 저자들이 꼼꼼하게 분석하는 대로 따라 읽어가다 보면 그 답은 의외로 단순한 진리를 외면한 결과 때문이라는 것을 알게 된다. 정책입안자들이 교사와 학부모를 동반자로 여기지 않았다는 것. 학교교육의 주체인 그들을 개혁의 대상으로 타자화했다는 것. 그래서 "유행하는 혁신이 학생들에게 불필요하다고 생각되면 거부할 수 있으며, 대신 자신들이 믿는 개혁을 자신들만의 방식으로 시도할 수 있는 지혜를 가진 교사들이 전국적으로 많이 있다"며 "교사와 손을 잡고 개혁을 꿈꾸자"는 저자들의 제언을 만나는 순간, 개혁의 대상이 되어 상처입고 실의에 잠겨 있던 이 땅의 교사도 교육개혁의 이상향을 포기하지 말고 또 다시 꿈꿔 보자고 마음을 다잡게 된다.

박난주 (정신여자고등학교 교사)

Tinkering Toward Utopia
: A Century of Public School Reform

Contents
차례

CHAPTER 05

학교교육을 다시 만들기 · 175

| 일러두기 |

1. Junior high school과 middle school은 오늘날 모두 '중학교'를 뜻하는데, 저자는 이 둘을
   구분하여 사용하였다. 과거 미국의 초등학교(1-8학년)와 고등학교(9-12학년)의 간격을 메
   꾸기 위해 주로 7-9학년을 대상으로 고등학교 준비과정으로서 20세기 초에 생겨난 학교를
   junior high school이라 부르며, 이후 1960년대 중반부터 6-8학년을 대상으로 보다 독립
   적인 과정으로 운영되는 학교를 middle school이라 부른다. 오늘날은 middle school이 훨
   씬 더 많으며 용어로서도 더 많이 쓰인다. 이 책에서는 원문을 존중하고 이러한 역사적 배
   경을 감안하여 각각 '예비고등학교'와 '중학교'로 옮겼다.

2. Senior high school과 high school도 혼용하였는데, 문맥의 차이가 거의 없으므로 모두
   '고등학교'로 옮겼다.

3. 우리나라는 초등학교 1-6학년, 중학교 1-3학년, 고등학교 1-3학년 등으로 학교별로 학년
   을 나누어 부르는 데 비해, 미국은 1-12학년이라 부른다. 예컨대 우리나라 중학교 2학년은
   미국의 8학년을, 우리나라 고등학교 2학년은 미국의 11학년을 뜻한다.

Tinkering Toward Utopia
: A Century of Public School Reform

Tinkering Toward Utopia
: A Century of Public School Reform

프롤로그

과거로부터의 학습

과거로부터의 학습

우리는 이 책을 원래 '이상향을 향한 땜질(Tinkering toward Utopia)'이라고 이름을 붙였다. 그 이유는 거의 세속적 종교에 가까운 교육에 대한 미국인들의 과한 믿음과 교육 현장에서의 완만한 변화 사이에 긴장 관계를 강조하기 위해서다. 한 세기가 넘도록 사람들은 교육을 통해 젊은 세대를 향상시켜 미래를 완벽하게 준비하려고 했다. 그럼에도 불구하고 학교에서의 실제 개혁이 그러한 기대에 부응하는 경우는 거의 없었다. '이상향(Utopia)'과 '땜질(Tinkering)'이라는 단어는 각각 긍정적인 의미와 부정적인 의미를 동시에 가지고 있다. 이상향적 생각은 그림의 떡으로 비하되기도 하지만, 비전이 있는 생각으로 칭송받을 수도 있다. 땜질은 단순한 점증적 발상으로 불리기도 하지만, 일상적 문제에 대한 상식적 해결책으로 칭송받기도 한다. 땜질적 발상과 이상향적 생각의 긍정적 예와 부정적 예는 수많은 교육개혁의 기록들을 만들어냈다. 이러한 역사의 중심에는 제도적 변화의 목적과 과정 사이의 복잡한 상호작용이 존재한다.[1]

공립학교에 대한 개혁은 단순히 교육뿐만 아니라 사회 자체를 변화시키는 방법으로 선호되어 왔다. 1840년대 호러스 만(Horace Mann)은 보통학교(common school)가 없다면 직면하게 될 사회적 해악에 대해서 설파하였다. 1983년 대통령 부설위원회는 교육에 대해서 지옥의 천벌 같은 또 다른 설교를 하였다. 《위기의 국가》라는 의미는 경제적 불황이라는 저주로, 만이 이야기한 도덕적 해이와는 개념부터 다른데도 말이다. 한 세기 반이 넘도록 미국인들은 그들의 문화적 열망과 희망들을 교육개혁에 대해 극적으로 과장된 요구로 전환시켰다.[2]

교육에 대한 이상향적 생각은 여러 가지 색실을 꼰 융단처럼 다양한 성격을 가진다. 첫 번째는 정치적이라는 것이다. 미국은 건국 초기부터 국장(國章, the national seal)에 '시대의 새로운 질서'를 추구하고 있음을 선언하였다. 독립혁명 중에 교육이론가들은 새 시대의 시민을 육성하기 위해서 의식적으로 학교교육을 이용하였다. 미국을 문자 그대로 하나님의 나라로 만들어야 한다는 청교도적 공화주의자들의 이념은 19세기 공립학교 운동의 배경이 되었다.[3]

정치 이론가인 한나 아렌트(Hannah Arendt)는 "지속적인 이민이 미국인의 정치의식과 사고구조를 만들어 왔기" 때문에, 미국에서의 교육의 역할은 다른 나라들과 "다르며 정치적으로도 비교할 수 없을 만큼 더 중요하다"고 주장했다. 1901년 4월 20일자 *Judge** 만평에 요약되어 있는 것처럼, 교육계 지도자들은 새로 들어온 이민자들과 기타 "외부인"을 자신들이 생각하기에 이상적인 "미국인"으

---

* 미국에서 1881년에서 1947년까지 발간되었던 주간지(옮긴이).

로 변화시키기 위하여 노력했다. 그러나 새로운 이민자들과 "외부인들"은 지배층이 자신들의 가치로 만들어낸 단순한 인형들이 아니었다. 서로 다른 많은 집단들이 학교교육을 통하여 자신들이 생각하는 모범 시민을 규정하고 창조하려 각축을 벌였는데, 이러한 정치적 토론을 통해 공교육의 교과목이 정해졌다.[4]

학교교육에 대한 수많은 생각들은 경제적·사회적 문제들에 대한 해결책으로도 선호되었다. 20세기 초, 교육 엘리트들은 자신들을 사회 진화를 의식적으로 이끌어 나갈 수 있는 사회공학자라 생각했다. 1960년대에 존슨(Lyndon B. Johnson) 대통령은 "위대한 사회"를 건설하고자 빈곤과의 전쟁을 선포하면서 이렇게 말했다. "우리나라의 모든 문제에 대한 대답은 한 단어로 귀결됩니다. 바로 '교육'입니다."[5]

미국인들은 젊은 세대를 지도하는 것이 성인들에게 강요하는 것보다 쉽다고 생각해 왔다. 학교 교육을 통하여 완벽한 시민을 창조하는 방법에 대한 논의는 미스 매너(Miss Manner)가 쓴《완벽한 어린이 양육 가이드》보다 훨씬 전의 일이다. 이론적으로는 아이가 제대로 교육을 받는다면 성인이 되어서는 더 이상 고쳐 배울 것이 없다는 것을 말한다. 그러나 성인이 교통법규 위반 등으로 법정에 서야할 때 교화를 위한 과목을 이수해야 한다. 1990년, 캘리포니아 주의원들은 자신들이 부패혐의를 받게 되자 모든 로비스트들이 윤리과목을 이수해야 한다는 법을 통과시켰다.[6]

미국인들은 어떤 사회적, 경제적 폐해에 있으면 그에 대해 교육적 처방을 내리는 양식을 반복했다. 문제가 발견되면 그 문제에 이름을 붙였고 그 주제에 대하여 수업을 했다. 중독과 싸우기 위한 알코올교육과 마약교육, 매독과 에이즈와의 전쟁을 위해 성교육, 이혼율을 낮추기 위한 가계교육, 고속도로에서의 대형 사고를 없애

미국식 정책
안가겠다는 아이도 학교로 끌고오기

기 위한 운전자교육, 미국의 경제적 지위를 유지하기 위한 직업교육이나 컴퓨터 활용법 강좌 등이 그 예들이다.[7]

교육의 힘에 대한 믿음은 긍정적 결과와 부정적 결과를 동시에 가져왔다. 이러한 믿음 때문에 전 세계의 공교육제도 중 가장 종합적인 제도를 만들 수 있었다. 미국인들은 교육에 대한 담론들을 '공공재'라는 개념으로 발전시켜 주입했다. 그러나 학교가 할 수 없는 일에 대한 과도한 약속은 학교에 대한 환멸과 비난으로 다가왔다. 무엇보다도 학교를 통하여 사회개혁을 하려는 이상향적 전통은, 비용이 많이 들거나 정치적 논란거리이거나 고치기 힘든 다른 사회적 개혁거리에 대한 사람들의 관심을 분산시켰다. 즉, 고용에서의 불평등과 재산, 수입의 막대한 차이를 개선하는 것보다는 직업교육을 제공하는 것이 훨씬 수월한 것이다.

우리가 교육개혁이라는 말을 할 때에는 인식하고 있는 경제적·사회적 문제들을 수정하기 위한 목적으로 학교를 변화시키려는 계획적 노력을 의미한다. 가끔은 광범위한 사회적 위기가 교육개혁을 초래하기도 하고, 때로는 개혁이 전문가에 의하여 주도된 내부적 개선책이 되기도 한다. 문제에 대한 진단과 대안으로 제시되는 해결책은 시간에 따라 바뀐다. 그러나 내용이 무엇이던 간에 개혁은 문제 발견, 해결책 고안, 새로운 정책의 채택, 제도적 변화의 수반 등의 길고 복잡한 과정을 거친다.[8]

미국인들은 혁신을 높은 가치로 여긴다. 교육에서도 마찬가지로 새로운 것에 대한 선호가 생겨나면서 교육자들이란 변화에 저항하고 시대에 뒤쳐진 사람들이라는 비난이 반복되고 있다. 폴 모트(Paul Mort)는 교육개혁에 대한 연구에서 "새로운 일을 도입해서 이를 전면적으로 실행하는 데까지는 반세기라는 시간차가 있다"고 결론지었다. 그는 교육자들을 '굼벵이'라고 부르기까지 했다.[9]

혹자는 교육개혁이 제도적인 버뮤다 삼각지대라고 개탄한다. 용감한 변화 주도자가 항해하여 나아가지만 다시는 보이지 않게 된다는 것이다. 어떤 사람들은 공교육이 너무나도 유행에 민감하다고 하고, 또 다른 사람들은 너무나 많은 무식한 주장들이 빠른 속도로 교육 주변을 맴돌고 있다고 생각한다. 학교가 변화에 지나치게 저항적인 것일까, 아니면 너무 유행에만 열중하는 것일까? 역사를 돌이켜볼 때, 둘 다인 것 같다. 교육자들은 자신들이 교육개혁을 요구하는 대중들의 뜻에 민감하다고 그저 입으로만 떠들었다. 그러나 그들의 상징적 대응은 핵심 영역에 대한 기본적 도전들로부터 학교 내부인을 보호했을 뿐이다.[10]

교육자들이 증언할 수 있는 것처럼, 지난 세대의 교육개혁은 깊고 빠르게 진행되었다. 변화의 가치란 보기에 따라 다른 법이기에, 일부 혁신가들은 이전 개혁의 결과물은 다시 제자리로 돌려놓으려 했다. 한때 개혁자들은 현재의 학년제 학교(연령과 숙달 정도로 학생들을 나누는 학교)가 교육적 효율성을 매우 높일 것이라고 생각했다. 후세대의 비판가들은 고정된 학년의 족쇄를 풀기 위하여 무학년제 학교를 만들려고 하였다. 교육과정 설계자들은 학습이 느린 사람들을 위해서 영어 수업의 고전들을 쉬운 교재로 대체하려고 하였는데, 이러한 노력은 부실음식(junk food)이라고까지 비난을 받기도 한다.[11]

변화에만 초점을 맞추는 것은 학교의 기본적 관행에 대한 연속성을 무시하는 위험을 초래한다. 〈믿음과 영광〉은 제2차 세계대전 중 런던 대공세를 다룬 영화로 최악의 조건에서도 익숙한 일상이 어떻게 유지되는지 생생하게 보여준다. 공중폭격 때문에 사람으로 꽉 찬 방공호 속에서 근엄한 눈빛으로 쳐다보는 교사 아래 열을 맞춰 앉은 어린학생들이 방독면을 쓴 채 구구단을 외우는 장면이 바로 그것이다.

우리는 변화를 이해하는 것과 마찬가지로 학교교육의 계속성의 의미도 밝히려고 한다. 우리는 변화와 진보는 동의어가 아니라고 생각한다. 교사들은 변화에 직면하면서도 좋은 관습을 지키는 것이 진정한 성취라고 판단하여 자신들의 전문적 판단을 훼손시키는 개혁에 대해서 종종 저항하기도 한다.

개혁에 대한 정책논의가 이상향적이고 요란할 때도 있지만 실제 개혁은 보통 완만하고 점진적으로 이루어진다. 즉, 개혁은 제도를 땜질해나가는 과정이라고 볼 수 있다. 점진적 변화를 단편적이고 부적절하다고 매도하는 것이 유행을 따르는 것처럼 보일 수 있지만, 오랜 시간에 걸쳐 지역적 맥락에 맞게 관습을 수정하는 방식이 학교를 실질적으로 향상시킬 수 있다. 개혁에 대한 여러 가지 생각들이 뒤엉키는 것이 잘못되었다기보다는 차라리 나을 수도 있다. 왜냐하면 땜질은 가치 있는 방법을 보존하고 그렇지 않은 방법을 수정할 수 있기 때문이다.

독자적인 연구를 다른 동료들의 연구와 통합시키면서, 우리는 학교개혁의 성격에 대한 복잡한 질문을 하게 되었다. 또한, 우리는 의문을 제기하고 역사적 증거와 사례연구를 통하여 그 범위와 의미를 탐구하였으며, 교육의 현재적 상황에서 쟁점들을 성찰해 보았다. 수년간 우리들을 붙잡아 두었던 교육개혁에 관한 질문들은 다음과 같다.[12]

- 왜 미국인들은 과거 한 세기 동안 교육의 진보를 믿었다가, 최근에는 이에 대해 의문을 가지게 되었는가?
- 교육개혁이 주기적으로 반복된다는 상식은 과연 정확한 것인가? 이러한 생각이 진보에 대한 생각과 조화될 수 있는가?
- 정책논의와 정책 실행, 제도적 경향 사이의 관계는 무엇인가?
- 개혁이 학교를 변화시키려는 것에 반하여, 학교는 어떻게 개혁을 변화시켰는가?
- 교육개혁에서 성공을 가져오는 요인은 무엇인가? 또한, 성공한 교육개혁 중 눈에 띄지 않게 개혁이 생기게 된 이유는 무엇인가?

- 학교교육의 기본틀(교수법을 결정하는 제도적 형식)에 대한 온갖 도전은 금세 사라지는 데에 반하여, 왜 기본틀은 지속되는가?
- 외부인들은 왜 학교교육에 대한 틀을 깨고 새로운 모습을 만들어 내려고 시도하는가? 그러한 시도는 보통 잠시 반짝이는 혜성 같은데도 말이다.

우리는 지난 1세기를 다룬 이 책이 오늘의 교육개혁에 대한 다양한 이야기에 도움이 되고, 학교교육을 향상시키는 것이 모두의 일이 되기를 바란다. 실제로 교육개혁은 학부모, 학생, 운동가, 학자, 교육위원, 중앙정부와 지방정부 공무원뿐만 아니라 학교에서 일하는 수백만 교육자들의 특별한 관심이기도 하다.

현재 직면하고 있는 교육개혁의 긴급한 상황에서, 왜 교육개혁의 역사에 대해서 관심을 가져야 하는 것일까? 교육개혁에 대한 가장 최근의 정책 논의의 반역사성에 대해 평가한다면, 아마도 혁신가들은 과거를 모르는 것이 나을 수 있다. 개혁가들이 학교교육의 역사를 토론하게 되는 매우 드문 기회가 있어도, 그들은 과거를 정치화시키고 극단화시켜서 회복해야 할 황금기나 거부해야 할 암울한 유산으로만 보는 경우가 대부분이다.

교육개혁을 바라는 사람은 누구나 다음 두 가지 면 때문에 역사에 사로잡힌다. 모든 사람들과 제도는 역사(과거 사실)의 산물이다. 또한, 모든 사람들은 현재와 미래에 어떤 선택을 할 때 알게 모르게 역사(과거 사실에 대한 해석)를 아울러 사용한다. 문제는 사람들이 현재의 삶을 만들어 갈 때 역사의식을 가지고 실행하느냐 그렇지 않느냐가 아니라 그들의 역사인식이 얼마나 정확하고 적절한가에 있다. 다시 말해 그들이 상황의 맥락과 복잡함에 충분히 주의하여 추론하는지, 비유는 타당한 것인지, 과거의 대안적 해석이 미래에 대하

여 어떻게 다른 비전을 가져올 수 있을지가 중요하다는 것이다.[13]

역사는 이 땅을 살아간 사람들을 대상으로 한 실험이 담긴 창고와 같다. 연구자금이 많지 않더라도 이런 실험을 얼마든지 연구할 수 있으며 사람, 특히 가난한 사람들을 실험실의 동물처럼 사용해야 될 필요도 없다. 많은 교육 문제는 과거에 뿌리를 가지고 있고 많은 해결책들은 과거에 시도해 본 것들이다. 만약 어떤 새로운 생각이 과거에도 시도되었던 것이라면, 과연 과거에는 어떻게 되었을까?

현실에 대한 열정 때문에 흐릿하게 보이는 쟁점들에 대하여 과거의 개혁에 대한 연구는 심리적인 거리를 제공한다. 유아들이 있는 보육 시설에 대한 논란을 생각해 보자. 미국인들은 세대를 거듭하면서 일하는 엄마들이 자신의 아이들을 돌보기 위해 도움을 필요로 한다는 것을 계속 보게 되었지만, 가정이 어느 정도 안정을 찾으면 아이들의 양육에 대한 문제 제기가 수그러들 것이라고 가정했기 때문에 짜깁기 방식으로 육아문제에 대처해 봤다. 하지만 육아문제가 더 이상 새롭거나 순간적인 문제가 아니라는 것을 알았을 때, 이 문제의 영속성은 가정과 공공제도에 있어 장기적 변화의 결과라고 결론짓게 되었다.[14]

마지막으로, 역사는 충분한 시간을 두고 교육개혁을 평가하도록 한다. 선거 일정에 따른 단기적인 필요나 예산, 연구비, 언론 보도, 개혁 전문가의 명성에 의해 좌우되는 것이 아니라는 뜻이다. 어떤 개혁은 시행 직후 성공으로 여겨지지만, 밝게 반짝거리다가 곧 스러지는 반딧불 같은 것이 되기도 한다. 교사를 대신하는 교수법 도구로 과학기술을 채택하려는 계속되는 시도가 바로 이러한 예이다. 어떤 개혁은 단기적으로 볼 때는 의문투성이로 보이지만 궁극적으로는 효과적인 것으로 드러나기도 한다. 헤드 스타트*의 긍정적인

---

* Head start: 저소득층 유아들을 위한 종합적인 교육 및 건강 프로그램(옮긴이).

효과는 참여자들의 저학년 시절보다는 청소년 시절에 더욱 두드러지게 나타났다. 근본적 제도의 변화나 뿌리 깊은 사회적 부정의의 제거를 목표로 하는 개혁을 제도로 평가하려면 한 세대나 그 이상의 기간이 소요될 것이다.[15]

우리의 교육개혁에 대한 해석은 정치적 분석과 제도적 분석을 혼합하는 것이다. 정치적 관점은 각 집단들이 문제를 공론화하고 해결책을 고안하며 채택한 정책을 어떻게 지켜내는지를 보여준다. 학교 현장에서 개혁이 어떻게 실행되는지, 또는 제대로 되지 않는지를 이해하려면 학교의 독특한 제도적 특성에 대한 통찰력이 필요하다.

모든 교육개혁은 평등하게 시작되지 않는다. 어떤 개혁은 정치적으로 막강한 후원자가 있지만, 어떤 개혁은 전혀 그렇지 못한 정치적 고아 상태다. 그러나 아무리 강력한 지지자를 가진 개혁이라도 항상 학교로 파고들 수는 없다. 외부적 힘이 교육개혁의 추이를 만들어 내지만, 학교는 어떤 면에서 자율적이며 완충장치가 있는 제도이기도 하다. 교육자들은 외부로부터의 개혁을 환영하기도 했고 향상시키거나 굴절시키기도 했으며 흡수하거나 변형시키기도 했고 때론 거부하기도 했다.

오랜 기간 동안 학교는 핵심적 운영 방식을 기본적으로 동일하게 유지해 왔다. 학생과 교육자, 그리고 대중은 그러한 학교의 모습을 '진짜 학교'의 필수적 특성이라고 인식하게 되었다. 변화에 대한 저항은 때때로 대중적 무지나 제도적 관성의 결과라고 묵살되기도 하지만, 그것은 지나친 과장이다. 학부모들과 마찬가지로 교사들 역시 변화에 저항하는 매우 심오한 이유들을 가지고 있다. 개혁가가 학교에 대한 그들 나름의 계획을 가지고 있는 것처럼 학교에 있는 사람들이나 지역 주민들도 개혁을 다루는 나름의 방법이 있는 것이다.[16]

미국의 정치적·경제적 분열은 교육 정책과 실천 중 무엇이 가능하고 바람직한지에 대한 사람들의 생각을 제한하기도 하고 장려하기도 한다. 이러한 불평등은 지역별 부와 경제적 능력의 차이에 따라 명확하다. 도시와 시골 생활의 명확한 대조, 인종·계층·성의 차별, 특정 문화에 대한 찬양과 다른 문화에 대한 무시 또는 경멸, 집단 간 정치적 힘의 차이가 그러한 예이다. 사회계층에서 최하층의 생활은 최상층의 생활과는 전적으로 다르다. 교육제도가 계층이동의 사다리 역할을 해왔다고 주장하는 사람들은 사다리 하단의 학생들에게 거의 관심을 기울이지 않았다.[17]

본질적으로 교육개혁은 그 시작부터 정치적이다. 각 집단들은 학교에서 자신들의 가치를 주장하고 이익을 지키기 위해서 학교 정치의 영역에 있는 다른 집단들과 조직을 이루기도 하며 경쟁하기도 한다. 교육에서의 갈등은 민족·종교·인종·성·계급 등에 걸쳐 일어난다. 영어 전용 또는 이중 언어 교육과 관련된 언어정책에 대한 논란은 한 세기가 넘도록 반복되었고, 인종과 성차별에 대한 각축은 물론 학교 내에서의 성경 사용과 기도에 대한 논란도 마찬가지다.[18]

지난 반세기 동안의 저항운동을 비롯해서 많은 집단이 학교 정치의 장에 참여하게 된 것은 사실이지만, 사람들로 하여금 이러한 다원주의가 오해하게끔 하는 것이 있다. 교육정치는 공평한 경쟁의 장에서 이루어지는 것이 아니라는 사실이다. 대표적인 예로 수많은 집단의 참여에도 불구하고 정책 엘리트가 교육개혁에 대하여 편중된 권한을 얻게 된 것이다. 정책 엘리트는 경제를 지배하고 언론과

정치 지도자들에게 쉽게 접근할 수 있으며 재단을 통제한다. 이들은 대학이나 시·도의 교육감과 같은 지도자이기도 하고 여러 종류의 조직들을 재편성하거나 이끌기도 하는 사람들이다. 특히 20세기 초 30년 동안 이들의 활약이 두드러졌다. 학교 안팎에 있는 이런 지도자들은 과학적 관리라는 공통된 비전과 교육제도를 구조조정하려는 청사진을 가지고 있었다.[19]

정책 엘리트는 종종 "학교를 정치로부터 해방시켜야" 한다고 주장하였다. 그들은 학교에 대한 통제를 중앙집권화 하였고, 교육에 대한 결정을 전문가들에게 위임함으로써 이러한 일을 추구하였다. 물론 이러한 과정에서 정책 엘리트들은 정치를 제거하지는 못했다. 오히려 그들은 가공할 만한 권력을 장악하였다. 개혁의 의제를 선정하고 문제를 진단하며 해결책을 처방하는 것은 물론 종종 개혁의 의제에 포함되어서는 안 되는 것까지도 영향력을 끼치게 된 것이다. 그들이 마련한 교육에서의 구조적 변화의 모형이 1900년부터 1950년까지의 교육개혁의 주요한 틀이었다.

지난 세기에 교수활동을 조직하는 구조·규칙·실행에 있어 많은 연속성이 있었다. 학교의 기본틀이라고 불릴 수 있는 조직의 규칙으로는 연령별 학년구성, 분과 지식의 과목화, 1인 교사가 책임지는 독립된 학급 등을 들 수 있다. 교실 내 학습활동과 같은 학교의 핵심부에서는 변화가 느렸다. 개혁은 있었지만 서로 다른 조직들이 그 독자성을 유지하는 방법을 생각해야 한다. 첫 번째 방법은 조직 내 구성원들의 행동에 대한 특정한 규칙과 문화를 만드는 것이다. 군대나 교회, 학교의 구성원들은 각 기관의 규범에 맞도록 다르게 행동한다. 한 조직에서 다른 조직으로 이동한 구성원은 이러한 차이를 당연하게 여긴다. 아이들은 교사의 관심을 받기 위해서는 교실에서 손을 들어야 하지만, 교회의 설교 시간에는 아니라는 것을 안다. 또한, 갓 입대한 신병은 상관이 자신을 초등학교 1학년 때 선생님처럼 다루어 주기를 기대하지 않는다.[20]

많은 미국인들은 학교에 가봤고, '진짜 학교'가 어떠해야 하는지를 안다. 사람들이 가지고 있는 문화적 인식의 일치는 학교라는 제도가 대중의 뇌리 속에서 그 정당성을 유지하는 데 큰 도움이 되었다. 그러나 학교교육이 '진짜 학교'라고 동의할 수 있는 본보기로부터 너무 동떨어져서 학교의 형식과 조화를 이루지 못하게 되면 종종 문제가 발생한다. 또한, 만약에 교사가 엄격한 규율과 지속적인 학생 지도를 하지 않는 경우는 물론 전통적 교과목이 무시되거나 학생들이 성적표를 집으로 가져오지 않는 경우, 그 개혁은 의심을 받게 된다.[21]

교사들도 이와 같은 학교에서의 제도적 관례들을 만들어 왔다. 학생 때 제도적 관례들을 처음 배운 후, 교사가 되어 책상 반대편으로 이동했을 뿐이기에 교사들은 과거의 관례를 당연시 여겨서 조직의 전통적 양식을 그대로 따르려고 한다. 교육의 변방에 대중적인 혁신방안을 더하는 것과 교사들의 일상을 근본적으로 바꾸라고 하는 것은 완전히 다른 이야기이다. 학교에서 직업 특강이나 치대 입학시험을 보게 하는 것과 교사에게 과밀학급을 맡아 가르치게 하는 것은 전혀 다른 차원이라는 것이다. 그와 같은 교사들의 기본적 업무 변화는 충분한 시간이나 자원도 없이 교사의 업무를 증가시킨다. 교사들은 교실 문이 닫히는 순간 꽤 높은 정도의 자율권을 가지기 때문에 외부 개혁자들이 강제하는 변화에 상징적으로 순응하던지, 잠깐 하다가 마는 척하던지, 아니면 전혀 따르지 않는다. 교사들은 개혁을 변종시키기도 한다. 즉, 자신들의 직무를 더 효율적으로 만들거나 만족스럽게 할 만한 새로운 부분과 옛 부분을 선택해서 혼합하기도 한다.

이러한 학교의 제도적 특성은 특정 개혁을 교육제도로 편입하고 실행하며 대중과 교사들의 결과 평가에 대해서 영향을 끼친다. '진짜 학교'가 지녀야 하는 문화와 교직원 및 학생에 관한 학교 내 표준 운영절차에 대한 교사와 대중의 일반적인 신념은 교수 활동의 근본적 변화를 추구하는 혁신가들에게 제동 장치로 작용하였다.

혁신에 대한 정치적 요구가 조직의 원칙들과 충돌을 일으킬 때 지역의 교육 지도자들은 진퇴양난에 빠지게 되었다. 공공기구로서의 학교는 정치적 집단의 지지를 받는 개혁을 받아들이기도 한다. 자리를 보존하고 싶은 교육감은 교육위원회와 정책 엘리트들로 하여금 그들이 개혁안을 채택할 것이라는 확신을 주어야 한다. 교육감들도 시대에 뒤떨어졌다는 낙인이 찍히지 않도록 최신의 경향을 좇아야 한다는 압력을 받았다. 새로운 개혁이 유치원이나 상업교육 수강과 같은 부가적인 것이라면 비용 부분을 제외하고는 불평하는 시민이나 교사가 거의 없을 것이다. 그러나 개혁이 정규 학급을 건드리거나 '진짜 학교'에 대한 공통된 인식으로부터 너무 벗어난다면 개혁에 대한 저항이나 의도적 지체가 계속될 것이다.

변화가 가장 필요한 곳은 교사와 학생 사이의 일상적 상호작용이 이루어지는 곳으로, 가장 도달하기 힘들면서도 가장 중요한 부분이기도 하다. 그렇다고 해서 우리는 학교를 향상시키는 데 비관적이지 않다. 어렵지만 필수적이라고 생각하는 것은 무엇보다도 교육적 소수자를 위한 교육이다. 이를 달성하기 위해서는 정치적 의지와 헌신도 필요하지만 학교라는 조직을 정확히 이해해야만 한다.

우리는 그러한 학교교육의 향상 방안 중에서 안으로부터의 시도를 선호한다. 개혁의 주체인 교사들의 지지와 그들의 전문 기술이 필요한 것이다. 이러한 노력은 긍정적인 땜질일 수 있다. 지역적 필요와 환경에 지혜롭게 적응시키고 가치 있는 것은 보존하며 그렇지 않은 것을 수정하는 것이 이러한 땜질이다. 그러나 교사 혼자서만 이러한 일을 할 수는 없다. 교사들은 시간과 돈, 변화에 대한 실천적 계획, 주위의 지지가 필요하다. 그중 학부모와의 협력을 구축하면 가장 큰 성공을 맛볼 수 있다.

교육개혁에 대한 정책 논의는 반짝였다가 사그라지는 혁신에 대한 과도한 요구 자체다. 그림의 떡 같은 이상향적 개혁은 교사들과 대중의 냉소와 환멸을 불러일으킨다. 또한, 실망과 약속 사이를 오고 가는 대중적 의식에는 늘 과장이 자리 잡고 있다.

이상향적 시각에는 지난 세기 동안 교육의 목적에 대한 담론을 결정지은 민주주의도 포함되어 있다. 우리는 교육과 사회의 목적에 대한 토론이 과거 세기에 대한 것으로 지나치게 제한되었다고 생각한다. 오늘날 꼭 필요한 정책 논의는 공공선에 대한 다원주의적 관점, 즉 공동의 미래를 긍정적으로 기대하면서 위대한 과거의 경험을 보존할 수 있는 *트러스티십*(trusteeship, *신탁*)의 정신을 재구축하는 것이다.

Tinkering Toward Utopia
: A Century of Public School Reform

CHAPTER
01

진보인가 퇴보인가

진보인가 퇴보인가

"교육의 이상향이 보이는가?" 대공황으로 인한 실업과 여러 어려움 가운데 있던 1931년, 미주리 주의 교육가인 카펜터(W. W. Carpenter)가 던진 질문이다. 그는 전혀 조소적이지 않았고, 수사를 쓴 것도 아니었다. 그는 '그렇다'고 자답했는데, 그 이유는 미국이 진보를 통해서 모든 아이들에게 적절한 교육을 시킨다는 목적에 거의 다다랐다고 믿었기 때문이다. 그는 이러한 목적을 추구하기 위하여 "우리는 민주주의 역사상 가장 중요한 실험을 하고 있고, 그 결과는 다음 세기의 교육을 결정할 것이다"라고 하였다.[1]

카펜터는 유별난 이상주의자가 아니었다. 그는 미국인들이 공통적으로 가지고 있으며, 교육계 지도자들 사이에서도 거의 원리에 가까운 두 가지 의견을 피력하였다. 진보는 학교교육의 원칙이고,

더 나은 학교교육은 더 나은 사회를 가져온다는 것이다. 또한, 진보는 개혁에 방향과 통일성을 주는 생동감 있는 이상이라는 견해다. 미국인들이 학교교육을 더 오래 받을 뿐 아니라 더 나은 교육을 받고 있다는 것은 당시 교육계에 만연된 교육자들의 흔한 믿음이기도 했다.[2]

미국의 좋은 교육은 외부에서 온다고 믿는 학교 혐오자들이 그당시에도 있었다. 또한, 시민들 중에도 과거 그들이 보았던 황금시대로 돌아가기를 희망하는 사람들이 있었다. 사람들이 일반적으로 공교육이 실패했다고 선언할 때는 1946년에 한 저자가 잡지 《룩》에 기고한 것처럼 학교가 현대 사회의 진보적인 틀에 맞추지 못한다는 것이 주요한 비판이었다. 1950년 《라이프》의 "당신의 학교는 얼마나 훌륭한가?"라는 질문지 중 수월성과 관련된 문항은 요즘 전문가들이 추구하는 것들과 완전히 똑같았다.[3]

최근까지 사람들은 공립학교가 우수하며 더 좋아지고 있다고 생각했다. 이것은 여론조사의 결과를 보면 알 수 있다. 1940년대 갤럽은 대규모 성인 집단에게 공교육에 대한 관점에 대해서 질문을 하였다. 85%가 "요즘의 젊은이들은 그들의 부모가 받았던 교육보다 더 좋은 교육을 받고 있다"는 데 동의했다. 비슷한 시기에 스웨덴에서도 비슷한 조사가 있었다. 단지 스웨덴 아버지들의 38%만이 자신들의 아들이 더 좋은 교육을 받고 있다고 응답했다. 1946년 다른 갤럽 조사에서 학부모들의 87%는 자녀들이 다니는 학교에 대해서 만족한다고 대답했다. 이것은 1943년의 비슷한 조사보다 7%나 상승한 것이다.[4]

초기의 여론조사에 따르면 교사들은 괜찮은 보수를 받았다. 1946년의 조사를 살펴보면 60%가 교사의 보수를 높은 수준으로, 29%가 적절한 수준으로 보았으며, 단지 8%만이 낮은 수준이라고 응답했다. 1950년대 중반, 교사들이 일반적으로 적은 봉급을 받고 콩나물시루 같은 교실에서 일한다는 것을 알게 되면서 시민들 중 2/3가 교사들의 봉급을 높이는 데 쓰인다면 세금을 더 낼 의향이 있다고 하였다. 1957년에는 학부모들 중 3/4이 그들의 딸이 교사가 되기를 희망한다고 하였다.[5]

학교에 대한 비판을 해달라고 했을 때, 1946년에는 시민들의 40%가 아무것도 잘못된 것이 없다고 응답하였다. 이러한 결과는 1938년의 여론조사와도 일맥상통한다. "만약 당신이 해당 지역의 학교를 운영한다면, 무엇을 바꾸시겠습니까?"라는 질문에 24%가 "아무것도 없다"고 응답했다. 29%는 응답하지 않았고, 1%만이 더 엄격한 규율을 바랄 뿐, 나머지는 사사로운 불만들이었다.[6]

여론은 바뀌었다. 과거 100년간 공교육이 진보했다는 것만큼이나 최근에는 공교육이 퇴보하고 있다는 것이 사실로 받아들여진다. 갤럽이 공교육에 대한 여론조사를 체계적으로 시작한 1969년 이후 교육이 중단 없이 진보한다는 믿음은 더 이상 사람들에게 받아들여지지 않았다. 교육에 대한 비판이 늘어날수록, 학교와 교사에 대한 여론은 해마다 나빠졌다. 시민들은 1974년에는 학교를 'B-기관'으로 평가했고, 1981년에는 'C-기관'으로 평가했다. 1978년 미국인들의 41%는 당시의 학교가 그 예전보다 나빠졌다고 했고, 단지 35%만이 예전보다 좋다고 응답했다. 5년 후, 《뉴욕 타임스》의 연구에서는 두 의견이 36 : 36으로 동률을 이뤘다.[7]

1980년대 가장 영향력 있는 교육개혁 보고서인 《위기의 국가》에서는 '미국 역사상 처음으로 한 세대의 교육이 부모 세대의 교육을 뛰어넘지 못하고, 비슷한 수준에 이르기는커녕 좋아가지도 못할 것'이라는 폴 카퍼만(Paul copperman)의 주장을 마치 사실인 것처럼 언급하였다. 보고서 내의 장황한 통계들은 공교육이 진보가 아닌

퇴보하고 있다는 추세를 보여주는 것이었다.[8]

　그러나 학교가 더 나아지는 일은 더 나은 세상을 만들 것이라는 믿음, 즉 학교교육의 중요성에 대하여 각인되어 있는 이상향적 확신은 여전히 그대로 살아있다. 오른쪽 삽화는, 학교교육이 개선되고 성적이 향상된다면 미래는 더욱 밝을 것이라는 생각을 비꼬고 있다.

　학교는 만병통치약에서 희생양으로 손쉽게 신분이 바뀐다. 학교가 사회적 문제를 해결한다고 기대했으나 그러지 못했을 때, 이미 희생양으로서 목표물이 되는 것이다. 최근에는 소위 열등한 학교들이 경제적인 경쟁력과 다른 사회적 문제들 때문에 비난을 받아 왔다. 어떤 사람들은 학교교육의 저하를 교육을 개혁해야 한다는 신호로 해석하기도 한다. 다른 사람들은 공교육이 보수 가능한 단계를 지났다고 믿으며 학교교육을 재창조하는 방법은 학교교육에 시장체제를 도입하는 것이라고 주장한다. 그 말은 공·사립을 막론하고 학부모가 학교를 선택하고 학비는 세금을 통해 마련되는 '바우처'*로 지불하자는 것이다.[9]

　교육이나 사회에서 진보와 퇴보에 관한 생각은 관점에 따라 너무나도 명백한 사실이거나 오류로 보일 수 있지만, 논란의 소지가 매우 큰 부분이다. 고문처럼 괴로운 것으로 기억되는 20세기가 '인간 진보의 시대'라고 여겨지는 것은 매우 우스꽝스러운 일일 것이다. 이처럼 진보라는 것은 언제나 상대적이다. 현재와 과거를 비교하고 한 집단과 다른 집단을 비교하기 때문이다. 사람들의 기대와 경험이 다르기 때문에 상태가 좋아지는 것인지 나빠지는 것인지에

---

* voucher: 공·사립을 불문하고 학생이 다니는 학교에 재정이 투입되는 제도. 만약 학생이 사립학교에 가고자 할 경우 공립학교에 지원될 만큼의 돈을 그 학생이 다니는 사립학교에 지원함(옮긴이).

도시 전체의 읽기 성적이 상승한 직후

에드피셔, © 1991 The New Yorker Magazine, Inc.

대한 평가도 다르다. 만약 한 집단의 상태가 좋아졌다면 다른 집단
이 그만큼 좋지 않다는 것을 의미한다. 즉, 누군가가 얻었다면 다

른 쪽은 잃는 것이다. 다시 말해 빈곤층 가정의 자녀들이 고등학교를 다니도록 하는 교육 확대는 한때 고등학교 교육이 중산층의 삶을 보장해 준다고 믿었던 가정들에게는 권리가 침해당하는 느낌을 줄 수도 있다.[10]

진보와 퇴보에 관한 믿음에는 언제나 정치적 메시지가 실려 있다. 학교교육이 좋아지거나 나빠지는지에 대한 여론은 공공기관에 대한 일반의 믿음을 반영하는 것이다. 국가와 공공기관에 대한 믿음은 베트남 전쟁이나 워터게이트 사건 이후의 회의적인 기간보다 제2차 세계대전 승전 이후의 기간 동안 더욱 더 높았다. 언론이 학교에서 어떤 일이 일어나는지 보도하는 것에 따라 학교교육에 대한 기대도 변화한다. 또한, 교육이 추구하는 광범위한 목적인 사회를 살아 숨 쉬게 하는 가능성의 비전 역시 시대에 따라 변화한다. 따라서 진보와 퇴보에 대해서 평가할 때에는 어떤 관점에 의한 것인지, 또한 어느 시점 동안 사람들이 어떻게 판단하는지를 물어야 하는 것이다.[11]

쟁점을 이러한 방식으로 정하면, 학교교육과 사회가 좋아졌는지 나빠졌는지에 대해서 단순한 대답이 나오기는 어려워진다. 진보와 퇴보에 대한 생각들, 예를 들어 미래와 과거의 황금기에 대한 개념들은 교육사에서 복잡한 수수께끼들을 불러일으킨다. 어째서 한때의 진보는 교육계 지도자들과 대부분의 대중들에게 타당하게 받아들여지고, 심지어 이론의 여지가 없었는가? 정책 엘리트들은 어떻게 진보의 개념을 개혁 프로그램으로 구체화시켰는가? 누구를 위한 진보였으며 낙오자는 누구였는가? 저소득층 사람들이 진보와 관련하여 어떤 방식으로 자신들의 정치적 참여를 가능하게 하였으며, 기존의 지배적 신념에는 어떻게 도전하였는가? 학교교육의 질이 사회를 유지시키는 데에 중요하다는 보편적인 믿음이 팽배한 가운데, 어떻게 그리고 왜 학교교육의 질에 대한 여론이 바뀌었는 가? 마지막으로, 진보와 퇴보에 대한 논쟁이 최근 공교육과 관련하 여 어떤 정치적 선택과 정책 논의를 가져왔는가?

이데올로기와 '사실'로서의 진보

학교교육이 향상되고 있고 이를 통해서 국가도 발전한다는 데에는 두 가지 신념이 교차한다. 호러 스 만에 의하여 잘 표현된 첫 번째 신념은 19세기 '보통학교' 개혁 가들이 가졌던 종교적·정치적 신념이다. 그들은 개신교-공화주의 자 관념을 장려하고 호소하여 교육을 통해서 지상천국을 이루어 미국을 문자 그대로 '하나님의 나라'로 만들려고 하였다. 20세기 초 진보주의 시대에 이러한 복음주의적 열정은 두 번째 신념과 합쳐 졌다. 당시 교육개혁가들을 매료시킨 것은 과학적 신념이었다. 이 는 새롭게 발견된 '교육과학'이 사회 진보에 필요한 적절한 수단을 제공하는가 하는 것이었다.[12]

미주리의 교육가였던 카펜터의 수사는 만의 말과 일치했다. 진보 의 길을 밝게 비추는 것이라면 어떠한 교육적 과제도 하찮은 것이 없었다. 환기구와 배관을 개선하는 세부적인 사항에만 신경 쓰는 학교 건물 설계자들도 자신의 일이 매우 중요하다는 것을 깨달았 다. 카펜터는 "이 땅의 젊은이들에게 그들의 마음과 영혼, 육체가 현실세계의 형제애에 대한 요구에 더 잘 적응하게 해주는 근사한 사원을 제공하려고 한다"는 점에서 1920년대 미국의 학교 건물은 중세의 교회 건물과 같다고 믿었다. 당시 미국에서는 칠판조차도 민주주의에 필수적인 도구였다.[13]

1925년 2명의 저명한 교육자들은 "75년간의 교육개혁이 이루어

낸 진보에 의해서 가슴 떨리지 않는 사람들은 무지하거나 냉담한 자들이고, 진보가 의미하는 것은 인간의 삶을 향상하기 위한 아주 오래된 전 세계적 몸부림이다"라고 하였다. 그들은 디트로이트에 있는 현대적인 공립학교가 더 이상 감옥이 아닌 아이들의 이상향이 되어 가고 있다고 믿었다. 학생의 지능뿐만 아니라 모든 본성을 키우는 학교는 완전하고 광범위한 민주주의의 진보와 같은 사회적 변혁을 가능하게 한 것이었다. "예전 좋았던 시절에는 반복적 연습과 규율로 아이들이 정말 중요한 걸 배웠다"고 불평하는 학부모들이 있기는 했지만, 아이들은 교과목을 더 잘 배우게 되었다.[14]

20세기 첫 50년 동안, 교육개혁의 주 설계자들과 학교교육에 대한 진보의 결정권자들이 정책 엘리트가 되었는데, 이들이 바로 진보적 행정가들이다. 이들은 동일한 훈련과 이해관계, 가치에 의해서 뭉쳐진 집단이었다. 또한, 새롭게 생긴 교육대학원에서 교육받은 1세대 전문가였다. 이들은 대부분 백인 남자들(영향력 있는 핵심 세력에 여자나 유색인종은 거의 없었다.)이었으며, 교육감, 교육학 교수, 주와 중앙 정부의 관료, 교원 노조와 같은 전문 집단의 지도자, 재단의 임원으로 교육계에 평생 직업을 개척하였다. 그들은 '교육과학'과 '정치에 무관한 교육'에 공통된 신념을 가지고 중요한 결정을 할 수 있었다. 1900년에서 1950년까지 중요 직책을 장악하여 문제와 해결에 대한 공유된 정의를 통해 이전 어떤 그룹들이 했던 것보다 강력하게 교육개혁에 대한 의제를 설정하고 정책 실행을 결정할 수 있었다.[15]

루즈벨트가 파나마 운하를 건설할 때 가진 확신을 가지고, 개혁가들은 교육 진보에 대한 밑그림을 그렸다. 가끔 이들은 어린 시절을 보냈던 미국의 작은 농촌 마을의 공통된 가치와 경험에 향수를 느꼈지만, 교육의 황금기는 과거나 아닌 미래에 있을 것이라 생각했다. 이런 황금빛 미래를 향하는 길은 전문가들이 해결해야 하는 '문제'라는 장애물에 의해 때때로 중단되기도 했다. 그런데 이런 장애물만큼이나 자주 등장한 성공적인 통계자료는 이들이 진보를 이끌고 있다는 증거가 되었다. 제도적인 경향을 보여주는 그래프, 즉 교육 과학에 대한 그들의 믿음의 핵심이 되는 '사실들'이 꾸준히 위로 향하고 있었기 때문에, 이들 중 20세기 중반까지 살던 사람들은 자신들이 목표의 대부분을 성취했다고 믿었다.[16]

진보적 행정가들의 진보와 관련된 프로그램은 교육이 사회 진화의 주요 수단이라는 공유된 믿음으로부터 나오는 것이었다. 이들은 교육에 대한 접근을 확대해서 더 많은 젊은이들이 오랜 기간 동안 학교에 다니도록 하였고, 학교교육이 보다 세분화 되고 표준화 되어야 한다고 생각했다. 또한, 교육과정은 더욱 세분화되어서 학생들의 배경과 미래결정에 적합해야 하고, 건물 및 시설, 교직원의 전문적 자질, 행정 절차, 사회적 서비스, 보건 서비스, 규제, 기타 교육적으로 실행되는 일들은 표준화되어야 한다고 생각했다. 시간이 갈수록 그들은 확신을 가지고 전진했다. 그들이 보기에 진보는 사실이었다. 1950년의 학교는 1900년의 학교보다 훨씬 우월했다.[17]

진보적 행정가들은 변화를 위한 청사진을 공유하고 있는 재단들과 협력하여 지역과 주, 연방 차원의 변화를 위해서 일했다. 이러한 '교육합동'을 직면하면서 전미노동연맹은 교육이 '록펠러화'되어 간다고 불평했는데, 록펠러(John D. Rockefeller)의 일반교육위원회가 연방교육청 공무원들을 지원했기 때문이다. 연방정부와 재단은 학교에 대해 주 차원 및 지역 차원으로 거의 정해진 조사를 통해 진보적 행정가들이 좋아할만한 논문을 발표하기도 했다. 이에 따라 집단적 사고에 대한 비판과 함께 소수 의견의 억압에 대한 비판이 제기되기도 하였다.[18]

과학과 효과적인 관리 및 전문성을 통해 진보를 이룬다는 새로운 교육적 사상은 교육정책을 정치적 협상이 아닌 합리적인 계획 과정으로 바꿔 놓았다. 주의회에서 학교에 관한 법률을 만들 때 가장 영향력 있는 로비단체인 교원노조의 한 임원의 말을 들어보자. "긴 안목으로 내다보면 효율적인 학교 체계는 하룻밤에 만들어질 수도 없고, 주문이나 마술봉을 휘두른다고 생길 수 있는 것도 아니다. 오랜 기간 동안 꾸준히 노력하고 인내한 결과이다. 여기에 늘 존재했던 위협은 교육계가 좋은 학교의 조건에 반대하는 사람들과 협상을 통해 약화된 조건을 받아들이게끔 되는 것이다. 학교와 관련된 법안을 계획할 때는 '당신이 옳다고 확신한다면 그대로 밀고 나가라'를 좌우명으로 삼는 게 좋을 것이다. 학교개혁을 위해 건전한 구조를 만드는 데에는 연구는 물론 '지속되며 효과적인 대중성'과 '전체 교육 전문가들의 하나 된 목적'에 바탕을 둔 장기적인 계획이 필요하다."[19]

진보적 행정가들은 학교 행정이 비전문가들의 통제로부터 보호를 받으면 더 효율적이고 전문적이 될 것이라고 믿었다. 그들이 바란 것은 교육위원회의 영향이 적어지는 것이었다. 왜냐하면 교육위원들을 종종 부패하거나 무지한 간섭자로 여겼기 때문이다. 이러한 운동의 고위급 인사인 시카고 대학의 찰스 저드(Charles H. Judd)는 지역 교육위원회의 폐지를 주장하며 교육은 주가 공인한 특별하게 훈련된 전문가들에 의하여 관리되어야 한다고 설파했다.[20]

20세기 초 교육지도자들은 도시 학교의 정치적 특성을 변화시키기 위하여 기업가들과 전문직 엘리트들과 협력하였다. 그들은 소규모 학교 단위의 교육위원회를 폐지하고, 시 단위의 교육위원회 규모를 축소하기를 원했다. 1890년에서 1920년 사이에 인구 10만 이상 도시의 시 교육위원의 수는 평균 21명에서 7명으로 급감하였고,

대부분의 학교가 학교 단위의 교육위원회를 폐지하였다. 그러나 교육위원회의 규모만이 문제가 되는 것은 아니었다. 개혁가들은 경제적으로 여유가 있고 제대로 교육을 받은 위원들의 수를 늘려서 기업에서 유형화된 정책 결정 모델을 학교에도 도입하고 싶어 했다. 그들은 교육위원회가 교육감과 관료들에게 결정권을 위임하면, 해당 전문가들이 모든 아이들의 이익을 위해서 일할 것이라고 믿었다. 여러 지역에서 이러한 행정 체계는 도시 학교 제도의 규범으로 자리 잡게 되었다.[21]

농·어촌지역에서는 학군이 통합되면서 비전문적인 관리자의 숫자가 급감했다. 지역 학군은 1932년에 127,531개에서 1973년 16,960개로 감소하였다. 1930년에서 1980년 사이, 단일학급 학교는 130,000개에서 1,000개 이하로 곤두박질쳤다. 소규모 읍면지역의 교육감들이나 농촌의 장학관들의 수가 서서히 증가하면서, 과거에 비전문가 관리자들이 수행하던 역할을 이들이 수행했다.[22]

진보적 행정가들은 연방교육청이 주의원들에게 현대 학교가 어떠해야 하는지에 대한 정보 제공에 앞장서야 한다고 믿었다(그들은 1920년 초, 의회를 설득하여 교육청을 권한이 강화된 교육부로 확대시키려고 하였다). 1919년 교육청은 《교육입법 안내서》를 발간하여 주의회 교육위원들에게 제공하였다. 안내서에는 진보적 행정가들이 선호하는 '구조조정'된 프로그램에 걸맞도록 학교교육을 표준화시키는 주 단위의 입법 프로그램이 펼쳐져 있었다. 그 내용은 학교 통합, 주 예산 증액, 체육교육, 학교 건물의 현대화, 주 단위의 교사자격제도 시행, 표준화된 교과서와 교육과정 등에 관한 것이었다. 1978년 '공교육 시행을 위한 주 법규 표준'과 비교해 보면 1919년에 행했던 사안의 대부분이 60년간 실행되었음을 알 수 있다.[23]

교원노조와 같은 전문 단체의 지속적인 압력으로, 전국적으로 각

주의회는 정책 엘리트가 기안한 현대적 학교 본보기에 따라서 학교를 표준화 시켜 나갔다. 법률 시행이라는 새로운 역할을 수행하기 위해서 주 교육부는 20세기에 거대하게 커졌다. 1890년 주교육부에는 100,000명의 학생당 1명의 직원이 있었는데, 1974년에는 약 2,000명의 직원이 일을 하게 되었다. 규제도 팽창하여 캘리포니아 주에서는 1900년에 교육 법률이 200페이지였는데, 1985년에는 3,600페이지가 넘었다.[24]

교육자들은 지역 학교가 최소한의 요구 조건을 만족시켜야만 주정부의 보조금을 받을 수 있게 주정부를 대상으로 로비를 벌였다. 이 기준에는 건물의 질과 안전, 교사들의 자격 요건, 학기의 기간, 주 교육과정과의 일치성, 심지어 벽에 붙는 깃발과 그림의 크기까지 포함되어 있었다. 대학교수들은 경쟁심이 유발되도록 학교평가를 위한 '점수 카드'를 개발했다. 운동장 크기의 기구, 학생들의 책상, 장갑과 악기, 보건과 위생, 심지어 애향심까지 정확한 수치로 나타냈다. 의회의 법률과 교육위원회 규칙, 주교육감의 결정으로 1925년까지 34개 주의 교육부가 40,000개 이상의 학교를 표준화시켰다. 사설 인증기관들도 진보라는 이름 아래 더 많은 학교, 특히 중등학교가 제도적으로 통일되어야 한다고 주장했다.[25]

도시 학교에 대한 정밀화된 조사를 통하여 진보적 행정가들은 모든 도시에 통용될 현대적 학교제도에 대한 그들의 모형을 제시하며 학교가 그들이 가지고 있는 교육적 진보에 대한 이상에 얼마나 부합하는지를 측정하려고 하였다. 또한, 학교 시설과 교사의 질적 향상과 함께 표준화된 시 교육 조직이 다수의 자격증 있는 전문가와 행정가를 보유하기를 원했다. 이는 전문화된 회계, 표준화된 성적표와 생활지도 절차, 표준화된 지능 및 성취도 검사, 직업교육과 체육을 포함한 다양화된 교육과정, 중·고등학교에서의 선

택과목 제공, 능력에 의한 학생 배치 등을 위한 것이었다.[26]

이들의 교육학에 대한 생각에는 아이들이 저마다 다른 능력과 관심, 운명이 있다는 확신이 깔려 있었다. 따라서 학교는 아이들마다 다르게 다뤄야 한다는 것이며 바로 이것이 이들이 생각한 교육기회의 평등이었다. 그들이 생각하는 '정상인'의 개념과 다른 학생들에게는 다른 꼬리표를 붙였고, 그들에게 다른 학급과 지위를 부여했다. 이와 같은 전문가들에게 진보가 의미하는 것은 모든 아이들에게 배움의 장소를 제공하는 것이자 모든 아이들이 자신의 장소를 갖는 것을 의미했다.[27]

사회·보건 서비스를 확대하라는 다양한 비전문가 개혁가들의 압력 때문에 교육 행정가들은 체육과 여가과목, 보건교육을 실시했다. 수백 개의 도시들에서 방학 학교(후에 '여름 학교(summer school)'라 불리게 됨), 학교 급식제도, 의료와 치과 검진을 실시하였는데, 특별히 노동계층 이민자의 자녀들을 위해서 이러한 프로그램들이 운영되었다. 주와 도시지역에서 신체적 또는 정신적으로 장애가 있는 학생들을 위한 특수학교와 특수학급을 만들기 시작했다. 주와 시가 각각 세운 이런 특수학교들이 1900년에 180개에서 1930년에는 551개로 늘어났다. 또한, 도시에서는 '부적응 학생'을 위한 새로운 범주의 학급이 생겼다. 부적응 학생이란 너무 뒤처져서 학년별 학급의 교육 속도를 따라가기 힘든 아이들과 교사들이 다루기에 벅찬 아이들을 지칭한다.[28]

진보적 행정가들은 이러한 개혁을 달성하기 위해서 학교의 규모가 커져야 한다고 믿었고 그 믿음대로 진행했다. 지난 50년간 학교당 학생 수는 6배 이상 껑충 뛰었다. 단일학급 학교는 대부분 사라졌다. 20세기 초에는 학생 수가 100여 명인 학교의 수가 가장 많았으나 1986년에는 1,000명 이상의 학생이 등록된 학교가 전체 학교의 절반 이상이었다. 고등학교의 수는 1930년에서 1980년 사이 약 24,000개로 일정했지만, 고등학교 졸업자 수는 같은 기간 중 592,000명에서 2,748,000명으로 증가하였다.[29]

교육계 지도자들이 보기에 진보가 이뤄졌다는 중요한 증거는 전례 없이 기나긴 세월 동안 재학률이 증가했다는 것이다. 1900년에는 5살에서 9살 아이들 중 단지 절반만이 학교에 다녔지만, 1950년에 80%, 1990년에 90% 이상으로 증가했다. 이 학생들이 학교에서 보내는 날들도 계속 늘어서 1900년에 99일에서 1950년에는 158일로 증가하였고, 그 이후로는 큰 변화가 없었다. 또 다른 증거로는 1920년에서 1950년 사이 고정 달러 기준으로 학생당 지출이 3배가 되었다가 1980년까지 또다시 3배가 증가했다는 것이었다. 1900년에 89%였던 문해(文解, literacy)율이 1950년에는 97%로 높아졌다는 것도 이들이 생각한 진보의 증거였다.[30]

진보적 행정가들은 그들의 개혁이 국가의 이익과 아이들의 이익을 위한 것이라고 굳게 확신했기에 명백한 진보라고 생각했다. 또한, 이러한 진보를 위해서는 학생당 비용이 전례 없이 많이 소요된다고 생각했다. 많은 학군과 전문 기관들이 홍보담당 부서를 설치하였다. 개혁에는 비용이 든다는 사실을 알려 시민들을 설득하기 위해서였다.[31]

교육감들과 정책 엘리트들이 대중의 이익을 위한 대리인이라는 20세기 전반의 강력한 믿음은 그들의 적을 무지하고 이기적이라고 묵살하는 경향을 띠게 되었다. 그들은 도시 학교에 있는 개별화된 학교운영위원회를 부패했다고 간주했으며 전문적인 일들에 간섭한다고 비난했다. 또한, 농촌에서 학교 통합에 반대하는 목소리를 내는 사람들을 아이들에게 무엇이 좋은지도 모르는 시대에 뒤떨어진 얼간이로 간주했다. 대규모 학교는 다양한 교육과정을 제공하기 때문에 좋은 것이었고 이러한 사실들을 인지하지 못하는 학교운영위원회와 학부모들을 시대에 뒤처진 사람으로 생각했다. 전문가의 지도를 반대하는 교사를 비전문가이며 말썽꾼으로 여겼다. 그들은 비록 이런 부류들이 개혁을 더디게 할지 모르지만 옳은 방향으로 나가고 있다고 보았던 것이다. 역사는 진보하는 것이므로.[32]

누구를 위한 진보인가?

대부분의 사람들, 심지어 남부 지방의 흑인 같은 최하위층 사람들조차도 학교교육의 질이 어느 정도 나아진 것을 경험했지만, 20세기 중반의 분명했던 진보의 행진 대열에서 낙오된 사람들은 여전히 많이 있었다. 전국적인 통계 수치와 진보적 행정가들의 낙관적인 수사 뒤에 감춰진 것을 탐색해 보면 교육 기회의 커다란 불공평이 드러난다. 이러한 불평등은 거주지, 가족의 지역과 수입, 인종과 성별, 신체적·정신적 장애 여부로부터 비롯되었다. 20세기 중반의 미국 공교육은 거의 비슷한 공립학교들로 된 좋은 교육제도라기보다 축적되어 온 경제적·사회적 불평등을 반영하는 이질적이고 불평등한 기관들의 집합이었다. 모든 미국인들은 교육을 통해서 개인적이면서 사회적인 진보를 이룰 수 있다는 공통된 믿음이 있었지만, 정작 교육을 통한 혜택은 모두가 똑같이 누릴 수 있는 것이 아니었다.[33]

가난한 사람, 흑인, 노동계층 이민자, 장애인, 여성 등 불평등으로 가장 심하게 고통 받는 사람들은 교육정책에 영향을 미칠 수 없었다. 학교 행정 및 재무 체계 교육위원회와 주의회가 기획해서 진보적인 행정가들이 전문적으로 지도했는데, 대부분 부유한 백인 남성들이 좌지우지하게 되었다. 이들은 미국에서 태어났고 자신의 문화와 정책이 옳다고 믿는 사람들이었다. 남부에서 학교제도란 흑인들을 분리하여 명백하게 차별된 교육을 받게하는 합법적인 신분제도의 일부였다. 이러한 불평등에 도전한 백인 교육자들은 거의 없었다. 대부분의 교육정책가들은 성적 불평등에 대한 수정을 시도하기는커녕 이를 인식하지도 못했다. 교육자들이 차별적이기는 하지만 특별한 배려가 필요한 학생들을 위하여 제도 내에 적합한 환경을 만들어 놓아도 수십만의 신체적 또는 다른 장애가 있는 학생들은 '교육 불가'라는 이유로 학교로부터 소외되었다. 뉴딜 정책의 개혁가들은 공교육이 저소득층 학생들에게 영향력이 없다고 생각하여 가난한 학생들을 돕기 위한 '청소년 행정'과 같은 프로그램을 만들기도 하였다. 많은 교육계 지도자들이 지방 학교에 대한 불평등한 예산 지원에 대하여 우려했으며, 또한 주 지원금을 증액하려고 노력하였다. 그러나 그러한 노력들은 학교 재정을 평등하게 하려는 목적을 이루기에는 턱없이 부족했다. 많은 사람들이 진보의 정치라는 마술의 바깥에 머물렀다. 민주주의와 교육 기회의 평등이라는 수사에도 불구하고 이들은 배제되고 차별되며 질이 낮은 교육만 받을 수 있을 뿐이었다.[34]

1940년에 학교교육을 위해 이용할 수 있는 자원의 규모는 전적으로 아이가 어디에 사는지에 달려 있었다. 가장 큰 재정적 격차는 도시 학교와 농촌 학교 사이에서 나타났는데, 각 지역마다 학교 재정 전체로 보면 이 격차는 훨씬 더 컸다. 일반적으로 학교교육을 가장 필요로 하는 학생들이 오히려 교육과 관련된 재정 지원을 덜 받았다. 당시는 농촌의 가난한 가정에 자녀수가 많던 시절이다. 전형적으로 이들이 사는 마을은 학교 건물을 세우고 교사에게 월급을 줄만한 재정이 빈약했다. 1930년 미국 남동부에 있는 가정은 국가 전체 수입의 1/10만으로 나라 전체 아이들의 1/4을 양육하고 교육시켜야 했다. 농부들은 나라 전체 아이들의 31%를 키웠지만, 국가 전체 수입의 9%를 받았을 뿐이다. 이와는 반대로 북동부 도시지역은 국가 수입의 43%를 차지했지만 아이들의 30%만 담당했으며, 서부는 국가 수입의 9%와 아이의 5%를 차지했다. 25세 이상 도시 거주 백인의 교육 년수는 9.6년이 최빈값이었지만, 농촌은 8년이었다. 흑인의 경우 도시는 6.8년, 농촌은 4.1년이었다.[35]

미국의 대부분을 차지한 농촌의 학교들은 지원체제가 잘 갖추어졌고 효과적이었지만 낙후된 지역, 예를 들어 남부의 대부분, 더스트볼(Dust Bowl), 애팔래치아, 북부 중서부의 삼림·벌목 지대의 가정들은 자녀들에게 기본적인 교육을 시키려 안간힘을 써야 했다. 또한, 도시는 농촌보다 교사 임금과 학교 건축에 학생당 2배를 썼다. 1940년 도시 거주자의 30%가 고등학교를 졸업한 반면, 농부들은 12%에 불과했다.[36]

1940년 흑인의 약 2/3가 농촌에 살았고, 그중 절대다수가 남부에 살았다. 지역적 빈곤은 인종적 억압과 함께 복합적인 불평등을 낳았다. 권리를 박탈당한 채 흑인들은 백인 관리들이 분리해 놓은 '유색인 학교'에서 기아 식단과 같은 궁핍한 학교 예산으로 지내야 했다. 또한, 흑인들은 공립학교의 1/4 이상을 차지하였지만 예산 중 단지 12%만을 받았다. 흑인 교사들 중 절반이 고등학교 이상을 가보지 못한 것에 반해 백인 교사들은 7%에 불과했다. 흑인들이 다니던 학교는 교과서, 칠판, 분필, 책상과 같은 학습의 기본 용품들이 부족했고, 농장에 일하러 갈 때를 제외하고는 많은 학생들이 한 교실에서 수업을 했다. 동부 텍사스의 전형적인 흑인 학교를 방문한 한 사람의 말을 들어보자.

학교 건물은 흑인들이 폐품과 목재조각으로 대강 만든 상자형 판잣집이었다. 창문과 출입문은 심각하게 부서져 있었다. 바닥은 깨지고 약해진 마룻장을 밟지 않으려고 살살 걸어야 했다. 벽, 바닥, 천장은 햇빛이 쉽게 샜다. 건물은 교회와 학교로 동시에 사용되었다. 비품이라고는 목재로 된 장의자 몇 점, 쓰레기 더미에서 찾아온 오래된 난로, 볼품없는 교단, 아주 작은 책상, 큰 물통이 전부였다……. 52명의 학생들이 학급에 있었고…… 1년 내내 빗자루를 제외하고는 아무런 비품 지원이 없었다.[37]

교육적으로 가장 혜택을 많이 받는 것으로 알려진, 도시에 사는 백인들 사이에서도 계층적 배경이 교육기회를 결정지었다. 1935년부터 1936년 사이 북동부 도시에서 고소득층 출신 90%가 고등학교에 진학했다. 1938년 메릴랜드 주에서는 학생이 8학년 이상으로 진학할 기회는 아버지의 직업 지위와 일치했다.[38]

공교육이 계층과 무관해야 한다는 공식적 입장과는 달리, 고등학교 내에서 노동계층 학생들과 상위계층 학생들은 다른 경험을 하는 것이 통상적이었다. 1940년대 일리노이 주의 엘름타운(Elmtown) 고등학교는 사회계층에 따라 옷걸이도 분리되어 있었다. 이는 공식적인 학교 정책 때문이 아니라 학생들의 관습에 의한 것이었다. 학교에서도 학생들은 대학진학반과 일반반으로 나뉘어 불공평한 교육을 받았다. 성적과 직업에 대한 지도 역시 가정의 지위를 반영해서 이루어졌다. 1940년 갤럽의 여론조사에 따르면, 미국인들의 40%(대부분 저소득층이었다.)가 "교사들은 돈 있고 좋은 지위를 가진 부모의 자녀들을 선호한다"는 진술에 동의했다.[39]

1940년 대부분의 사람들에게 교육 기회의 성적 불평등은 인종적·계층적 차별에 비해 별로 심각하게 받아들여지지 않았다. 부분적으로 남녀 아이들 모두 배움에 공평한 접근 기회를 가졌고 비슷한 수준의 성취를 보였다. 교육자들은 주로 남자 아이들에게 관심을 가졌다. 남학생들은 읽기 학습을 하는 데 문제가 많았고 보충수업 참여자가 여학생보다 많았으며 규율과 관련된 문제가 많았다. 또한, 고등학교 자퇴자가 많았기 때문에 남학생들에게 학교가 더 매력적으로 보이기 위해서 남학생만으로 구성된 운동 팀을 운영하는 등 다양한 시도를 했다.[40]

20세기 중반에 대부분의 사람들은 이로부터 20년 후의 개혁가들이 제도적인 '성차별'이라고 주장하는 것과는 달리 성별과 관련된 이러한 차별 대우나 다른 형태의 성적 고정관념을 자연스러운 것이라 생각했다. 결혼한 경우 남자가 아닌 여자를 해고하는 관행과, 5배 정도 여성 교사가 많음에도 고위 행정직에 남성 일색인 것만이 사람들의 관심을 끄는 성차별이었다. 제2차 세계대전 중에는 교사 부족으로 기혼 여성 교사를 해고시키는 일은 줄었지만 고위직을 남성으로 충원하는 관행은 전쟁 이후에도 변하지 않았다.[41]

장애 아동과 특수교육이 필요한 학생을 위한 프로그램은 20세기 초반에는 극히 일부만을 위한 것이었다. 1938년 이런 프로그램에 참여하는 학생은 전체 학생의 1% 미만이었다. 10년 전에 비해서는 많이 늘어났지만, 1970년대 10%의 학생이 연방정부가 지원하는 특수교육에 참여한 것에 비하면 턱없이 부족한 수였다. 주의회와 대도시의 학군은 시각장애인이나 청각장애인 및 몸이 불편하거나 정신이 약한 학생들을 위한 별도의 학교를 마련하기도 했지만, 수백만의 장애아동들은 학교 문턱에도 갈 수 없었다. 장애아동들의 교육을 권리의 문제가 아니라 자선의 일환으로 여겼기 때문에 의무출석법도 큰 소용이 없었다. 이들을 위한 움직임은 학교 내부보다는 여성단체나 장애 아동들의 학부모에 의한 것들이 많았다.[42]

도시 학교의 특수교육학생 대부분은 무학년 학급으로 편성되었
는데, 학업 부진 학생과 특별규율학급에서 다루기 힘든 학생들이
대부분이었다(이들 대부분은 남학생이었다). 이런 프로그램들은 특수 교육
아동뿐만 아니라 학교의 필요를 충족시키기 위해서 의도적으로 계
획된 것이었다. 따로 구별한 학급은 학년으로 구별한 정규학급의
학생들과 교사들을 학습지체자나 문제아들로부터 보호하는 역할을
했다. 이러한 '막장 교실'에서 학생들은 표준적인 교육을 받을 수
없었다. 교육에서 배제되지는 않았지만 차별을 받는 것이었다.[43]

누구를 위한 진보인가? 재학률의 증가나 학생 1인당 예산지출의
증가 등 전반적인 경향이 아무리 인상적일지라도 진보적인 행정가
들에 의해 상명하달식으로 이뤄진 고르지 않은 '진보'를 생각해 보
면 그 답을 알 수 있을 것이다. 20세기 중반 하류층 가정들은 평등
한 교육이라는 이상향이 지평선 저 멀리 있다고 생각했을 것이다.
기회균등으로부터 소외된 많은 사람들은 힘을 합쳐 새로운 학교
정치의 장을 열었다. 교육의 기회균등을 위해서 사회가 공정한 분
배를 하도록 요구했다. 그들은 군나르 뮈르달(Gunnar Mrdal)이 '미국
인의 사도신경'이라고 불렀던 '모두를 위한 자유, 평등, 정의, 공정
한 기회'를 실현하라고 이의를 제기했다. 이러한 희망의 수사와 진
보의 교리가 모두에게 적용될 수 있었을까?[44]

진보의 새로운 정치

수십 년 동안 사회운동단체들은
차별과 박탈에 대한 관심을 불러일으키며 불의는 당연한 것이 아
니라 고쳐질 수 있는 것이라 역설하여 왔다. 흑인, 남녀평등주의자,
라틴 아메리카계 미국인, 인디언, 장애 아동의 부모들은 교육 정치

의 무대에 진입하여 행정의 폐쇄적 구조를 깨뜨렸다. 그들은 교육개혁의 새로운 목표와 전략을 수립하였다. 이들 단체는 대규모의 사회적 저항 운동에 참여하여 형평성 문제를 신문과 TV 뉴스의 헤드라인으로, 또한 법원과 의회, 교육위원회의 안건으로 등장시켰다. 이것으로써 무시당하거나 경시되었던 사람들이 진보에 동참하게 되었다. 그들은 활동가적 개혁이라는 새로운 방식을 만들어 남부지역에서의 차별, 이민 자녀에 대한 새로운 관심, 불평등한 성적 관행에 대한 비판, 장애 아동을 위한 특수교육 등에 있어 그 공을 세웠다.[45]

이러한 '순전한 정의'라는 캠페인은 1954년 브라운 대 토피카 교육위원회 사건(이후, 브라운 사건)*에 대한 대법원의 판결로 크게 확산되었다. 판결의 직접적 대상은 인종차별이었지만 그 정당성과 법적, 도덕적 선례로서의 영향력은 흑인뿐 아니라 다른 집단으로 하여금 교육적 형평성을 권리로 요구하도록 하였다. "교육의 기회가 주어지지 않고 인생에서 성공을 기대한다는 것은 매우 의심스러운 일이다"라는 판결문 속에 적혀 있는 정의는 사회운동단체들에게 커다란 파급력이 있었다. 여성의 권리, 장애인, 이민 학생, 저소득층을 위한 사회운동가들은 개인과 사회의 진보를 위해서 학교교육의 진보가 필수라는 원칙에 다다르게 되었다.[46]

진보적 행정가들은 진보를 점진적이고 정교하게 디자인된 제도적 진화의 결과로 보았다. 상명하달식으로 기획되고 실행되는 이러한 개혁의 본보기에서 사회적 갈등은 정당화되기 힘들었다. 이와는 반대로 형평성을 주장하는 단체들은 사회적 갈등이 교육 발전의

---

* Brown v. Board of Education of Topeka: 미국 캔자스 주 토피카에 살고 있던 8살 소녀 린다 브라운은 본인의 집에서 가까운 학교를 놔두고 1마일이나 떨어진 흑인 학교를 다녀야 했기에 인근의 백인 학교에 전학을 신청했으나 거절당함. 이에 3년간의 긴 소송이 끝난 후, 1954년 5월 17일에 대법원으로부터 '공립학교의 인종차별은 위헌'이라는 결정을 받게 됨(옮긴이).

필수적 요소라고 여겼다. 학교 운영위원회가 그들의 요구에 무반응하거나 동조하지 않을 때, 이런 단체들은 그들의 요구를 공론화하고 관철시키기 위해서 시위나 저항운동을 하였다. 또한, 집단 소송, 주와 연방차원의 의회 청원, 행정부에 대한 로비 등도 벌였다.[47]

일단 교육의 기회 확대를 위해 단체들은 사회주류로의 접근성 확대, 자원의 공유, 미국인의 사도신경으로 가늠할 수 있는 기회균등의 보장과 이미 사회의 일부가 가진 개혁에 대한 영향력 확대 등을 추구하였다. 흑인들은 공교육에서의 차별에 대한 철폐를 요구하여 백인과 같은 교육 혜택을 누릴 수 있었다. 부분적이기는 하지만 이러한 사회운동을 통해서 인종적 억압의 오명을 철폐하고, 1963년 마틴 루터 킹(Martin Luther King. Jr) 목사가 〈나에게는 꿈이 있습니다〉 연설에 밝힌 것과 같이 '평등'이라는 보편적 목적을 실현하고자 하였다. 장애학생을 위한 단체들은 장애아동을 위한 적절한 교육이 혜택이 아니라 권리라고 주장하였다. 이들은 특수교육을 위해 '최소한의 구별만 있는' 보통 학급에 장애 학생들을 편성하려고 애썼다. 특수교육이 필요한 아이들이 무시되고 차별받거나 방치되게 할 수는 없었다. 남녀평등주의자들은 학교정책과 관행에 있어서의 모든 성차별을 폐지하려고 하였다. 남녀 학생이 동등한 기회를 갖고, 직업교육이나 체육 시간, 일반교사나 상담교사에 의한 성적 고정관념, 격렬한 운동 참가에 있어서 제한을 받아서는 안 된다는 것이다. 개혁가들은 1965년에 초·중등교육법 제 1조를 통해서 저소득층 학생들이 교육 기회와 학업성취 기회를 박탈당하지 않도록 예산을 집중시켰다. 존슨 대통령은 제대로 된 학교교육이 단순히 빈곤층의 삶을 개선하는 정도가 아니라 빈곤을 예방할 수 있다고 선언하였다. 이는 1세기 전 호러스 만이 주장했던 것에 대한 응답이었다. 1960년대 진보의 가능성에 대한 믿음은 사회운동단체와

연방 정책 모두에 기름을 부은 격이었다.[48]

브라운 판결 이후, 20년간의 평등에 대한 관심은 과거의 평등주의정책의 느릿느릿한 속도와 비교해 보면 빠르고 인상적인 개혁을 이루었다. 흑인들의 경험을 예로 들어 보자. 1960년대 말부터 남부지역의 인종분리 법률은 도전을 받게 되었다. 학생들을 재배정하게 된 것이 주된 이유였는데, 흑인전용 학교에 다니는 흑인 학생들의 비율이 1968년의 2/3에서 1980년 1/3로 줄어들게 되었다. 물론 대부분의 흑인들은 거주지 분리 정책으로 인해 여전히 *다수가 흑인*인 학교에 다니고 있었지만 말이다. 1967년 전국적으로 흑인 고등학생 중에 거의 1/3이 학업을 중도에 포기하였는데, 1989년에는 그 비율이 절반으로 줄어서 백인 학생들의 중도포기율과 비슷하게 되었다. 1976년 흑인 학생들이 대학에 진학하는 비율이 10년 전에 2배로 늘었고, 흑인 고등학교 졸업자의 약 1/3이 고등교육기관에 재학 중이었다. 이 또한 백인과 비슷한 수치였다. 1980년대에 국가학업성취도 평가(National Assessment of Educational Progress, 이하 NAEP)에서 백인과 흑인 학생들 사이의 차이는 크게 줄어들었다.[49]

기회에 대한 평준화는 천천히 진행되었다. 브라운 판결 이전의 변화속도에 비교하면 느린 것은 아니었지만, 교육에서의 사회적 정의를 주장하는 사회운동이 기대하는 속도와 비교하면 더욱 그러했다. 존손 대통령은 빈곤과의 전쟁에서 학교를 개혁의 주체로 여겼지만, 교육자원의 재분배는 필요에 비해 턱없이 부족했다. 저소득층과 유색인종 학생들이 재학 중인 도시와 농촌지역의 학교에서 행해지는 '야만스러운 불평등' 때문에 시위의 주도자들은 과연 어느 정도의 개혁이 실제로 일어났는지 의문을 가지기 시작했다. 그것은 실질적으로 "저소득층과 유색인종 학생들이 좋은 학교에 다닐 수 있느냐"는 문제였다. 《아이들이 죽어가고 있다》와 《영·유아

의 죽음》과 같이 우울한 제목을 가진 책들은 이 질문에 '아니다'라며 분노했다.[50]

사회운동단체의 지도자들은 과연 개혁이 무엇인지 재정의하기 시작했다. 주류에 대한 접근을 가능하게 하는 것이 해결책이었을까? 흑인 운동가들은 자녀들이 다니는 학교가 제도적 인종차별에 젖어 있다고 주장했다. 라틴 아메리카계 사람들은 이민 자녀들이 자신들의 언어와 전통을 거부하는 문화적 제국주의에 직면한다고 했다. 남녀평등주의자들은 여성들이 남성 우월적이며 성차별적인 학교에서 투쟁해야 한다고 불평하였다. 아마도 평등을 같은 것으로 인식했던 과거의 개념을 대체하기 위해서는 분리주의에 대한 몇몇 형태들과 진보에 대한 다원적인 정의를 필요로 했을 것이다. 많은 흑인들은 차별에 대한 저항을 계속하면서 백인들이 교외로 이주하여 자신들이 소수에서 다수가 되는 도시의 인구변화를 당황하며 지켜봤다. 이들은 차별이 없는 것보다 학교에 대한 통제권을 갖는 것이 보다 많은 것을 가져다 줄 것임을 알게 되었다. 일부는 흑인 전용학교와 남학생 흑인전용학교를 주장하기도 하였다. 1972년 수정헌법 제9조는 남녀공학을 강제했지만, 운동가들은 제도적 성차별주의와 힘겨운 전투를 벌여야만 했다. 일부 남녀평등주의자들은 남녀공학을 평등하게 하려는 노력 대신에 여학생 전용학교를 주장하기도 하였다. 일부 라틴 아메리카계 지도자들은 이중 언어와 이중문화 교육은 단순히 영어와 백인 위주의 교육과정을 전환하는 것이 아니라 이민자들의 언어와 전통을 보존하도록 해야 한다고 생각한다.[51]

개혁에 대한
의문 던지기

　　　　　　　　　　　　브라운 판결 이후 사회적·교육적
변화의 속도는 과거의 학교 질서로 혜택을 받는 많은 사람들에게
는 지나치게 빨랐다. 많은 보수주의자들은 인종적 분리 완화를 위
한 스쿨버스 운행, 차별철폐 조치, 이민 자녀들을 위한 이중 언어
수업, 기도와 성경 읽기 금지, 특수교육 아동과의 통합교육, 남녀평
등주의자들의 양성평등을 위한 안건들에 반대했다.

　한때 정치학자들이 '폐쇄적 구조'라고 불렀던 학군 내에서의 이해
집단들 사이의 교육 정치가 갈등으로 분출되었다. 학생들의 학내 불
안, 폭력, 마약, 과밀학급에 대한 언론의 과장 보도는 대중의 뇌리에
학교를 '칠판이 달린 정글'로 인식시켰다. 파업, 단체협상, 인종 논란
등과 같은 교육전문직 내의 논란거리들은, 교사들이란 '타인의 사정
은 아랑곳하지 않는 공무원'이라는 고정관념을 심어 넣었다. 진보적
행정가에 의해 선호되는 상명하달의 행정 체계에 대해서 부유한 백
인들은 이렇게 되물었다. "이 모든 혼란이 *개혁*이라는 것인가?"[52]

　관념적으로 사람들은 모든 아이들에게 공정한 기회를 주는 것을
좋아한다. 그러나 동시에 경제적·사회적 성취를 위한 경쟁에서 '그
들의 자녀들'이 성공하기를 원한다. 데이비드 코헨(David K. Cohen)과
바버라 뉴펠드(Barbara Neufeld)는 "학교는 미국에서 형평성을 진지하
게 다루려 애쓰는 몇 안 되는 기관이다. 그런데 이런 일을 제대로
하고 있는지 모호해지고 있으며 종종 타협적인 모습을 보이기도
한다. 시장성을 추구하는 사적 영역이 지배적인 사회에서 학교는
평등을 지향하는 공적 영역이기 때문이다"고 하였다. 예를 들어 중
·고등학교에서 교사들이 저소득층 학생들을 잘 교육시켜 졸업을
시키는 것은 한때 중산층 백인들이 받았던 혜택을 없애는 것처럼

보였다. 성적과 표준화 검사로 측정되는 '책무성'의 시대에는 과거에 고등학교와 대학을 다닐 수 없었던 학생들을 학교에 다니게 한 '개혁'이 학업성취를 '퇴보'시키는 것으로 여겨진 것이다.[53]

저소득층과 유색인종 학생들이 평등한 학교교육에 대한 접근이 가능해진 바로 그때, 사회과학자들은 교육의 가치에 대해 의문을 던지기 시작했다. 자원의 평등이 결과의 평등을 가져올 것인가? 학교교육이 빈곤을 벗어나는 통로이자, 기회를 재분배하는 수단인가? 일부 사람들이 "학교교육이 차이를 가져오는가?"라는 질문을 던졌을 때, 어떤 사람들은 구직시장을 전망하면서 미국이 '과잉 교육화' 되어간다고 했다. '비전통적 학생'들의 대학 진학이 가능해졌을 때, 이런 쟁점이 떠오른 것은 우연이 아니다. "누구를 위한 개혁인가?" 라는 질문을 둘러싼 갈등은 학교교육이 진보하는 것인지 아니면 퇴보하는 것인지에 대한 대중의 의구심을 본격적으로 불러일으켰다. 1970년대 중반, 교육개혁에 대한 정치가 시작되면서 전 세대의 성과물은 평등의 가치를 퇴색시키는 것으로, 심지어 문제의 원인으로까지 여겨지기도 했다.[54]

갤럽의 여론조사에 잘 나타난 학교에 대한 대중의 인식과 기대는 최근 수십 년간 많이 변해서, 1930년대부터 1950년대까지 대중의 확신 속에 있던 학교는 그 당시가 다른 세계로 여겨질 정도로 대중의 인식 속에서 퇴보했다. 그 시기가 불평등 그 자체의 시기임에도 불구하고 어떤 사람들에게 '교육의 황금기'로 여겨지기도 했는데, 이는 학교제도에 대한 대중의 막연한 환각과 각성을 반영한다. 1946년 공교육에 만족한다고 밝힌 90%는 제2차 세계대전의 승리에 대한 자부심이 있는 것으로 나타났다. 당시는 학교가 애국적인 영광의 수혜자였지만, 베트남전쟁, 워터게이트, 이란게이트, 적자의 증가, 저축대부조합 스캔들 등의 대실패에 놓였던 시기에는 다른 기관들과 마찬가지로 대중의 신뢰를 잃었다. 1958년에는 미국인들의 58%가 정부를 신뢰한다고 하였는데, 1978년에 이 수치는 19%로 떨어졌다. 공교육에 대한 확신의 감소는 제도 자체에 대한 냉소의 증가와 자녀들의 경제적 미래가 암울하다는 학부모들의 걱정으로부터 비롯된 것이었다.[55]

사람들은 결함을 쉽게 찾아내고, 교육계 지도자들에 대한 신뢰가 약해졌기 때문에 교육의 점진적 개선과 같은 생각은 오늘날 전혀 받아들여지지 않는다. 그러나 모든 것은 맥락 내에서 보아야 한다. 사람들은 개인과 사회를 위해서 교육이 중요하다는 믿음을 아직 잃지 않았다. 또한, 학교를 가까이에서 볼수록 나은 평가를 내린다. 학교에 대한 믿음은 다른 기관들에 대한 신뢰감보다 높다. 한 여론조사에서 학교가 교회 다음으로 대중의 이익을 위하여 일하는 기관으로 꼽혔는데, 지방정부, 주정부, 법원, 연방정부보다 그 순서가 앞이었다. 다시 말해 사람들은 가까이 있는 기관을 가장 신뢰하는 것으로 나타났다.[56]

갤럽의 조사는 학교가 진보하는지 아니면 퇴보하는지에 대한 대중의 생각을 평가하는 데 여러 방법을 제공하였다. "자녀들이 당신이 받았던 교육보다 나은, 혹은 못한 교육을 받고 있다고 생각하십니까?"라는 질문에 1973년에는 응답자의 61%가 나은 교육이라고 했지만, 1979년에는 단지 41%만이 그렇다고 말했다. 1969년에는 응답자의 75%가 자녀들이 교사를 직업으로 선택하는 것이 괜찮다고 했지만, 1983년에는 단지 45%만이 원한다고 했다. 1974년에 학교에 A 또는 B를 준 사람들의 비율은 48%였는데, 《위기의 국가》 발간 직후인 1983년에는 단지 31%만이 A 또는 B를 주었다.[57]

여론조사를 놓고 보자면, 전체적으로 학교에 대한 대중의 확신은 1970년대와 1980년대 초까지 지속적으로 상당히 빠르게 줄어들다

가(이러한 사실은 교육개혁에 대한 전통적 시각에 근본적 의구심이 들게끔 한다.) 1980년
대 후반에 와서야 약간 회복되었다는 것을 알 수 있다. 하지만 대
중의 의견이란 변덕스러워서 1988년에서 1990년 사이 최근 5년간
학교가 나빠졌다고 생각한 사람이 11%나 늘어나기도 했고, 1983년
에서 1988년 사이에는 교사가 자녀들에게 좋은 직업이라고 생각하
는 사람이 13% 늘어나기도 했다.

여론조사의 응답이 각 그룹별로 세분화되었을 때 중요한 차이가
나타났다. 가장 불만이 많은 사람들은 흑인과 도시 거주자들이었다.
물론 이 두 집단은 상당 부분 서로 겹친다. 1991년에 전국표본조사
에서는 42%가 지역 학교에 A 또는 B를 주는 반면, 흑인은 28%, 도
시 거주자는 2%만이 A 또는 B를 주었다. 높은 중도탈락률, 폭력,
부적절한 재정지원, 차별, 높은 교사 이직률, 높은 학생 전학률을
본다면 이와 같은 낮은 점수가 놀라울 것도 없었다. 이런 학교들은
개선이 필요했고, 지역 주민들 역시 이러한 사실들을 알았다.[58]

일반적으로 인근 학교에 대해서 많이 알수록 비난보다는 칭찬을
한다. 또한, 자녀가 공립학교에 다니는 학부모들은 평균적 응답자
보다 공교육을 높게 평가한다. 그들은 학교에 대한 전체적인 평가
보다 인근 학교에 대해서 더 높은 점수를 준다. 다음 예는 1985년
도에 여러 집단이 학교에 A 또는 B를 준 비율이다.

미국 전체 학교에 대한 모든 응답자들의 평가	27%
인근 학교에 대한 모든 응답자들의 평가	43%
학부모의 인근 지역 학군에 대한 평가	52%
학부모의 첫째 아이가 다니는 학교에 대한 평가	71%

학부모들의 의견에 대한 더욱 구체적인 모습은 첫째 아이가 다

니는 학교가 교육자들이 개발한 '효과적인 학교'라는 개념과 일치하는지에 대해 그들이 어떻게 이야기하는지를 보면 알 수 있다. 다음 수치는 해당 항목이 그 학교에 대해서 얼마나 정확하게 설명하는지에 대한 것이다.

안전하고 잘 정돈된 학교 환경이다.	84%
학생들의 발달이 잘 측정되고 전달된다.	80%
교직원들은 높은 기대감이 있고 성취지향적이다.	74%
교직원과 학부모는 학교의 목표에 동의한다.	70%
교장이 교사들을 잘 돕는다.	54%[59]

조사 결과에 대해 분석하면 가까이에 있는 학교가 더 좋아 보인다는 것과 공교육에 대해서 가장 많이 알 거라고 생각되는 학부모들은 자신의 자녀들이 받는 교육에 대해서는 우호적이라는 것이다. 그럼에도 불구하고 학교교육에 대한 믿음이 줄어드는 것은 충격적이다. 왜 학교에 대한 신뢰가 감소했을까? 그 이유는 학부모가 아닌 사람들이 학부모들보다 학교를 매우 낮게 평가했기 때문이다. 인구구성의 변화를 살펴보면 1974년에서 1983년 사이 학교에 대한 대중의 평가가 왜 급격하게 나빠졌는지를 알 수 있다. 자녀가 학교에 재학 중인 학부모의 비율은 같은 기간 중 39%에서 27%로 감소하였다. 앞서 이야기했듯이 언론이 학교에 대한 부정적인 이미지와 해석을 자주 보도하고 모든 종류의 기관에 대한 대중의 신뢰가 감소된 것 역시 그 이유다.[60]

학교교육에 대한 평가가 나빠지는 것은 학교가 잘못이라고 인식되는 것으로부터 연유되기도 한다. 1969년부터 학부모들은 지속적으로 학교의 결점을 어렵지 않게 발견할 수 있었다. 매년 여론조사에서 다음과 같은 질문을 했다. "이 지역의 학교가 다루어야 하는 가장 큰 문제가 무엇이라고 생각하십니까?" 1969년에서 1988년 사이에 이에 대한 대답에는 대단한 일관성이 있었다. 상위 5개년에서 6개의 문제를 살펴보면, '규율'이 20년 중 16년 동안 1위였으며, 매년 포함되었다. 해마다 약 25%가 규율이 중요하다고 응답했다. 1976년 이후로 빈도와 강도에서 '마약' 그 다음을 차지했다. 인종통합과 스쿨버스 운행이 1982년까지 상위 5개에서 6개의 문제에 꼭 끼었지만 그 이후로는 사라졌다. 우수교사의 발견 및 유지는 재정과 마찬가지로 목록에 끼었다. '기본으로 돌아가자'가 정책 논의에서의 공통의 요구가 된 이후로는 표준교육과정도 1976년 이후 상위 5개에 들었다. 연방공무원과 언론의 해설자들이 시험 성적의 하락을 보도하면서 1980년대 내내 목록에 올랐다.[61]

대중이 보기에 권위에 대한 학생들의 인정이 현저하게 낮은 것은 교사들뿐만 아니라 학부모들의 책임이었다. 1984년에 응답자의 50%가 교사들에게 A 또는 B를 주었지만, 학부모들이 자녀들을 양육하는 방식에 대해서는 33%만이 A 또는 B를 주었다. 다른 조사에서 교사들의 60%는 가정에서 학부모들이 역할을 수행하는 방식에 대해 "그저 그렇거나 형편없다"는 평가를 하였고, 1993년 교사들은 교육을 향상시키는 데 학부모들의 협조가 '최우선 순위'라고 응답하였다.[62]

시민들은 학교에서 일어나는 문제의 많은 부분들이 폭력, 마약, 가정문제 빈곤 등으로부터 비롯되는 것을 알았지만, 그들의 학교에 대한 계속되는 비판은 교육자들을 지치게 했다. 교사들에게 왜 불만을 가지고 교직을 떠나는지를 물으면, '학교에 대한 대중의 태도'와 '교육에 대한 매체의 보도 행태'가 가장 큰 고충이라고 대답했다. 1961년에 약 80%의 교사들이 다시 직업을 갖는다 해도 '확실히' 또는 '아마도' 교직을 선택할 것이라고 하였다. 1981년, 교사들은 20년 전 세대보다 더 오랜 기간의 경험과 준비 기간을 거쳤음에도(절반이 석사 학위를 보유), 다시 시작한다면 교직을 선택하겠다는 응답자는 절반도 되지 않았다.[63]

대중은 학교의 문제들에 대해서 교육자들과 학부모들만을 비판하지는 않는다. 1992년 A 또는 B를 받는 연방과 주의 교육계 지도자들에 대한 비율은 다음과 같다.[64]

부시 대통령	15%
연방의회	7%
주지사	19%
주의회	14%

사람들이 주와 연방 지도자들에게 회의적인 이유 중 하나는 이들이 세운 목표가 비현실적이며 이들에게 기대할 만하다 여겼던 것들이 터무니없다는 의구심을 갖게 되었기 때문이다.[65]

대중은 지역의 기관들을 가장 신뢰하였다. 57%가 학교의 운영위원회가 교육에 대해 더 많은 권한을 갖기를 원했고, 26%만이 연방정부가 더 많은 권한을 갖기를 바랐다. 개혁가들이 여기서 배워야 할 것은 변화에 대한 분권화된 접근, 즉 문제와 그 해결책에 대한 지역 주민들의 의견에 의존할 때 대중의 지지를 얻어낸다는 사실이다. 그렇다고 해서 시민들은 그들이 사는 지역에만 관심을 갖는다는 것은 아니다. 1989년, 여론조사 응답자들의 50%는 도시 학교들의 사정이 더 나빠졌으며, 93%는 그 학교들을 개선시키는 것이 중요하다고 응답하였다. 저소득층 거주지의 학교에 추가적인 재정적 지원이 이루어져야 한다고 응답한 비율도 83%나 되었다.[66]

진보와 퇴보의 정치

레이건과 부시 행정부 기간 동안, 학교가 계속해서 나아지고 있다는 오래된 가정은 공교육이 쇠퇴하고 있다는 주장으로 대체되었다. 게다가 1980년대 가장 영향력 있는 교육 개혁안은 교육의 퇴보 때문에 국제적인 경제 전쟁에서 미국이 위기에 처하게 되었다고 선언하였다. 개혁안에는 "우리는 무모하고 일방적 방식으로 교육적 무장해제를 시키고 있다"고 쓰여 있다. 많은 정책결정자들이 교육적 성취를 '성적'이라는 하나의 잣대로 측정하고 학교교육을 개인과 국가의 경제적 경쟁력의 수단으로 한정지었다. 《위기의 국가》는, 잘못된 학교교육이 경제를 약화시키고 교육과 경제의 쇠퇴에 대한 해결책은 학업성취도를 향상시키는 것이라고 선언한 1980년대의 엘리트 정책위원회의 많은 시안 중 하나였을 뿐이었다.[67]

교육사학자인 로렌스 크레민(Lawrence A. Cremin)은 악화되는 경제가 질 낮은 학교 때문이라는 주장에 의구심을 표했다. "교육개혁으로 국제경쟁력의 문제를 해결할 수 있다고 주장하는 것은 단지 이상향이나 천년왕국에서나 일어날 수 있는 일이 아니다. 그것은 좋게 말하면 바보 같은 생각이고 나쁘게 이야기하면 경쟁력의 문제에 대하여 정말 관련 있는 사람들에 대한 관심을 회피시켜서 학교에 그 책임을 돌리는 짓이다." 우리는 이러한 그의 비판에 동의한다. 우리 생각에는 학교와 관련된 최근의 많은 정책 논의들이 교육의 목적에 대한 논의를 제한하면서 긴급한 문제들을 분명히 밝히기보다는 적당히 넘어가는 것 같다. 특히 아직도 빈곤 상태에 있는 미국 학생들의 1/4을 학교가 교육해야 하는 것과 같은 문제들에 대해서 그렇다. 카네기교육진흥재단(이하 카네기재단)은 이런 아이들을

'위험에 처한 세대'라고 정의하였다.[68]

우리들은 공교육이 소위 퇴보한다는 많은 증거들이 잘못된 것이라고 믿는다. 시험 성적이 심각하게 낮아졌다는 주장에도 의구심이 들뿐더러, 낮아진 시험성적과 늘어나는 '기능적 문맹'과 '문화적 문맹'이 현재 학생들이 이전 세대만큼 배우지 못하고 있다는 증거라는 주장에도 의구심이 든다. 국제학업성취도평가를 비교하는 것에 대해서도 회의적이다. 우리가 비록 증거의 타당성에 의문을 던지고 과거 황금기적 관념도 거부하기는 했지만, 현재의 학업성취도에 안주하자는 것은 결코 아니다. 복잡한 지적 기능을 더 잘 가르치는 것을 포함한 철두철미한 개선이 학교에 필요하다.

연방정부 관리들은 시험 성적이 떨어진다고 항변하지만 (물론 언론은 이를 확대하고 대중이 좋아하는 야구 기록이나 통계를 이용한 비교를 대중에게 들려준다.), 많은 학자들은 증거의 수준과 의미에 의문을 던진다. 시험 결과는 다양하다. 특히, 1970년대 초반의 결과는 성적의 하락을 보여주지만, 전반적으로 학업성취도는 하락하지 않았다. 심지어 NAEP 점수에 대한 가장 타당한 측정이 입증된 1970년에서 1990년 사이에는 상당한 수준으로 상승되었음을 보여준다.[69]

성적 하락에 대한 가장 보편적이며 극적인 지표이자 각 주의 학업성취도를 비교하기 위해 벽에 걸어두는 도표로도 자주 쓰이는 것은 대학입학자격시험(Scholastic Aptitude Test, 이하 SAT) 평균 점수다. 이 통계를 사용하는 데 나타나는 문제점은 매우 크다. SAT는 대학에서의 학습을 위한 적성검사로 개발된 것이지 일반적인 성취도평가가 아니라는 점이다. 또한, 주 사이의 비교에 적절하지 않다. 그 이유는 자율적으로 시험을 치르는 고등학생의 비율이 주마다 크게 다르고, 놀랄 것도 없이 응시자가 가장 많은 주의 성적이 가장 낮기 때문이다. 특히 지난 수년간 증가한 저소득층, 소수민족 응시생들의 수도 이 통계를 사용하는 문제점의 하나다. 왜냐하면 과거에는 학업 성적이 우수한 소수의 부유층 자녀들만 이 시험에 응시했기 때문이다. 학생들이 얼마나 영리한지를 측정하는 대표적인 지표인 지능지수(IQ) 점수는 1970년대에 상승하였다. 1967년에서 1976년 사이 대학위원회의 성취도평가 성적도 상승했는데, 이 기간은 SAT 성적의 평판이 가장 좋지 않은 때이다.[70]

학교가 사용하는 표준화된 성취도평가는 성적 하락의 다른 증거로 쓰이기도 한다. 그런데, 교육사학자인 칼 캐슬(Carl F. Kaestle)은 학생들이 1940년이나 1970년(또는 1983년)에도 거의 같은 읽기 능력이 있다고 추정했다. 1970년대에 점수가 떨어졌던 만큼 1980년대 초에는 다시 상승한 것이다. 그래서 그는 "(교육 수월성 국가위원회*는) '하향화의 밀물' 대신에 '성적 상승의 밀물'을 선언해야 한다"고 비꼬기도 했다.[71]

최근에 비평가들은 학교가 문맹률을 오히려 높인다고 주장한다. 1982년 교육부 장관이었던 테릴 벨(Terrell Bell)은 인구의 절반이 기능적 문맹이라고 주장했다. 1993년 신문의 머리기사는 교육부가 발간한 새로운 보고서를 인용하여 "미국 성인의 절반이 읽고 셈할 수 없다"고 보도했다. 이 연구에서 사용된 검사에서는 부유층이 저소득층보다, 백인이 흑인보다, 미국 태생이 이민자보다 훨씬 높은 점수를 보였다(이 검사는 영어로 실시되었다). 분명 오늘날의 많은 사람들은 현대의 복잡한 정치적·경제적 생활을 영위하는 데 필요한 충분한 지적 능력을 갖추지 못했다. 설령 그렇다 하더라도 문맹을 없애려는 오랜 노력이 멈췄다고 말할 수 있을까?[72]

---

* National Commission on Excellence in Education: 1983년에 〈위기의 국가〉를 펴냈다(옮긴이).

이 질문에 대한 대답은 문해를 어떻게 정의하느냐에 달려 있다. 1979년 인구조사에 따르면 미국인의 1% 이하가 자기 자신을 문맹이라고 여겼다. 이런 자발적 보고를 문해에 대한 기본 통계자료로 활용했는데, 문맹률은 실제로 감소하는 추세를 보였다. '기능적 문해'는 성인 생활에서 필요한 교육적 요구를 충족시키는 능력을 의미하고, 이러한 정의는 기준이 계속해서 높아졌다. 시간이 지나면서 읽고 쓸 수 있는 사람의 정의가 3학년과 5학년, 심지어 고등학교를 졸업한 사람으로 변하였다.[73]

1987년 베스트셀러 작가인 허쉬(E. D. Hirsch Jr.)는 교육 받은 사람이 반드시 알아야 하는 '문화적 문해'에 대한 엄격한 기준을 대중화 시켰다. 허쉬는 "과거 우리 문화권에서 거의 모든 배운 사람들이 알았던 지식을 요즘의 젊은이들이 알고 있다고 가정할 수 없다"고 주장하였다.[74]

공동의 문화적 지식이 황금기로부터 쇠락했다는 생각은 많은 사람들의 눈길을 끌었지만, 과거 학생들이 실제로 알았던 것을 학자들이 조사했을 때, 요즘 학생들과 예전 학생들 사이의 차이는 거의 없었다. 1940년 《뉴욕 타임스》에 실린 미국 역사에 대한 퀴즈가 1976년에 다시 실렸는데, 그 결과는 거의 같았다.[75]

통시대적인 시험 성적과 문해에 대한 연구가 과거의 좋았던 시절이 있었다는 통념과 지난 세대에 큰 퇴보가 있었다는 사실에 의구심을 제기한다면, 과연 학업성취도에 대한 국제비교에 대해서는 어떨까? 미국 학생들이 이 시험에서 거의 바닥이라는 것은 모든 사람들이 아는 것 아닌가? 꼭 그렇지만은 않다. 최근의 국제읽기평가에서 미국 학생들은 핀란드 다음으로 2등을 차지하였다. 물론 미국 학생들이 여러 국제비교평가에서 대부분의 선진국 학생들에 비해 성적이 좋지 못한 것도 사실이며, 이것을 일종의 경고로 봐야

하는 것도 맞다. 그러나 이런 성적을 국가 간 비교를 위해 사용하기에는 결함이 있다.[76]

가장 중요한 문제는 시험을 친 사람들의 표본을 서로 비교할 수 없다는 사실이다. 초기의 수학과 과학에 대한 평가에 대해서 분석가인 아이리스 로트버그(Iris C, Rotverg)는 동일한 나이의 미국 학생의 3/4 이상의 평균 성적과 서독(오늘날 독일 서쪽) 학생의 상위 9%의 평균, 네덜란드 학생의 상위 13%의 평균, 그리고 스웨덴 학생의 상위 45%의 평균이 서로 비교되었다고 말했다. 그는 이런 비교에서 "미국 학생들이 잘 할 수 없었던 것은 당연하다"고 하였다. 또 다른 왜곡은 여러 나라의 서로 다른 유형의 교육과정으로부터 생긴다. 12학년 수학을 배우는 미국 학생 중 1/5만이 시험에 나온 대수학을 배우는 반면, 다른 나라에서는 거의 모든 학생들이 배운다. 마지막으로, 시험을 치른 학생들의 동기도 이런 비교를 어렵게 만든다. 예를 들어 한국 학생들은 이 시험을 통해서 국가의 명예를 드높이려 하는 데 반해서, 미국 학생들은 답안지에 연필로 빈칸을 채워야 하는 또 하나의 지루한 시험으로 생각할 뿐이었다.[77]

대부분의 전문가들은 NAEP가 미국 학생들의 장기간에 걸친 학업성취도의 지속과 변화에 대한 최선의 측정 결과를 제공한다고 믿는다. 이 지표는 SAT나 국제비교보다 훨씬 표본을 잘 대표하고, 장기간에 걸쳐 동일한 교과 내용을 평가한다. 1970년에서 1990년 사이 NAEP는 연령과 과목별로 편차를 보이기는 했지만, 대체로 추세선은 거의 일정했다. 저소득층 출신의 유색인종 아이들은 시험 성적을 향상시켰고, 백인 중산층 학생들과의 차이를 현저하게 감소시켰다.[78]

같은 기간 동안 상대적으로 안정적인 결과는 정치적·경제적·사회적 맥락에 따라 여러 가지로 해석될 수 있다. 레이건과 부시 행정부가 선호했던 접근 방법은 학생 1인당 비용의 증가와 하락한 NAEP 점수(더 나쁜 예를 들려면 하락하는 SAT 점수)를 나란히 놓고, 미국인들은 학교로부터 그들이 투자한 돈의 충분한 가치를 얻지 못한다고 결론지었다. 이러한 경쟁 논리는 교사들이 게으르고 경쟁력이 없거나 아니면 양자 모두라는 손쉬운 결론으로 이끈다.[79]

반대로, 유색인종과 빈곤층의 향상된 점수와 함께 상대적으로 안정적인 성취도를 학생들의 학업 성적이 떨어질 것으로 예상되던 1950년에서 1980년대 후반까지의 사회적 변화와 나란히 놓고 생각해 보자. 여기서 사회적 변화란 3배 이상 증가한 한 부모 가정(이런 상태는 주로 어머니와 자녀들의 빈곤을 의미한다.), 증가한 10대의 임신율, 흑인 청년의 살인적 실업률, 급등한 18세 이하 청소년층 구속률, 높은 마약 남용과 폭행사건 비율 등을 말한다. 이 외에도 교사들을 힘들게 했을 요인들을 얼마든지 더 나열할 수 있다. 과도한 TV 시청, 영어가 유창하지 못한 학생들의 급격한 증가, 10대 아르바이트생의 증가, 빈곤층 아이의 증가, 학교 내 폭력조직 활동 등이 그 예이다.[80]

수많은 어려움을 직면하면서도 꾸준한 학습이 가능하도록 하는 교사들에게 박수를 보내는 것이 오히려 합리적이지 않을까? 교육심리학자인 데이비드 베를리너(David C. Berliner)는 "가난하고, 의료보험이 없으며, 거의 도움을 주지 못하는 가족과 이웃으로부터 아이들을 수용하고, 가르치며, 키워 내는 미국의 공교육제도는 실질적으로 그 역할을 대단히 훌륭하게 수행한다"고 주장했다. 모든 결점에도 불구하고 빈곤층 지역의 많은 어려움과 역기능 속에서 학교는 여전히 많은 학생들에게 가장 긍정적인 영향을 끼치는 곳이다.[81]

성찰

학교교육의 진보와 퇴보에 대한 관념들은 매우 정치적이다. 지도자들은 개혁을 조직하고 지휘하면서 추종자들이 퇴보하는 것을 막고 이상향적 미래를 향한 '승리의 행진'에 참여토록 하기 위하여 이러한 관념들을 사용한다. 사람들은 진보와 퇴보 모두가 그들의 신념이 사실에 의해서 지지받는다고 믿지만 교육에 있어서 이것을 판단하는 일은 보는 사람들의 눈에 달려 있다. 진보의 시대이건 퇴보의 시대이건 가장 심각한 문제는 빈곤층과 유색인종이 다니는 학교에서도 하위층에 관한 것이다. 그러나 이들 모두는 너무 자주 무시되었다.

정책결정자들의 눈을 멀게 하기는 했지만, 진보와 퇴보의 원리는 교육개혁에 일관성과 추진력을 주었다. 19세기 공립학교 옹호자들은 공교육 체계를 만들기 위하여 시민들을 설득하기 위한 수많은 수사들을 사용하였다. 진보적 행정가들은 개혁에 대한 그들의 과학적 계획이 모든 사람들의 요구를 충족시킬 것이라고 확신했다. 이 두 개의 명백한 개혁의 행진에도 불구하고 대열에서 낙오되는 사람들이 많이 있었다. 이들 낙오자들은 희망이라는 낯익은 수사를 사용하라며 교육적 평등을 이루기 위한 사회적인 운동을 조직하기도 했다.

퇴보에 대한 예언자들은 진보의 예언자들과 마찬가지로 대중에게 동기를 불러일으키기 위하여 과장된 주장을 많이 하였다. 이것은 "현실에 안주하는 시민이 위협을 느낀다면 교육과 경제를 구할 수 있다"는 부류의 과장이었다. 공교육이 퇴보한다고 고집스럽게 주장하는 사람들은 교사들의 사기와 학부모들의 공교육에의 헌신에 미칠 수 있는 비관적 언어 효과를 종종 무시했다. 진보와 퇴보에 대한 과장은 개혁의 과제들을 명확하게가 아니라 더욱 모호하게 만들었다.

개혁에 대한 비평가들이 학교는 나빠진 적이 없다고 말할 때 개혁에 대한 옹호론자들은 학교가 나아진 적이 없다는 사실을 증명하려고 했을 것이다. 우리는 둘 다를 주장하지 않는다. 그 모든 결점에도 불구하고 공교육은 우리 사회의 가장 안정적이고 효과적인 공적 기관으로 남아 있다. 게다가 사회적 병리 현상의 증가 속에서 교사들은 지난 세기에 기대되었던 것보다 훨씬 업무를 잘 수행했다. 동시에 학교는 학생들이 사고할 수 있도록 잘 가르쳐야만 하는 것은 자명하다. 그것은 약화된 경제를 살리기보다는 광범위한 공익적 목적을 위함이다.[82]

크레민이 말했듯이 국가의 문제를 교육의 퇴보 때문이라고 비난하는 것은 무책임한 것이다. '좋지 못한 학교가 좋지 못한 근로자를 배출한 것'이라는 주장과 '개선된 학교가 경제적 문제를 해결할 것'이라는 주장에는 두 가지 주요한 결함이 있다. 첫째로 교사를 희생양으로 삼는다. 둘째로 신규 직업의 큰 비중이 상대적으로 미숙련직에 있다는 사실과 수백만의 숙련공들이 실직 상태에 있다는 노동시장에 대한 이해를 힘들게 한다는 것이다.[83]

《비즈니스 위크》의 시사평론가인 로버트 커트너(Robert Kuttener)는 "학교를 향상시키고 직업훈련을 개혁하는 것은 상대적으로 쉽다. 어려운 부분은 경제가 제공할 수 있는 일자리의 수를 늘리는 것이다"고 하였다. 또한, "회사의 중역들이 저임금직 구직자들의 좋지 않은 자질에 대해 한탄을 하지만, 적절한 보수를 주는 자리를 제공할 때는 자질이 훌륭한 지원자들이 줄을 선다. 전문가들이 숙련된 기술자들이 더 많이 필요하다고 말해도 그런 숙련된 기술을 필요로 하는 일자리가 없다는 것이 문제"라고 하면서, "수백만의 대학 졸업자가 고등학교 졸업장만 있으면 할 수 있는 일을 하고 있으며, 가장 큰 일자리 수요는 청소부, 간호사 보조, 그리고 패스트푸드점 근로자와 같은 단순 노무직이다"고 언급했다. 연방정부에 따르면 1992년에 취업한 사람들의 절반 정도가 비정규직이고 임시직이며 이들 대부분은 보험의 혜택을 받지 못했다. 노동부 장관이었던 로버트 라이히(Robert B. Reich)는 "모든 시스템이 해체되어 있다"고 하였다.[84]

미국 경제의 위기에 대한 원인을 세계 경제의 침체가 산업계와 정부의 실수로 돌리는 것은 그렇게 어렵지 않다. 급팽창한 적자의 영향, 저축대부조합 규제 완화, 공장 개선이나 새로운 경영전략을 수용할 때의 게으름, 단기 수익에 대한 과도한 집착 등이 그 이유들이다. 학교가 경제적 경쟁력이 없다고 비난하는 것은 쉬운 일이지만, 이러한 행동은 교육적·경제적 분석을 왜곡시킨다. 좋은 학교는 정의롭고, 부유하며, 민주적인 사회를 만드는 데 중요한 역할을 하지만, 희생양이 되어서도 안 되며 만병통치약도 아니다.

학교교육에 대한 낙관과 비관은 모두 좋은 교육이 개인과 사회에 결정적 요인이라는 계속된 확신을 반영한다. 최근에 미국인들 중 4/5가 학교가 개인의 성공에 극단적으로 중요하다고 응답했다. 이와 마찬가지로, 미국인들의 거의 9/10가 미국의 미래를 위해 세계 최고의 교육제도를 만드는 것이 지극히 중요하다고 응답했다. 따라서 당면 과제는 학교교육이 중요하다고 시민들을 설득하는 것이 아니다. 좋은 교육이 사회적 진보와 연결되어 있다는 믿음은 아직도 굳건하기 때문이다. 다시 말해 학교교육의 향상을 위한 타당한 정책을 만들어서 걱정하는 대중의 지지를 유도하고 개혁이 의지해야 하는 교사들의 헌신을 이끌어 낼 수 있느냐가 가장 중요한 문제인 것이다.[85]

CHAPTER

02

정책 순환과 제도적인 경향

정책 순환과 제도적인 경향

수십 년 동안 학교에 대해서 명백히 모순되는 두 가지 개념이 양립해왔다. 하나는 우리가 1장에서 살펴보았던 교육에서의 점진적인 발달, 즉 일반적으로 '진보'로 보이는 개념이다. 나머지 하나는 요기 베라(Yogi Berra)가 '되풀이되는 기시감'(既視感 deja vu)이라 일컬은, 교육개혁이 계속 순환된다는 개념이다. 각각이 의미하는 바를 토대로 두 개념이 모두 정확하다고 볼 수 있을까? 우리는 그렇다고 생각한다. 정책 논의는 순환되지만 제도적인 경향은 그렇지 않다고 생각한다면 두 개념 사이에 모순은 없다.[1]

주요한 경향의 대부분을 일시적이고 돌발적으로 연속되거나 순환되는 것으로 해석하기보다는, 점진적이고 어느 정도 직선적으로 발달하는 것으로 보는 게 더 그럴 듯하다. 학교교육이 나아지고 있다고 주장하는 교육자들은 보통 그런 경향을 나타내는 지표가 자신들의 주장을 입증하고 있다고 말한다. 예를 들어 행정적 진보주의자들은 높아진 입학률과 졸업률, 늘어난 학기, 커진 학군과 학교 건물, 점진적으로 늘어나는 학생 1인당 지출, 더 다양해지는 교육과정, 프로그램, 학교 구조 등을 자랑한다.

우리는 교육적인 관례보다는 정책 논의가 훨씬 더 잘 순환된다고 본다. 여기서 정책 논의란 문제를 진단하고 해결책을 주장하는 것을 뜻한다. 교육개혁의 다음 단계는 정책 실행인데, 주별 입법이나 교육위원회의 규정, 기타 관계 당국의 결정에 의한 개혁의 채택이라고도 불린다. 계획한 변화를 학교에 실제로 적용함으로써 개혁을 실행에 옮기게 되는 것은 또 다른 단계인데, 종종 처음 두 단계보다도 더 느리고 더 복잡하다. 이런 단계를 구분해서 분석하는 것은 정확히 무엇이 어떻게 변하고 있으며 상대적으로 무엇이 변하지 않고 있는지를 명시하는 데 도움이 된다.[2]

변화를 위한 어떤 요구들은 이전 세대에서도 그랬던 것처럼 때로는 교육가들의 일생 동안 어지러울 정도의 속도로 계속 순환되며 나타나고 있는 듯이 보인다. 예를 들어 개혁가들은 학생중심 교수법과 교사중심 교수법을, 학문적인 지식에 주목할 것과 경험적인 지식에 주목할 것을, 학교에 대한 집중된 관리와 분산된 관리를 번갈아가며 제안해 왔다. 20세기 초에 피에르 듀폰(Pierr S, DuPont) 같은 사업가들은 도시 학교들에 대한 집중된 관리와 전문가에 의한 규제가 학교를 개선시키는 열쇠라고 확신했던 반면, 피터 듀폰(Peter DuPont) 같은 오늘날의 사업가들은 이와 정반대로 분산된 관리, 규제의 철폐, 선택권 등이 교육문제를 치료할 수 있을 것이라고 주장했다.[3]

학교에 대해 경험이 풍부한 사람들이 공통적으로 안타까워하는

것 중 하나는 옛날에 있었던 개혁에 대한 제안을 혁신가들이 재활
용하고 있다는 것이다. 자신이 보기에 어지러운 회전목마 같은 뉴
욕시에서 시도하고 있는 변화에 지친 한 회의적인 교사는 《뉴욕
타임스》에 〈학교 개혁, 또?(한숨)〉이라는 제목으로 투고하기도 했다.
또한, 일부 개혁가들은 대다수 교육가들이 혁신을 방해하고 있다고
맹렬히 비난했다. 연구자들은 학교가 실제로 변하는 것은 매우 적
다는 게 사실이 아닐까 생각한다. 제임스 거스리(James W. Guthrie)와
줄리아 코피치(Julia Koppich)는 "현재 개혁의 화려한 수사들은 이전
시대의 것들과 놀랄 만큼 비슷하다"고 언급하면서 "교육적으로 태
양 아래 새 것은 없는가? 학교를 위해 쓸데없는 일을 계속 반복하
도록 개혁가들의 운명은 결정되어 있는 것인가? 개혁의 물결이 물
러가면서 그것을 토대로 다른 개혁이 세워질 수 있는 어떤 구조적
이거나 절차적인 잔재들을 남겨 놓기는 하는가?" 하고 의문을 품
었다.[4]

'순환'이라는 표현은 같은 자리로 되돌아오기 때문에 무용지물이
라는 느낌을 불러일으키며 진보의 가능성을 배제하는 것처럼 보인
다. 또한, 불합리하게 보이기도 한다. 사람들은 왜 문제를 정확하게
분석해서 딱 맞는 해결책을 내지 못하는가? 우리는 정책 순환과 제
도적인 경향을 서로 관련된 것으로 인식해야 한다고 제안한다. 경
향을 살펴보면 학교는 계속 변하고 있다. 이것은 역사가 완전히 반
복되고 있는 것만은 아니라는 뜻이다. 개혁에 대한 담론이 오고 갈
때마다 익숙한 주제들이 다시 등장하지만 학교의 상황은 다르다.[5]

우리는 정책 논의에 대한 순환을 헛되고 불합리한 것으로 생각
하기보다는 민주적인 학교체제 속에 확립되어 있으며 여론의 변화
를 반영하는 여러 가치와 이해관계에 따른 충돌로부터 생기는 어
쩔 수 없는 결과라고 여긴다. 사람들은 공교육을 끊임없이 비판하

며 개선시키려고 노력한다. 때로는 사회와 학교교육에 대한 우려들
이 쌓여 광범위한 교육개혁을 일으키기도 한다. 그런 시기에는 보
통 고위 정책가들이 문제를 진단하고 교육적인 해법을 내놓는 일
에 앞장서게 된다.[6]

이 장에서 우리는 정책 순환과 제도적인 경향 사이의 몇 가지
관계를 살펴보려고 한다. 먼저 개혁의 시기의 본질을 포함하여 정
책 논의의 역학관계를 살펴볼 것이고, 이어서 제도적인 경향의 사
례연구로 고등학교를 교육과정 토론과 병행해서 살펴보려고 한다.
마지막으로 왜 몇몇 개혁들은 성공했고, 다른 것들은 자취를 감추
게 되었는가를 살피면서 혁신이 제도적인 경향으로 바뀌게 된 평
탄하지 않았던 길을 추적하는 몇 가지 방법들을 제시하고자 한다.

정책 논의의 순환을 추적하기

무엇이 교육에 대하여 순환되는
정책 논의를 만들게끔 하는가? 학교개혁에 대한 논의가 때로는 더
어렵고 돈이 많이 드는 사회적·경제적인 변화로부터 주위를 돌리
게 하기 위한 방편이 되었지만, 학교개혁에 대한 순환되는 담론을
단순한 수사나 현실을 덮고 있는 망토 같은 것으로 간단하게 치부
하는 것은 잘못된 생각일 것이다. 동시에, 정책 논의가 학교의 모
습을 정확하게 반영하고 있다고 가정하는 것도 그릇된 생각일 것
이다. 담론과 실천은 종종 완전히 엇갈린다. 우리는 개혁에 대한
수사들을 열망과 염려가 담긴 고집스러운 현장에서 일어나는 극적
인 거래로 간주하는데, 이는 미국인들이 한 세기가 넘도록 교육에
대한 토론을 현재를 정의하고 미래를 구상하는 강력한 수단으로 사
용해 왔기 때문이다. 그러나 이런 토론들은 학교교육의 사회적·제

도적인 역사와 계속 병행되어야 한다.[7]

학교교육에 대한 정책 논의는 늘 있어 왔다. 물론 고위 정책가들이 언론이나 정부 관료들에게 훨씬 더 잘 접근할 수 있고 전반적인 개혁의 시기에 생기는 담론을 좌우하는 경향이 있기는 하지만, 정책 논의가 이들만의 것은 아니다. 학교교육의 목적과 성격에 관한 대화는 여러 상황에서 이루어진다. 학부모와 아이들은 저녁식사 식탁에서 교육에 대해 이야기를 나눈다. 학부모회 부모들은 자신들이 모은 기금을 어떻게 쓰는 게 좋을지 이야기를 나눈다. 아침에 커피숍에 들어가면 그곳에 모여 있는 퇴직자들에게 지역 학교에 대한 의견을 묻는 교육위원의 모습도 볼 수 있다. 근본주의 교회의 회원들은 예배가 끝난 다음 자신들이 반대하는 성교육 프로그램을 어떻게 해야 할지 의견을 나눈다. 흑인 운동가들은 모여서 흑인들이 중심이 되는 교육과정이 있는 남학교를 만들 계획을 세운다. 예산이 삭감된 교외의 교육위원들은 대학과목 선이수제도를 줄일 것인지, 이민 학생들을 위한 특별 영어 수업을 줄일 것인지를 놓고 의견의 일치를 보지 못한다. 학교 휴게실에서는 교사들이 수준별 수업에 대해 토론하고, 특수교육이 필요한 학생을 어떻게 해서 일반 학급에 적응시킬 수 있을지 의견을 나눈다. 학교에 대한 대화는 미국인들이 자신들의 삶을 이해하는 한 방편인 것이다.[8]

사람들은 자신의 경험과 열망, 염려 등에 크게 영향을 받기 때문에 교육의 여러 가지 목적에 대해서 서로 다른 우선순위를 매기게 된다. 제도적인 관례가 바뀌는 정도가 일정한 것처럼 목표에 대한 어느 정도의 갈등 역시 일정하다. 미국인들은 자신의 자녀들을 위해 학교가 다음와 같이 서로 다르며 때로는 완전히 모순되는 목적으로 운영되기를 원해 왔다.

- 아이들을 순종적 집단으로 만들면서 비판적 사고도 가지도록 가르친다.
- 아이들에게 과거로부터 물려받은 좋은 학문적인 지식을 전수하면서 시장성 있고 실질적인 기술도 가르친다.
- 아이들의 협동심을 장려하면서 학교에서뿐만 아니라 나중에 사회에서도 서로 경쟁하도록 가르친다.
- 기초적인 숙달을 강조하면서 창의성과 고차원적인 사고 또한 장려한다.
- 학문적인 '기본'에 집중하면서 광범위한 수업의 선택권을 준다.[9]

시민들은 또한 학교교육의 집합적 기능에 대해서도 의견을 달리했다. 교육이 새로이 시민이 되는 사람들을 동화시키는 데 쓰이기를 원하면서 인종적인 다양함을 확고히 하는 데에도 쓰이기를 원했다. 또한, 전통적인 성역할을 영속시키는 데 쓰이기를 원했으며 이를 극복하는 데에 쓰이기를 원했다. 끝으로, 가난한 사람들에게는 동등한 기회를 주는 데 쓰이기를 원했으며 상류층의 이익을 유지하는 데 쓰이기도 원했다. 어떤 한 가지 목표를 지지하는 사람들은 학교에 대한 다른 의견에 영향을 주거나 때로는 균형을 맞추려고 애쓴다. 미국인들은 사회적인 병폐를 교육으로 치료할 수 있다는 뿌리 깊은 믿음을 가지고 있지만, 무엇이 잘못되었으며 그것을 어떻게 고쳐야 하는지에 대해서는 의견이 다른 경우가 많다. 이런 상황이 학교에 대한 정책 논의를 유발시킨다.

분산된 관리체제가 유지되는 미국에서는 국가적인 의제를 수립하고 정책을 입안하는 교육부가 없었기 때문에, 정책 논의와 정책 실행은 주나 그보다 더 작은 지역 단위에서 생겨났다. 그런데 공교육에 대한 대중의 관심이 광범위하고 격렬해서 언론에서는 이를 다루고, 정치인들은 토론을 벌였으며, 대중을 상대로 하는 개혁 옹호론자들이 생기게 되는 등 전국적인 쟁점이 되는 사안이 주기적으로 발생했다. 이런 시대를 주로 '개혁의 시기'라 부른다. 흔히 '위기'라 불리는 몇몇 주요한 사회적인 변화가 학교교육에 대한 관심을 촉발시킨다. 이를 *국내적* 위기라 할 수 있다. 예를 들어 이미 이곳에 정착한 시민들과는 다른 '외부인'으로 여겨지던 이민자들의 급격한 증가, 가난한 처지를 '자각', 민권운동 같은 저항운동의 출현, 직업윤리와 같은 전통적인 가치와 새로운 노동환경이 맞지 않다는 지각 등을 들 수 있다. 이렇게 인식하게 된 문제들은 또한 *국제적*이라고 할 수 있는데, 군사적이든 경제적이든 다른 국가들과 경쟁해야하기 때문이다. 때때로 여러 사건들이 학교교육의 효율성에 대한 걱정을 불러일으키게 된다. 제1차 세계대전과 동화되지 못한 이민자들에 대한 두려움, 스푸트니크호*와 냉전시대에 소련(오늘날의 러시아)의 군사적·기술적 우위가 주는 위협 등이 그런 예이다.[10]

이런 '위기', 즉 학교가 억지로 부과된 과업들을 달성하는 것이 불가능해 보일 때에 대중매체들은 공교육에 주목하게 되고 고위 정책가들은 정책 논의를 위한 기회를 엿보게 된다. 매체의 논설위원들, 부정부패를 파헤치는 언론인들, 기업과 노동조합 지도자들, 정부 관료들, 의원들, 사회 개혁가들, 여성 운동가들, 재단 관계자들, 저항운동 지도자들, 교육정책 입안가들 모두가 적나라하게 문제들을 드러내고 자신 있게 교육적인 해법을 내어놓는다. 그런 다음에 입법기관과 교육위원회, 공립학교 교장들로 하여금 그들의 개혁을 채택하도록 압력을 행사한다. 이러고 나면 그것이 실행되기까

---

* Sputnik: 1957년에 소련에서 발사한 세계 최초의 인공위성(옮긴이).

지 느리면서도 불확실한 과정이 시작되는 것이다. 국가적이거나 주 차원의 정책 논의에서부터 시작해서 실제로 학교와 교실에서 무엇이 일어나는 데까지는 오랜 시간이 걸릴뿐더러 그 과정도 예측할 수 없고 복잡하기가 다반사이다.[11]

이러한 교육개혁의 시기에는 개혁가들이 서로 다른 관심사를 좇아왔음을 보게 된다. 이것은 개혁의 시기가 자유주의에서부터 시작해서 보수주의에 이르는 형태로 계속 순환된다는 것을 의미하는 것인가? 또한, 서로 다른 관심사들은 대비되는 정치제도의 산물인가?

아서 슐레진저(Arthur M. Schlesinger, Jr.)는 학교교육에 쉽게 적용될 수 있는 정치적 순환에 대한 논증을 내어놓았다. 그는 대부분의 민주주의 제도에서는 누가 선출되어야 하는지를 실업률이나 경제성장률 같은 경제적인 요소가 크게 좌우한다고 강력하게 주장했다. 정부가 시민들의 생활에 어떤 역할을 해야 하는가에 대하여 선거를 통해 보수적인 관점을 가진 정부 관료가 선출되기도 하고 자유주의적인 관점을 가진 사람이 선출되기도 하는데, 그의 주장에 따르면 자유주의자들은 전형적으로 국내의 경제적·사회적 문제를 해결하는 데 정부의 힘을 사용하고 싶어 하는 반면, 보수주의자들은 그렇지 않다는 것이다.[12]

서로 다른 학교개혁의 시기에 널리 퍼진 수사들을 살펴보면, 정부에 대한 보수주의적인 입장과 자유주의적인 입장이 번갈아 일어난다는 슐레진저의 주장과 유사한 경향이 있음을 보게 된다. 여러 시대를 지나면서 개혁의 표어는 수월성에서 평등으로, 효율에서 공감으로, 단일성에서 다양성으로 바뀌었다가 되돌아가곤 했다. 정치적으로 보수적인 경향을 띠던 1890년대와 1950년대, 1980년대의 학교에 대한 정책논의는 국제적인 경쟁 —독일(1890년대), 소련(1950년대), 일본(1980년대)— 에서 살아남아야 한다는 데에 강조점을 두었다.

이런 시기에 고위 정책가들은 영재들을 기르고 학문적인 기본을 강조하며 교육이 더 일관되고 엄격해야 한다고 요구하기를 즐겼다. 예를 들어 1950년대에 출간된 유명 잡지들에 실린 교육에 대한 기사나 논설 등은 그 대상을 소련에서 일본으로 바꾸기만 하면 거의 고칠 필요 없이 1980년대에 다시 실려도 될 만한 내용들이었다. 1930년대와 1960년대 같은 자유주의 시대에는 접근성과 평등의 이념에서 초점을 둔 반면, 보수적인 정치 분위기에서는 경쟁과 우수성이라는 수사들을 더 많이 사용한 것은 별로 놀랄 만한 일이 아니다.[13]

실제로 교육개혁의 시기가 주요한 정치적 변화에 따라서 단순히 순환하기만 했다면 역사가들의 삶도 단순했을 것이고 교육학자들이 앞일을 예측하기도 쉬웠을 것이다. 그러나 실상은 그렇게 간단하지 않았다.

민주당과 공화당의 지도자들은 다른 영역에서 완전히 상반된 정책을 내어놓았을지라도 교육을 보는 관점만큼은 크게 다르지 않았다. 이런 점에서 미국의 정당은 영국이나 독일에서 종합고등학교를 만든다거나 국가적인 학교교육 체제에서의 수업 격차를 비난하는 등의 문제로 정치적·이념적으로 싸우는 보수당과 노동당, 사회 민주당과 기독 민주당과는 분명하게 대조된다. 소란스러웠던 대공황 때에 민주당과 공화당은 공교육을 위한 어떤 새로운 제안도 하지 않았다. 정치철학의 갈등이 바우처나 공립학교의 기도 시간과 같이 사회적인 문제로 확대되던 레이건 정권 전까지 교육은 기본적으로 닮은 두 정당이 벌이는 야구경기의 타석에서 방망이를 휘두를 뿐이었다. 미국에서 공화당과 민주당의 교육 정책은 시간이 흐르면서 서로 제휴하는 경향이 있는데, 종종 여론을 주도하는 만큼 여론을 따라가기도 한다. 따라서 학교교육에 대해서 두 정당이 뚜렷한 갈

등을 빚은 시기는 거의 없다.[14]

체스터 핀(Chester E. Finn, Jr.)과 테오도르 레바러(Theodor Rebaber)는 최근의 개혁에 대하여 "학교교육에 있어서는 민주당과 공화당 사이에 조직적이거나 철학적인 차이는 그다지 찾아볼 수 없다"고 언급했다. 양당 지도자들은 최근 들어 국가적인 교육 표준을 인준하는 동시에 학교에 대한 분산된 관리를 지지하고 있다. 1989년 버지니아 주 샬러츠빌(Charlottsvilles)에서 부시 대통령과 50명의 주지사들(민주당과 공화당 모두 포함)은 국가 수준의 교육 표준과 동시에 의사결정권의 분산을 선언했다. 1980년대에는 주 차원에서 양당의 대다수가 주별 졸업 기준에 합의하면서 느슨해진 교육과정을 비난했다. 양당은 교사의 자질을 향상시키며 교육을 전문적으로 다룰 수 있는 다른 수단들을 만드는 법안을 제안했다. '실험학교'를 승인했으며 '효과적인 학교'의 특징을 정의하려는 시도를 찬양했다. 양당은 또한 교육의 기회가 동등해야 된다고 주장했다.[15]

모든 개혁의 시기에 양 정당은 무엇이 미국 공교육의 문제인지, 이를 어떻게 해야 하는지에 대해 의견이 같았던 것이다. 이들은 또한 무엇이 개혁의 의제가 아니어야 하는지에 대해서 똑같이 눈을 감고 있었을 수도 있다. 이렇게 교육정책에서 합의를 이루려는 시도는 19세기의 공립초등학교 운동가들 및 진보주의 시대의 중추적인 개혁가들이 '학교에서 정치를 배제'시키고자 했던 노력까지 거슬러 올라가는 긴 역사를 가지고 있다. 물론 때로는 미국인들 사이에 공립교육에 대한 깊고도 양립될 수 없는 갈등이 있기도 했지만 고위 정책가들이 교육정책을 만들기 위해 추구했던 절차는 타협을 강조하는 데 있었다.

한 세기가 넘도록 유지된 교육개혁위원회는 일반적으로 만장일치가 요구되었는데, 전문가나 대중의 관심에 대한 보편적인 정의,

교활한 거래, 인종차별 같이 다루기 곤란한 문제의 회피, 무엇이 현재의 '위기'를 불러왔는지에 대한 합의 등을 통해 만장일치를 이끌어 냈다. 위원회가 만들어 낸 내용과 권고사항은 시대에 따라 매우 다양했지만 당시의 일반적인 통념에 맞아야 한다는 압력은 늘 같았다. 연방의회와 주의회에서의 교육에 대한 입법 역시 합의된 목표를 이루기 위한 타협에 의존했다는 점에서 이와 비슷하다고 볼 수 있다. 정치, 경제, 종교, 스포츠 등의 분야에서 발생한 갈등을 조정하는 것을 중요시 여기는 사회에서 교육은 시민들이 무엇이 공공선인지에 대해 대체로 동의하는 영역에 있어야 했던 것이다.[16]

정치적인 과정과 지도적인 정치가들이 합의를 강요했다고 하더라도 교육개혁이 일어나던 시기에는 항상 사회적인 가치의 충돌이 늘 잠재 되었을 수도 있다. 따라서 어떤 개혁의 시기이든 일관된 이념이 있었다고 단정 짓기는 어렵다. 예를 들면, 역사가들은 이른바 진보주의 시대의 교육이 자유주의적이었는지 보수주의적이었는지를 놓고 논쟁을 벌였다. 20세기 초에는 서로 다른 신념을 가진 개혁가들도 학교교육이 산업화, 도시의 성장, 대규모 이민으로 발생하는 결과들을 다룰 수 있도록 바뀌어야 한다는 데에 동의하였다. 또한, 이들은 19세기 후반의 학교 체계의 약점이 무엇인지에 대해서도 의견을 같이 했다. 하지만 이들은 직업교육에 대해서는 의견이 달랐다. 교사들이 '손재주가 좋은' 남학생들을 따로 구분해서 별도의 학교에서 교육을 시켜야 할 것인가? 아니면 존 듀이(John Dewey)의 주장대로 모든 학생들로 하여금 노동을 이해하고 그 진가를 알 수 있도록 고취시켜서 산업민주주의를 장려해야 할 것인가? 이들은 또한 이민에 대해서도 아주 다른 관점을 가지고 있었다. 모든 시민들은 다원주의 사회에 '귀화한 미국인들'인가? 아니면 새로운 이민자들은 윤곽이 뚜렷한 '미국화'에 영향을 받아야만 하는 것인가? 마지막으로, 정치철학의 범위를 만들어 낸 개혁자들 사이에도 교육의 목적에 대한 의견의 불일치가 있었으며 지금도 마찬가지다. 급진주의자나 자유주의자도 보수주의자만큼이나 열렬히 전통적인 교육과정을 선호할 지도 모른다.[17]

학교를 개혁하는 데에 자유주의와 보수주의가 교대로 순환한다는 주장에는 또 다른(우리가 보기에는 가장 심각한) 문제가 있다. 정책 논의는 순환될지라도 장기적인 경향은 사람들이 이야기하는 것과 딱 들어맞지 않는 고유의 시간표를 따라간다는 것이다.

예를 들어 남부의 운동가들이 인종 간의 평등을 위해 의제를 만들던 시대보다 인종차별 문제에 대해 '소극적 방임'이라 불리던 닉슨 대통령 시기에 실제로 더 많은 인종차별 폐지가 이루어졌다. 이런 변화는 정권의 변화와 딱 들어맞는 것이 아니다. 일각에서는 자유주의자들이 교육문제에 '돈을 쏟아 부으려고 한다'고 주장했지만 학생 1인당 지출이 가장 크게 증가한 시기는 자유주의적이던 1960년대가 아니라 정치적으로 보수적이던 1920년대와 1950년대였다. 학생 1인당 지출을 더 많이 하는 장기적인 제도적 경향은 정치적 이념의 전반적인 변화보다 더 가치가 있는 것이다.[18]

개혁의 영향이 뒤늦게 미치게 된 또 다른 예로는 아이젠하워 대통령의 임기 당시 미국이 과학자과 공학자를 양성하는 데에 소련보다 훨씬 더 뒤처져 있다는 두려움 때문에 수학과 과학에 혁신적인 교육과정을 도입한 것을 들 수 있다. 저명한 학자들이 교육과정을 개발하고 교사들을 재교육시키는 이런 계획에 연방정부가 예산을 지원한 절정기는 1960년대 초반이었는데 이때는 이미 정책 논의와 대중의 관심이 '혜택을 받지 못하는 사람들'을 지원하여 소외된 사람들에게 사회적 정의를 실현시켜 주자는 쪽으로 이동하던 시기였다.[19]

교육에서의 제도적인 발전은, 우리가 교육개혁의 시기라 일컫는 학교교육에 대한 관심이 널리 퍼지고 강렬했던 때와 그저 막연하게 연결되어 있을 뿐인 자체적인 내부 동력을 가지고 있을 수도 있다. 교육개혁이 개혁의 시기와 연결된다고 한다면 교육개혁을 너무 순환하는 것처럼 본다는 뜻도 될뿐더러 점진적으로 진화하는 변화를 과소평가하는 셈이 될 것이다. 그러나 정책 논의는 학교와 사회가 변함에 따라 고위 정책가들과 시민들의 염려와 희망 등을 분명히 반영하고 있다. 다음 절에서는 미국인들이 긍지를 느끼는 동시에 끊임없이 논쟁을 벌이는 교육 체제의 한 부분을 살펴보려고 한다. 바로 고등학교다.

고등학교

지난 세기 동안의 고등학교에 대한 통계를 살펴보면 두드러진 경향이 나타난다. 그중 가장 두드러지며 다른 산업화된 국가들의 중등교육과 가장 차이를 보이는 것은 입학생과 졸업생의 급격한 증가이다. 1900년에는 14세에서 17세 청소년 10명 중 1명 꼴로 고등학교에 입학했다. 1940년에는 이 비율이 10명 중 7명이, 1980년에는 10명 중 9명이 되었다. 고등학교 졸업생의 비율 또한 급격하게 증가했다. 1900년에는 불과 8%였지만 1920년에는 17%, 1940년에는 51%, 1960년에는 69%, 1980년에는 71%로 각각 집계되었다.[20]

학생 수가 급격히 증가하면서 고등학교 시설은 점차 커졌고 교육과정은 더 복잡해졌다. 1900년대에는 대도시를 제외한 지역의 고등학교가 대부분 소규모였는데, 고등학생들의 1/3 정도가 만나게 되는 교사들은 기껏해야 3명뿐이었고, 나머지 2/3 정도도 많아야

10명 정도였다. 고등학교가 고작 학년제 초등학교 옆에 딸린 방 하나인 경우도 있었다. 1950년대까지 이러한 소규모 학교들은 시골의 단일학급 학교처럼 고풍스러운 것으로 보였을 수도 있다. 시간이 지남에 따라 고등학교에는 새로운 기능들이 생기고 제도화되었으며 더 커지고 더 차별화되었다. 행정실과 직원들, 실습실과 주방, 양호실, 체육관, 구내식당, 강당, 상담실, 대다수 학생들이 보기에는 학교에서 가장 중요한 일이 일어나는 운동장 등이 생겨났다.[21]

이렇게 커지게 된 학교는 여러 부류의 학생들을 대상으로 수업의 종류를 계속 늘렸다. 수업은 대개 계열에 따라 대학, 상업, 직업, 일반과정으로 분류되었다. 라틴어, 독일어, 외국어, 대수학, 물리학 같은 영역에서는 학문적인 수업을 듣는 학생들의 비율이 줄어들었다. 또한, 대학을 목표로 하지 않는 학생들은 주로 전통적인 학문 중심의 과목이 아닌 보다 약화된 '일반수학'과 '일반과학'을 선택했다. 덧붙여, 모든 학생들이 새로운 영역, 특히 체육과목을 이수하도록 했다. 타자, 기술, 가정 등 새롭게 개설된 실용적인 학문을 듣는 학생 수도 급격하게 늘어났다. 특히 1960년대에는 학교에서 영어와 사회영역의 일반적인 이수 과정을 대신할 선택과목을 많이 제공했다. 등록한 학생 수에 대한 대부분의 통계는 과목명을 임의로 붙였거나 전체 교과목을 다 포함시키지 않아서 이런 다양성을 제대로 보여주지 못했다. 1890년에 연방정부에서 펴낸 학교의 학과목 등록 통계의 표제는 9개뿐이었지만 1928년 통계에는 47개로 나와 있다. 1973년 고등학교 교장들의 보고에 따르면 '끝내기 수학'처럼 매력적인 과목을 포함해서 2,100개가 넘는 수업 명칭이 있었다고 한다.[22]

왜 미국의 고등학교 입학률이 그토록 높아졌는가? 이는 경제성장과 인구 증가, 사고방식의 변화 등 전반적인 사회적 경향으로 대강 짐작해볼 수 있다. 고등학교를 세우고 운영하려면 많은 비용이 드는데, 국내 총생산이 급속도로 증가함에 따라 이 비용을 충당할 수 있게 되었다. 도시화가 진행되고 시골지역이 고립되어 가자 더 크고 다양한 수업이 가능한 고등학교가 필요하게 되었다. 인구의 변화도 한 몫을 했다. 제2차 세계대전 이후부터 베이비붐 세대 이전까지 출산율이 떨어지면서 부모들은 자녀들을 위해 학교교육을 더 많이 시킬 수 있게 되었으며 돈을 천천히 모아도 되었다. 또한, 아이당 어른의 비율이 높아짐에 따라 일반 조세 부담이 줄어들게 되었다. 십대들이 전임으로 일해야 하는 노동시장이 줄어들었고, 아동노동법과 의무교육법으로 인해 노동자계층 청소년들이 학교로 오게 되었다. 덧붙여, 점점 더 많은 학부모들과 학생들이 중등교육을 받아야 더 좋은 직업을 가질 수 있다고 믿게 되었다. 1972년에 갤럽은 학부모들을 대상으로 자신들의 자녀에게 왜 교육을 시키고 싶은지에 대해 주관식 설문조사를 실시했다. 가장 많이 나온 답은 '더 나은 직업을 가지게 하기 위해서'였고, 세 번째로 많이 나온 답은 '더 나은 돈을 벌게 하기 위해서'였다.[23]

이러한 전반적인 사회적 · 제도적 경향 아래서 다양한 정책입안자들과 개혁가들은 고등학교의 기능과 성격에 대해 토론을 벌였다. 고등학교에서 근무하는 사람들은 어떻게 하면 더 잘할 수 있는지에 대해 전문가 집단에게서 뿐만 아니라 대중에게서도 수많은 조언을 듣게 되었다. 학생들에게 더 많은 다양한 프로그램과 수업을 제공하려는 경향은 약해지지 않았지만, 이러한 발전이 무슨 의미가 있는지에 대한 정책 논의는 시기에 따라 아주 달랐다. 미국의 난해한 정치적 · 경제적 · 사회적인 문제를 풀기 위해 중등교육에 주목하는 일이 반복될 때마다 정책입안자들과 개혁가들의 처방과 그 해법이 달랐던 것이다.[24]

1890년대에는 학교 바로 앞에 새로운 세상이 펼쳐지고 있었다. 미국은 지구상에서 가장 힘 있는 산업국가가 되었고 경제가 급속도로 성장하는 독일을 의식하게 되었다. 많은 기업들이 십수 년 전에는 결코 꿈도 꾸지 못했을 힘을 갖게 되었고, 격렬한 노동쟁의가 일어났으며, 사람들과 이민자 수백만 명이 도시로 몰리게 되었다. 사회철학자들은 가족과 같이 젊은이들을 사회화시키던 전통적인 제도가 기능을 계속 유지할 수 있을지에 대해 의문을 갖게 되었다.[25]

1893년 하버드 대학 총장인 찰스 엘리엇(Charles William Eliot)이 이끈 '십인위원회'는 고등학교에 대한 첫 번째 주요 국가보고서에서 이런 변화가 자신들의 직무와는 무관한 것처럼 기록했다. 십인위원회의 위원들 대부분은 뒤죽박죽인 고등학교 교육과정을 정리해서 그것이 고등교육을 위해 표준화된 준비가 되길 원하는 대학 총장이나 교수들로 구성되었다. 1890년대에 코헨은 "고등학교 교육과정은 한 번에 여러 방향으로 빨리, 많이 번식하는 학술 밀림지대의 곤충을 닮아가기 시작했다"고 말했다.[26]

대학에는 특별히 잘 훈련된 학생들이 부족했다. 고등학교 관계자들은 대학마다 너무나 다양한 입학 조건을 혼란스러워했고 이를 성가셔했다. 따라서 문제는 일관된 지적 훈련을 제공할 수 있는 일련의 학습 과목을 고안하는 것이었다. 십인위원회의 위원들은 자신들이 교육, 즉 지식을 나누어 주고 지적인 능력을 발전시키는 데에 전문가들이기 때문에 이런 일을 하는 데에 적격이라고 생각했다.[27]

엘리엇은 고등학교를 학문적인 잡동사니 및 부기 같은 직업교육만 시키는 무질서한 제도로 보았다. 대부분의 공립고등학교는 도시에 있었는데, 이는 전체 학생의 3/4에 해당하는 시골지역 학생들이 고등학교에 다닐 수 있는 기회가 별로 없었다는 것을 뜻한다. 도시에 있는 학교들도 소수의 십대들만 다닐 수 있었다. 또한, 17살 청소년의 3.5%만이 졸업할 뿐이었다.

부잣집 자녀들을 공립학교에 다니게 하고 싶었던 도시들은 학교 건물을 르네상스 시대의 궁전이나 성처럼 짓기도 했다. 메조틴트 기법*으로 만든 아피아 가도**와 월터 스콧***의 소설에 나오는 인물들이 새겨져 있는 벽은 '주민들을 위한 학교'가 일상생활과는 동떨어져 있는 말뿐이라는 것을 상기시켜 주었다.[28]

엘리엇과 동료들은 고등학교의 대부분이 학문적으로 재능이 있으며 학비를 감당할 수 있는 학부모들을 가진 학생들을 대상으로 해야 한다고 생각했다. 이렇게 되더라도 극소수의 졸업생들만 대학에 진학할 수 있었지만, 이들은 모든 중등학교 학생들이 고전 및 현대적인 과목을 약간만 선택할 수 있는 엄격한 학문적인 훈련을 통해서 잘 길러질 수 있다고 믿었다. 십인위원회는 고등학교를 학생들의 지성이 연마되는 기관으로 보았을 뿐만 아니라 복잡하고 상호의존적인 사회에 직업인으로 준비하도록 돕는 기관으로도 보았다. 그러나 다음 세대가 되자 중등교육은 훨씬 더 넓은 사명을 띠는 거대한 기관으로 바뀌기 시작했다.[29]

사반세기가 지난 1917년, 새로운 교육학 분야의 전문가들이 주가 된 또 다른 개혁가 집단이 《교육의 기본 원리》라는 고등학교에 대한 매우 다른 입장의 보고서를 펴냈다. 1890년대에도 십인위원회의 생각과는 다른 개념의 고등학교에 대한 논의가 있었다. 1895년에 듀이는 고등학교가 한편으로는 "저학년과 대학을 연결하는

---

* Mezzotint: 동판화의 일종(옮긴이).
** Appian way: 이탈리아 로마에서 브룬디시움(오늘날의 브린디시)까지 이어진 고대 로마의 길(옮긴이).
*** Walter Scott(1771~1832): 영국의 역사소설가·시인·역사가. 《최후의 음유 시인의 노래》, 《마미온》, 《호수의 여인》의 3대 서사시로 유명함(옮긴이).

고리가 되어야" 하며, 다른 한편으로는 사회생활에 곧장 뛰어들 사람들을 위해 "디딤돌이 아닌 최종 단계로서의 역할도 해야 된다"고 말했다. 이 보고서의 저자들이 주로 관심을 가진 집단은 바로 후자의 학생들이다. 사실 1910년부터 1950년까지 고등학교에 대한 정책 논의의 대다수가 늘어나는 학생들—대부분은 학교생활을 따분해하며 이른바 전통적인 학습 과정을 배울 능력이 없는— 을 어떻게 가르칠 것인가에 고정되어 있었다.[30]

많은 교육자들은 이 보고서를 청소년의 '사회적 능률', 즉 일과 가정생활, 건강, 시민권, 윤리, 여가의 가치 등 폭넓은 사회화를 위한 열정적인 이론적 근거이자 청사진으로 보고 환영했다. 이들은 학교가 학생들을 분류해서 나중에 어른이 되었을 때의 다양한 삶에 대처할 수 있도록 그들을 다르게 준비시켜야 하며 그렇게 할 수 있을 것이라고 믿었다. 자연스레 사회공학의 한 형태로 지능검사와 수준별 수업이 도입되었다. 듀이처럼 사회적 능률을 옹호하는 사람들은 민주주의에 끼치는 산업주의의 영향을 염려했다. 그러나 이들 대부분은 듀이처럼 민주주의가 학교와 이보다 더 큰 사회에서 동시에 가능하게 되는 과정을 깊고 세밀하게 이해하지 못했다.[31]

《교육의 기본 원리》는 20세기 초, 진보주의 시대의 일반적인 걱정과 학교교육이 사회적인 병폐를 개선시킬 수 있다고 생각한 개혁가들의 유별난 믿음이 반영된 것이다. 이들은 더 큰 사회에서의 주요한 변화를 지적했다. 노동이 세분화되어 도제제도가 없어지게 된 공장 체제의 발전, 일가족이 더 이상 같은 곳에서 살거나 일하지 않게 된 도시에서 부모가 자녀들에게 행한 전통적인 사회화의 약화, 미국의 제도에 익숙하지 않은 이민자 집단의 등장 등이 그러한 변화로 학생들이 학교에만 머무를 수 있었다면 아마도 고등학교가 이런 문제들을 풀 수 있었을 것이다. 학생들의 높은 중퇴율을 걱정한 교육자들은 고등학교가 다양한 재능과 기질을 가지고 사회적인 전통과 미래의 삶이 다른 학생들을 다르게 훈련시켜야 한다고 믿었다. 또한, 보고서는 '활동'과 '민주주의', '능률'을 강조했으며 전통적인 학문중심의 과목과 그 교수법을 쓰레기더미로 치부했다. 이 보고서는 당시의 '새로운 학생들'에게 잘 맞춰졌다고 생각하는, 확대되고 다양화된 교육과정을 만드는 영향력 있는 근거가 되었다.[32]

개혁가들의 출발점은 학문적인 훈련이 아니라(실제로 이들은 초안에서 학문적인 기술과 지식은 언급조차 하지 않았다.) 사회의 변화와 늘어나는 학생 집단의 성격의 변화, 교육에 대한 과학적인 이론, 학교의 새로운 사회적인 역할 등에 대한 분석이었다. 코헨이 지적한 것처럼 변화를 위한 이들의 계획에는 고등학교에 들어온 새로운 학생들의 대다수가 학문적인 과목에는 관심이 없으며 전통적인 교육과정을 제대로 이수하기는 어려울 것이라는 가정이 깔려 있었다. 개혁가들은 과목과 수준별 수업의 수를 늘림으로써 충분히 실용적인 것들을 제공하려고 노력했으며 청소년들을 학교에 남아 있도록 설득하는 데에 힘을 쏟았다. 교육과정을 약화시키려는 이러한 열정은 이와 비슷한 1940년대 '생활 적응' 프로그램에서 절정을 이루었으며 코헨이 빈정거린 것처럼 '반주지주의를 표방하는 민주주의'가 되어갔다.[33]

새로운 사회를 위해 사회적으로 설계된 이런 모든 계획을 살펴보면, 교육 지도층들은 자신들이 판단한 '중산층 미국인'의 가치가 적절한 것이라고 확신했고 보편적인 교육 이론이라고 생각한 자신들의 주장에 편견이 있음을 깨닫지 못했기 때문에 인종차별을 거의 인식하지 못했다. 자신들의 이론에 대한 확신과 교육 이론이라고 생각한 자신들의 주장에 편견이 있음을 깨닫지 못했기 때문에 인종차별을 거의 인식하지 못했다. 자신들의 이론에 대한 확신과 교육이 사회적인 병폐를 고칠 수 있는 힘이 있다는 낙관론, 전문가들에 의한 자치권 추구 등은 이들로 하여금 자신들과는 다른 사람들의 삶에 대해 대체로 부주의한 오만함으로 개입하게끔 만들었다. 또한, 인종차별, 가난, 성차별, 대량생산이라는 새로운 공업 체제가 가져온 인간소외라는 현실들은 고등학교를 사회발전의 효율적인 엔진으로 만들려는 열망을 조금씩 잠식시켰다.[34]

1950년대에 새로운 개혁가 집단은 학문적으로 도전적인 교육과정을 운영해야 한다는 십인위원회의 주장을 그대로 되풀이했다. 이들 비평가 집단(주요 인물들 중에는 교수, 사업가, 심지어 해군 제독도 있었다.)은 1950년대의 고등학교가 자신들이 보기에 윤기가 없고 반학문적이라고 욕을 퍼부었다. 그들이 보기에는 지력을 쇠퇴시키며 고등학교 특유의 문화를 사소한 것으로 치부하는 《교육의 기본 원리》와 그와 비슷한 종류의 문서에 담긴 진보주의 철학 및 그 실제를 비난했다. 이들 비평가들은 또한 약화된 교육과정, 부족한 훈련, 무능한 교사, 영재들에 대한 무관심, 아무것도 가르치지 않기 때문에 학교에 있을 필요가 없는 교육학자들의 학교관리 등을 비난했다.[35]

1957년 소련이 스푸트니크호를 발사하자 불안정한 세상에서 외부 위협에 대한 두려움이 더 격렬해진 것처럼, 냉전이 심화되자 이들의 공격은 더욱 날카로워졌다. 이들 개혁가들이 주장한 해법은 과학과 수학, 외국어 및 다른 전통적인 인문학을 더 많이 강조하는 것이었다. 이들은 나라에서 가장 부진하고 무질서한 청소년들을 위해 엄격함과 힘들고도 성숙한 훈련, 높은 인지능력을 원했다. '생활적응'에서부터 이전의 목표였던 정신적 훈련으로 돌아온 비평가들은 교육과정을 개편하고, 교사들을 더 강하게 훈련시켜 선발하며, 교실을 더 조직화하고, 애국심을 고취시켜 '겉치레'를 줄일 것을 요구했다. 이런 공격은 진보주의 교육자들을 수세에 몰리게 했으며 학문적인 기본에 대한 관심을 불러일으켰다. 그럼에도 불구하고 고등학교는 급속도로 늘어나는 학생들에게 여전히 아주 세분화된 교육과정을 제공하는 기관으로 남게 되었다.[36]

1960년대와 1970년대 초, 고등학교가 새로운 형태의 평등, 인종차별 철폐, 관료주의로부터의 독립 등을 성취하는 새로운 무대가 되어 가자 여러 방면에서의 개혁이 빠르고 맹렬하게 진행되었다. 이 시기에는 교육에서뿐만 아니라 사회 전반에 걸쳐 거대한 변화가 일어났다. 흑인, 라틴 아메리카계, 여성, 지체부자유자, 기타 교육정책에서 너무 오랫동안 등한시 되어 온 집단들이 중등교육을 만드는 데에 발언권을 요구하게 되었다. 운동가들은 학교 재정, 학생권리, 인종이 분리된 학교교육, 언어적 소수민족의 권리, 지체부자유자의 권리 등 이전까지는 전문가들이나 그들의 동료 고위층에게만 맡겨졌던 여러 문제들의 변화를 위하여 법원과 의회에 호소했다.[37]

운동가들의 새로운 요구와 한때 관심 밖에 놓였던 학생들의 필요에 부응하여 고등학교 교육과정은 점점 이질적으로 변해 갔다. 한동안 민족 연구에 대한 새로운 과목들, 이중언어 및 이민 학생들을 위한 제2언어로서의 영어 교육과정, '혜택을 받지 못한 사람들'을 위한 교정 과목들, 중퇴자를 위한 학교 등 여러 혁신적인 조치들이 활발하게 취해졌다. 관점이 다른 배우들이 학교 정치라는 난투극에 더 많이 뛰어들게 되면서 전문가에 의해 관리해야 한다는 오래된 생각은 시대착오적인 것으로 보였다. 누구나 책임을 지는 동시에 아무도 책임을 지지 않았다.

1970년대 후반과 1980년대에 교육에 대한 대부분의 정책 논의와 그 실행은 또 한 번 이전 시기에 대한 의식적인 반응으로 진행되었다. 1950년대처럼 개혁가들은 '평범한' 학업 성적, 급증한 선택과목들, 부족한 훈련, 느슨한 교사들을 비난했다. 《위기의 국가》를

펴내는 데 가장 큰 영향력을 행사했던 여러 위원회는 '기본'과 노력, 경쟁에 초점을 맞추었다.[38]

지난 한 세기 동안 미국에서는 정치경제학에서 엄청난 변화가 있었는데, 이와 마찬가지로 고등학교의 범위와 목적, 고등학교가 도움을 주는 사람들, 고등학교의 관료적인 구조의 복잡함, 어른이 되었을 때의 여러 기회와 고등학교의 관계 등에도 많은 변화가 있었다. 이 기간 동안 수많은 개혁가들은 사회와 학교에서의 이런 변화들에 대한 교육적인 의미를 부여하려고 노력했다. 이러한 정책 논의가 순환하는 것처럼 보일 때도 있고, 개혁의 시기를 나누던 담론들보다 훨씬 더 안정적이면서 점진적으로 생각될 수 있지만, 강력한 제도적인 경향 때문에 그 사회적·제도적 배경은 매 시기마다 달랐다. 데이비드 라바리(David Lavaree)는 개혁의 시기마다 고등학교에 대한 담론이 명백히 순환함에도 불구하고, '자유를 증진시키고 자유시장을 장려'하는 것과 '평등을 증진시키고 정치 참여를 독려'하는 미국의 두 가지 대립되는 이념 사이의 긴장이 각 시기의 논쟁에 담겨 있다고 했다. 자본주의 시장과 민주주의 정치 사이에 이러한 대립은 양자택일이라는 정책 처방을 내게 되는데, 하나는 학교교육을 학생들이 쉽게 접근할 수 있게끔 하는 그들에게 맞춰야 된다는 것을 강조하는 것이며, 나머지 하나는 어른이 되었을 때 선호하는 위치와 기회를 얻도록 경쟁을 강조하는 것이었다. 또한, 학교에서 흔히 일어나는 것 중 참을 만하지만 만족스럽지 않은 절충안을 '차별화된 수업의 대가로 자유로운 접근을 주고받는 단순한 교환'이라고 지적했다.[39]

　　　　　　　　개혁의 제안이 실제로 학교에 미친 영향은 아주 주의 깊게 살펴야만 파악할 수 있다. 특정한 개혁이 실행되는 데에는 시간이 걸리는데, 수전 존슨(Susan Moore Johnson)의 표현을 빌리자면 "피스톤이 아니라 스프링 인형처럼 확실하지 않은 방법으로 진행된다"는 것이다. 다시 말해 정책 논의와 제도적인 경향의 관계는 모호하고 복잡하다.[40]

　때로는 주요한 변화가 비교적 조용히 진행되기도 한다. 사소한 변화들은 처음에는 종종 신중히 진행되지만 당연한 것으로 받아들여져 개혁으로 여겨지지 않을 정도로 평범하게 바뀌기도 한다. 어떤 개혁은 만병통치약처럼 선전되다가 실제로는 상징적인 방법으로 실행될 뿐이다. 일부 개혁가들의 주장을 귀담아듣는 사람도 실천하는 사람도 거의 없을 때가 있다. 반대로 어떤 정책입안자들은 1920년대의 직업교육이나 1970년대의 특수교육처럼 빨리 실행되는 개혁안을 내놓기도 한다.

　19세기 초반, 별 다른 논쟁이나 주목할 여지없이 남녀공학이 널리 도입되었지만 실제로는 소리 없는 혁명인, 주요한 변화의 한 예를 보여준다. 대부분의 남학생들과 여학생들이 이미 함께 배우고 있는 시기가 되자 비로소 남녀공학이 뜨거운 논란의 대상이 되었지만, 그때는 이미 이러한 비판 공세에 대한 실제적인 효과는 거의 없었다.[41]

　한때 사려 깊은 개혁이었던 다른 혁신적인 조치들은 너무 널리 보급되어 개혁으로 여겨지지 않자 성공적인 변화의 목록에서 사라져 갔다. 실내 배관, 중앙공급식 난방, 흑판 등이 이러한 예이다. 이런 것들이 하찮아 보여서 '개혁'이라 이름을 붙이기가 어려울지 모르지만 얼마 전까지도 필요한 혁신 목록의 윗부분을 차지하고 있었다. 또한 한때는 옥외 화장실에 대한 맹렬한 불만이 주교육감들의 보고서를 채우기도 했다. 이들의 일지를 살펴보면, 교사들이 마르지 않은 장작과 비효율적인 난로를 안타까워하며 번듯한 난로를 원하고 있다는 기록도 있다. 오늘날 남녀가 구별된 실내 화장실이나 중앙공급식 난방은 거의 보편적이지만 어느 누구도 이런 것들을 성공적인 개혁으로 꼽지 않는다. 마찬가지로 흑판도 한때 학습을 위한 마술 같은 새로운 기술이라고 넘치는 찬사를 받았지만, 오늘날 모든 교실에 녹색으로 바뀐 칠판을 보고 아주 성공적인 혁신으로 생각하는 사람은 거의 없다.[42]

때로는 웅장했던 정책 논의가 상징적으로는 중요하지만 최소한으로 실행되기도 한다. 사회적 의제를 가진 개혁가들은 종종 사회를 구원할 수 있는 청사진을 지니고 있다고 판단하여 사회를 바로잡기 위한 의욕 넘치는 계획을 가지고 학교를 다뤘다. 가정경제 옹호론자들은 학교가 이혼율을 낮추고 가정을 강화시켜 줄 것이라고 주장했다. 공중위생 관계자들은 성교육을 통해 성병을 근절하려 노력했다. 교육자들은 종종 사회적인 문제를 해결하기 위한 이러한 외부적인 요구에 따라 개혁을 받아들였으나 곧 학교 주변의 문제로 치부했다. 따라서 학교 지도층들은 가정을 보호하고 죄와 병을 진압하기 위해 학교의 핵심 활동을 별로 수정하지 않고도 역할을 수행하고 있다고 말할 수 있었다.[43]

세 가지 개혁의 특징(주장되어 실행되기까지의 *시간적 지체*와 여러 공교육 분야에서 *고르지 못한 개혁의 침투*, 다양한 사회집단에게 개혁이 끼친 *서로 다른 영향*) 때문에 정책 논의가 어떻게 제도적인 경향이 되었는지를 추적하기가 어렵다.

개혁가들은 선거 일정, 경력에 도움이 되는지의 여부, 재단 전입금, 대중의 관심, 결정적인 순간을 잡고 싶은 언론인들의 욕망 등에 의한 일정에 따라 움직이기 때문에 교육개혁이 지체되는 것을 잘 참지 못한다. 문제가 있는 사람들은 교육적인 해법을 찾고 해결책이 있는 사람들은 문제를 찾게 되겠지만, 이들이 서로 원활하게 짝을 이루며 개혁이 실행되는 것은 아니다.

개혁이 일단 실행되면 사람들은 자신들이 원하는 것이 무엇인지 재정의하게 될 수도 있고, 개혁이 해결하게끔 되어 있는 문제를 무시하게 될 수도 있다. 정책 논의는 정치나 언론의 관심 같은 짧은 주기를 따를 수도 있지만, 실행될 때에는 추진력이 생기며 나름의 일정도 생기게 된다. 개혁이 실행되기까지의 시간이 지체되는 것은 우리가 3장에서 살펴볼 현장, 즉 예비고등학교나 유치원 같은 개혁이 학군에 서서히 들어오게 될 때 생기는 목적에 대한 변화를 설명하는 데에 도움을 준다. 개혁적인 조치가 만연해지면 현직 교사들은 개혁의 본래 목적과 약속을 잊을 뿐 아니라 변경시킬 수도 있다.

미국 공립학교는 너무 다양했고 지금도 역시 그렇다. 교육개혁에 대한 정책 논의가 때때로 가변성을 쉽게 무시하긴 하지만, 이 사실은 개혁이 고르지 못하게 침투되는 이유를 설명하는 데에 도움이 된다. 예를 들어 1930년대 영화와 라디오가 교육의 만병통치약이라고 열렬히 주장한 사람들은 전기가 공급되지 않는 시골 학교가 수만 곳이나 있다는 사실에 별로 개의치 않았다. 여러 개혁들은 지역, 학교의 특성(도시 또는 농촌), 학군의 예산, 인구 분포 등에 따라 서로 다른 학교 체제에 서로 다른 시기에 서로 다른 속도로 도입된 후 사라진다. 공교육에 취해지는 혁신적인 조치들은 서로 다른 속도로 얕은 곳을 빠져 나갈 때에도 길고 깊은 삼각주를 여전히 채우고 있는 샌프란시스코만의 조류처럼 움직이는 것이다.[44]

폴 모트(Paul Mort)는 서로 다른 학교 체제에 아주 다른 속도(부유한 교외의 학군은 가난한 시골의 학군보다 상당히 혁신적이다.)로 개혁이 실행에 옮겨지는 것을 발견했다. 종종 '등대' 학군이라 불리는 일부 학교 체제는 새로운 아이디어를 받아들이는 선봉장으로 두드러진다. 또 다른 학교 체제에서는 개혁을 다른 분야에서 뒤처질 경우에만 받아들인다. 그 밖에 학교 체제에서는 혁신이라는 말을 들어본 적조차 없다.[45]

미국 교육자들은 비슷한 전문적인 용어를 사용해 왔을 것이며 현대적인 학교를 운영하고 싶은 열망이 있었을 것이지만, 자신들이 일하는 학군 및 소속된 지역사회 간의 빈부격차가 무척 컸다. 과거에는 연방정부의 보조와 주정부의 재정조정이 없었기 때문에 부유한 학군과 가난한 학군의 차이는 오늘날보다 더 심했다. 대공황 때 남부 아래지역(Deep South)에 있는 황폐한 다인 할로(Dine Hollow) 학교의 흑인 자녀들은 책상과 교과서가 없었고, 학교가 끝나면 판잣집으로 돌아가 옥수수 빵 한 조각으로 생활해야 했다. 반면, 클리블랜드 교외에 있는 셰이커 하이츠(Shaker Heights) 학교의 잘 먹고 잘 차려입는 학생들은 구내식당, 수영장, 시설이 잘 갖춰진 양호실, 12,000권의 책을 보유한 도서관을 갖춘 멋진 고등학교에 다니기 위해 부유한 가족들을 떠나서 생활했다. 이들은 서로 다른 나라에 살았던 것이라 할 수 있다.[46]

같은 지역사회에서도 여러 집단, 특히 남부에 있는 흑인과 백인들은 서로 다른 방식으로 교육개혁의 영향을 받았다. 흑인들에게 있어서 교육개혁의 가장 좋은 것과 가장 나쁜 것은 백인들에게 있어서의 그것들과 아주 달랐다. 남북전쟁 이후 남부가 재통합되던 시기는 흑인들에게 큰 진전이 있던 때였다. 반면, 남부의 진보주의 시대의 교육개혁은 주로 흑인들을 소외시키며 이들이 평등한 교육을 받지 못하도록 조직적으로 방해한 백인들을 위해 고안된 것이었다. 남부에서 백인들에게는 인종이 분리된 학교에 다닐 수 있도록 스쿨버스를 위한 예산을 배정해 주었지만 흑인들에게는 그렇지 않았던 때가 있던 것은, 한 집단의 진보가 다른 집단에게 상대적인 불이익을 강조하는 상황을 보여준다. 눈에 띄는 이러한 차별이 없었던 곳에서도 개혁은 특정한 집단만을 겨냥하기도 했다. 학문적으로 뛰어난 학생들을 위한 선수과정, 이민자들을 위한 이중언어 프로그램, 지체부자유 학생들을 위한 특별수업, 문제 학생들을 위한 특별수업, '손재주가 좋은' 학생들을 위한 직업훈련 등이 그러한 예이다. 교육개혁은 여러 얼굴을 가지고 다양한 집단에게 서로 다른 방식으로 접근했던 것이다.[47]

어떤 개혁이든 매끄럽게 실행된 것인가? 어떤 개혁이 오래 살아남아서 제도적인 경향이라 부를 만한 것이 되었는가?

일반적으로 구조적인 추가 기능의 역할을 했던 개혁은 학교의 표준운영과정을 건드리지 않았기 때문에 오래 지속될 가능성이 높았다. 수업이라는 핵심적인 요소에 부가된 것이었기 때문에 이런 개혁으로 인해 교사들이 행동을 근본적으로 바꿀 필요는 없었다. 교육자들이 타자나 기계제도를 가르치는 고등학교에 부속 건물을 만들거나 체육교육을 위해 체육관을 세운다고 해도 이러한 혁신이 영어나 수학 수업에 영향을 주지 않았던 것이다. 실로, 교수법은 그 자체로 강한 영향력이 있어서 상업교육과 같이 새로운 과목을 가르치는 수업도 전통적인 과목의 수업을 닮게 되는 경우가 많았다.[48]

채택되어 오래 지속된 추가적인 개혁은 교육위원회나 의회의 대부분의 사람들에게 논란의 여지가 없는 경향이 있었다. 이런 개혁은 '진짜 학교'가 무엇을 해야 하는가에 대한 대중의 개념(4장에서 자세히 다룰 주제다.)에 직접적인 도전을 주지 않기 때문에 교수법의 제한 속도를 넘지 않았다. 또한, 대부분의 지역사회에서는 교육자들이 그 지역의 환경과 가치에 맞게끔 적용시킬 수 있는 개혁을 원했다.

어떤 프로그램이든 그것이 계속되는 데에 관심이 있는 영향력을 가진 유권자를 만들어 낼 수 있다면 그 프로그램은 지속될 가능성이 높다. 그 이유는 이것이 일자리와 관련된 문제이기 때문이다. 새로운 프로그램에 따라 고용된 사람들(운전교육이나 직업교육을 담당하는 교사, 상담교사, 양호교사, 구내식당 종사자들)은 자신들이 일하고 있는 프로그램이 지속되고 확대되어야 한다고 홍보를 했다. 몇몇 프로그램은 학교 밖에 있는 유권자의 지지를 얻기도 했다. 예를 들어 보험회사나 자동차 판매업자들은 운전교육을 후원했으며 일부 사업가들은 직업훈련을 위해 로비를 벌이기도 했다.[49]

법률로 만들어 쉽게 관리할 수 있는 개혁 또한 지속되는 경향이 있었다. 물론 많은 법률이 조심스레 무시되는 것처럼 법률로 만들어진다고 해서 다 실행되는 것은 아니다. 그러나 법률과 규칙에는 대개 강제 조항이 포함되어 있으며, 때로는 이 새로운 프로그램을 위한 예산이 배정되기도 한다. 예를 들어 연방과 주의 해당 기관에서는 직업교육에 대한 아주 구체적인 규정을 만들어서 예산을 재배정하기 전에 그 시행 여부를 점검했다. 학교에 대한 가장 효율적인 로비는 주의회에서 하는 것이었으므로, 교육자들이 주의원들이나 공무원들을 만나 자신들이 선호하는 개혁을 법률이나 규정으로 만들도록 설득하기도 했다.[50]

학교 관리자들과 교사들이 자신들의 업무를 더 쉽거나 더 효율적으로 하기 위해, 또는 자신들의 전문성을 향상시키기 위해 제안해서 실행되는 개혁은 외부인들이 추진한 혁신적인 조치보다도 오래 유지될 가능성이 높았다. 예를 들어 교사들은 교직에 오려는 사람들을 엄격하게 제한한다면 자신들의 전문적인 지위가 향상되고 보수가 나아질 것으로 생각했기 때문에 일반적으로 교사의 자격 요건을 늘리는 것을 선호했다. 교육 지도층들은 소규모의 시골 학교가 비효율적이며 전문가들이 일하기에 적합하지 않다고 생각했기 때문에 단일학급 학교를 없애려고 했다. 대학의 새로운 학교관리 프로그램에서 훈련을 받은 교육감들은 최신식 전문 모델에 따라 학교 체제를 확장했다고 스스로를 자랑스러워했다. 이러한 관리자들은 '학교 공장'을 개선시키거나 표준 시험을 도입하는 데에 전문가가 되거나 또 다른 개혁을 널리 퍼트림으로써 명성을 얻게 되었다. 혁신적인 조치들은 비판을 받기도 했지만, 교원 자격이나 학년제 교실, 표준 시험과 같이 일단 학교교육을 구성하는 일부분으로 확립되면 폐지되는 경우는 드물었다.[51]

어떤 정책 논의가 실행되는지의 여부는 누가 그 논의를 벌이고 있는가에 따라 크게 좌우되었다. 많은 개혁가들, 특히 권력의 바깥에 있는 개혁가들의 주장은 무시되었다. 그러나 한때 '교육적으로 신뢰할 수 있는 사람들'로 불리던 교수들이나 교육감들 등 교육계에서 인정받는 지도층이 정책에 대해 이야기하면 다른 전문가들은 이를 듣고 자신들이 제안한 개혁을 거기에 맞게 수정하는 경향이 있었다. 이런 내부의 상류층들은 우리가 1장에서 다룬 것처럼 '진보'를 위한 청사진으로 '과학적인' 개혁의 전체적인 틀을 고안했다. 이들의 정책 논의는 개혁을 위한 광범위한 전문적인 의제를 만들었다. 이와 같이 최신식 지도층들은 자신들을 반대하는 교육자들을 구식이라고 공격하면서 교육적인 유행을 선도할 수 있었다. 예를 들어 1920년대에는 지능검사와 차별화된 수업을 통한 수준별 수업의 장점에 중독된 지도층으로 인해 이런 것들이 현장에 빠르게 채택되었다.[52]

성찰

우리는 공립학교의 개혁의 역사가 불가항력적인 진화(진보이든 또 다른 어떤 것이든)도 아니고 단발적인 반복도 아니라고 본다. 오히려 장기간의 제도적인 경향과 사회의 변화 과정, 정책 논의의 상호작용이라 생각한다. 학교를 변화시키고 이를 통해 사회를 바꾸자는 제안들은 때로는 새로운 표어를 들고 나타나지만 기본적으로는 같은 내용을 담고 있어서 분명 순환하는 것처럼 보인다. 학교개혁에서 기시감을 갖게 되는 것이 너무 흔해서(경험이 풍부한 학교 관계자들에게는 너무 성가시고, 환멸을 느끼는 혁신가들에게는 너무 낙담스러워서) 실체가 없는 것으로 치부할 수는 없다.

너무 자주 밀려오는 개혁의 물길에 잠겨 있는 교사들이나 학교 문제에 대한 명확한 답이 있다고 믿는 사람들에게는 정책 논의가 순환되는 것이 무의미하고 비이성적으로 보일 수도 있지만, 이를 살펴보면서 그렇지 않다는 것을 알게 되었다. 우리는 개혁 논의와 그 실행이 순환되는 것이 공교육 본래의 가치와 관심에 대한 갈등에서 비롯된 것이라고 믿는다. 접근성과 평등을 주장하는 민주적인 정치와 경쟁력을 외치는 시장경제에서의 기회의 구조화 사이의 긴장이 개혁의 수사에 반영되어 온 것이다.

계속된 교육개혁의 시기에 이루어진 타협 때문에 이러한 기본적인 갈등은 합의를 이루려는 노력에 감춰지기 마련이었다. 고위 정책가들은 자신들이 파악한 문제와 제안한 해결책이 믿을만한 것이라고 대중을 설득하려 노력해 왔다. 이 과정에서 민주주의 구성원의 의견이 상당 부분 무시되었고, 자신들이 수행해야 하는 변화에 대해 교사들의 의견도 반영되지 않았다. 개혁의 의제에 없는 내용이 논의되고 있는 내용만큼 중요한 경우도 종종 있었다.

대개는 고위 정책가들이 개혁의 토론을 주도한다. 전국적으로 교육에 대한 염려가 심화되고 널리 퍼질수록 더욱 그렇다. 그러나 학교교육의 목적과 성격에 대한 대화는 전문가들이나 눈에 보이는 지도층만의 문제가 아니며 그렇게 되어서도 안 된다. 이것은 시민들이 한 공공기관에 유용한 것을 보존하고 그렇지 않은 것을 고쳐가는, 자신들의 *트러스티십(trusteeship, 신탁)*의 중요한 방법이기 때문이다.

Tinkering Toward Utopia
: A Century of Public School Reform

CHAPTER
03

어떻게 학교가 개혁을 바꿨는가

어떻게 학교가 개혁을 바꿨는가

사람들은 흔히 '어떻게 개혁이 학교를 바꿨는지'를 묻는다. 이 장에서는 우리는 이 질문과는 정반대로 '어떻게 학교가 개혁을 바꿨는지' 살펴보려고 한다. 몇몇 혁신적인 조치들은 학교의 제도적인 실체와 맞닥뜨리면 사라져 버리는 듯하다. 오래 지속된 개혁조차도 원래 모습을 유지하는 것이 아니라 그 개혁을 발의한 사람들이 예상하지 못했던 방향으로 진화하기 때문에 원래 계획대로 수행되고 유지되는 개혁이란 찾아보기 힘들다.[1]

정책입안자들은 자신들의 계획이 바뀌게 된 것을 실행하는 과정에서 그렇게 된 것이라며 애석해할 수도 있었겠지만, 그럴듯한 또 다른 설명도 가능하다. 목적과 계획을 가설로 해석했을 수도 있다는 것이다. 그렇다면 삶의 제도적인 사실들처럼 정책들이 실행되는 과정에서 바뀌게 되는 것은 쉽게 예상할 수 있는 일이다. 만약 정책입안자들이 자신들의 계획이 각색될 것을 기대하고 이를 조장한다면, 옛것과 새로운 것을 섞고 세계적인 것과 지역적인 것을 조합하는 개혁을 고안할 수 있을 것이다.[2]

사람들은 개혁이 계획된 대로 되어 가지 않을 때 나름대로 이유를 댄다. 어떤 사람들은 교육자들을 비난한다. 과학기술자들은 자신들의 정책은 괜찮았는데 자신들이 의도한 대로 수행해야 할 교육자들의 능력이 부족해서, 조금 좋게 말하자면 그들의 능력을 과대평가했기에 그렇게 된 것이라고 추측할 것이다. 사회를 개선하는 데에 학교를 이용하길 원하는 일부 사회개혁가들은 교육자들이 개혁을 제멋대로 취하고 왜곡하며 자신들의 이익을 위해 활용했다고 비난할 것이다. 이런 이유들은 공공의 선을 고려하기보다는 연구기관들의 편협한 이익이나 자기 자신의 이익만을 고려한 관료들의 고상한 꿈이 얼마나 타락했는지를 보여준다.[3]

별로 놀라운 것도 없이 대부분의 현직 교사들은 전혀 다르게 분석한다. 아무리 똑똑한 정책입안자라 할지라도 학교가 정말 필요로 하는 것을 거의 모르고 실현 가능성이 별로 없는 개혁들만 고안한다는 것이다. 따라서 멀리 떨어진 교육위원이나 교육청에서 내어놓는 새로운 규정들을 학교 현장에 맞게 새롭게 적용하던가, 최소한만 따르던가, 아니면 원하지 않았던 개혁이니 이를 방해하는 것이 가장 좋은 방법이라는 것이다. 그리고 회의적인 교육자들은 몇몇 개혁들이 실제로 적용하기 위해 고안된 것이 아니라고 의심한다. 때때로 상징적인 의사표시와 그에 수반되는 과장된 약속들이 실체보다 정책입안자들의 구미에 더 잘 맞는다는 것이다.[4]

교육을 통해 사회의 문제들을 해결하자는 미사여구들을 만들어내는 것이 학교를 통해 사회의 근본적인 변화를 이끌어 내는 것보다 쉽다. 앞서 언급한 대로 몇몇 가정학자들은 가정학이 이혼율을 낮추고 가족을 지탱해 주며 여성으로 하여금 전통적인 여성의 역할에 충실하도록 해줄 것이라고 주장했다. 그러나 젊은 여성들이 화이트소스를 만드는 법을 배우고 바느질을 배우는 동안에도 현실에서는 이혼율이 높아 갔고 가족의 양상은 바뀌었으며 여성들은 사회적 활동을 하게 되었다. 개혁은 이따금 실행되는 과정에서 풀어낼 것으로 기대했던 어려운 문제들을 단지 조금씩 갉아먹을 뿐이다.[5]

거의 언제나 학교가 개혁을 바꾸어 왔기 때문에 학교개혁에서 사람들이 '성공' 또는 '실패'라고 부르는 것이 무슨 뜻인지 살펴보는 게 유용할 것이다. 이를 위해 원래 계획에 얼마나 충실한지, 정해 놓은 결과를 내는 데에 얼마나 효과적인지, 얼마나 지속되는지의 세 가지 기준을 생각해 보기로 하자.

학교개혁을 통하여 합리적인 결정을 내리기 위한 어떤 본보기에서는 전문가들이 문제를 분석하고 해결 방안을 모색하며 개혁이 계획에 맞게 수행되었는지를 본다. 이런 과정은 충실성에 높은 점수를 줄 만한가? 대답은 '그렇다'일 수 있지만, 개혁의 효과는 미지수다. 제임스 코넌트(James Bryant Conant)가 1959년에 좋은 고등학교를 정의한 주요 법률 중의 하나를 그 예로 들 수 있다. 너무 작은 고등학교가 많다고 생각한 코넌트는 적어도 100명의 졸업생이 있어야 한다고 지적했다. 1960년대의 교육 지도자들과 주의원들은 시골의 중등학교들을 통폐합하고 도시와 그 외곽 지역에 큰 고등학교를 짓기 위해 애썼고, 이를 통해 아주 작은 고등학교의 대부분을 제거하는 데에 성공했다. 그렇다면 이것은 '성공적인' 개혁인가? 코넌트의 계획으로 보자면 그렇다고 볼 수 있다. 그러나 코넌트의 보고서 이후로 한 세대가 지나 중등교육을 면밀히 검토해 본 사람들은, 큰 고등학교에서 학생들은 자신들이 소외되고 익명성이 높아진다는 느낌을 가지게 되었으며 교사들 역시 고독함을 느끼게 되었다고 비난했다. 이처럼 의도하지 않은 부수적인 결과들을 계속 주시하지 않은 채 계획에 충실한 것은 실수를 가리는 것에 지나지 않는다.[6]

'성공'을 가늠하는 두 번째 척도는 얼마나 효율적으로 정해진 결과를 얻느냐는 것이다. 시험 성적을 올려야 하는 의무는 지난 세대 동안에 흔한 일이 되었다. 개혁이 예상한 결과를 내지 못하면 종종 비관론이 일어났다. 1970년대에 두 명의 학자가 어느 새로운 제도가 더 나은 예정된 결과를 가져오는지를 밝히기 위해 여러 종류의 교육적인 실험을 했다. 아무런 제도도 그렇게 하지 못했다는 것을 밝힌 다음에 그들은 자신들의 책의 부제를 《포기해야 하는가 아니면 좀 더 노력해야 하는가?》라고 붙였다. 정해진 목표에 도달하는지 여부를 '성공'으로 정의하는 것, 예를 들어 헤드 스타트를 통해 아이들의 지능지수를 높이는 것에 대한 문제점은 긍정적이든 부정적이든 실제 프로그램의 가장 중요한 특징이 측정할 수 있는 결과들로 파악되지 않을 수도 있다는 것이다.[7]

만약 개혁가들이 계획의 충실성과 예정된 결과 달성에만 주목한다면 의도되지 않은 결과를 못 볼 수도 있다. 이런 예상하지 못한 결과는 일반적으로 어쩔 수 없는 것으로 여겨진다. 앨버트 허시먼(Albert O. Hirschman)은 "'의도하지 않았다'는 말이 '원하지 않았다'로 쉽게 바뀌면서 '바람직하지 않다'로 바뀌게 된다"고 지적했는데, 그의 표현을 빌자면 "모든 것은 예상을 뒤엎는다"고 요약할 수 있겠다. 예를 들어 1980년대에 시험에서 최소한의 성적을 낼 것을 요구하는 각 주의 법안은 교사들에게 학생들이 시험을 치를 수 있게 가르쳐야 하며 기계적으로 '반복해서 끝내는' 방법을 통해 '기본적인 내용'을 강조해야 한다는 중압감을 주었다. 의도하지 않은 결과로는 복합적인 사고 능력에 주의를 기울이지 않았다는 것과 학생들의 문화적인 배경에 교육과정을 맞춰야 한다는 요구에 태만하게 된 것이다.[8]

그러나 예상하지 못했던 결과가 항상 나쁜 것만은 아니었다. 남학생이나 여학생 모두가 더 많은 수학과 과학과목을 들어야 한다는 법안이 1980년대에 통과되었다. 정책입안자들은 단지 학문적으로 기본적인 내용을 강화할 수 있는 방법을 모색했는데, 이는 법률이 양성평등을 명시적으로 장려하지 않았기 때문이다. 그러나 의도되지는 않았지만 바람직한 결과가 나타났는데, 여학생들이 전통적으로 '여성적인' 선택 과목이라고 여겨지는 과목을 적게 들었고, 장차 원한다면 과학기술과 관련된 영역으로 진출할 수 있도록 더 준비되었다. 이전까지는 이런 배경지식이 부족해서 많은 젊은 여성들이 제한된 직업만 선택했다.[9]

지속성은 학교개혁의 '성공'을 가늠하는 잣대로 어느 정도 유용한가? 어떤 개혁이 얼마나 오래 지속되었는가를 평가하는 것은 상당히 어려운 일로 드러났다. 어떤 혁신적인 조치가 시간이 지남에 따라 많이 변하여 처음의 모습과는 별로 닮은 게 없지만 이름은 여전히 똑같기 때문에 오래 지속된 것으로 여겨질 수 있다. '보습학교'가 한 예이다. 이런 학교는 원래 근로 청소년들을 위한 시간제 학교였지만, 나중에는 일반 고등학교에서 성공적이지 못했거나 적응하지 못한 학생들을 위한 대안학교로서의 기능을 하게 되었다. 이와는 대조적으로 몇몇 개혁은 어느 시점에 이르러 소수의 사람들만이 겨우 그 이름을 기억할 뿐이지만 그 중요한 내용들은 이미 학교에 스며들어 있기도 한다. 다음 장에서 다루게 될 개별학습을 위한 '돌턴식 교육법'이 이런 형태로 지속된 개혁의 예가 된다.[10]

덧붙여, 지속되었다는 사실이 학생들에게 도움이 되어 왔다는 것과 동일시되는 것은 아니다. 오랫동안 지속된 개혁은 새로운 문제를 야기하기도 한다. 매년 진급을 사정하는 학년제 초등학교들은 이전부터 존재했던 시골의 단일학급 학교들과 같은 무학년제 학교들에서는 찾아볼 수 없는 유급의 문제가 생기게 된다. 마찬가지로, 지능지수 검사로 학생들을 능력 집단별로 나누는 것은 오랫동안 지속된 것이지만 이런 개혁들은 가난한 집안의 학생들이 차별받게 되는 상황을 조장하고 있다고 비난받는다. 대조적으로, 1930년대 진보주의교육협회의 '8년 연구'를 통해 이뤄진 개혁처럼 박수갈채를 받는 개혁들은 교육과정과 교육학이 전통적인 형태로 되돌아가기 전까지 짧은 기간 지속되었을 뿐이다. 이런 개혁들은 시간이 지남에 따라 잊힐 수 있지만, 개혁이 한창 진행될 때에는 교사들과 학생들의 활기를 북돋워 준 것은 사실이다.[11]

위에서 살펴본 대로 어떤 개혁이 '성공'인지 아닌지를 판단하는 일이 어려운 것처럼, 학교가 어떻게 개혁을 변화시켰는지를 살펴보는 것도 상당히 복잡한 일이다. 우리는 개혁을 틀이 정해져 있는 정책으로 보기보다는 긍정적이든 부정적이든 실제적인 영향에 따라 평가하고, 거기에 따라 다시 틀을 바꿀 수 있는 어떤 개념으로 이해하는 것이 유용하다는 것을 알게 되었다. 이것은 실용주의자인 듀이가 제안하고 실제로 해본 것이다. 그는 자신의 '제자'라고 자칭하는 진보주의 교육학자들이 서로 연결된 과제들의 중요성을 경시하고 잘못된 학생들의 행동 습관을 너그러이 봐주는 것을 보고 자신의 진보적인 원리들을 재조정했다. 목표와 실습은 끊임없이 상호작용해야 한다고 생각한 것이다.[12]

이 장에서 우리는 학교가 어떻게 개혁을 변화시켰는지 살펴보기 위해 몇 가지 사례연구를 거론하려고 한다. 먼저 우리는 역사적으로 두 가지 중요한 구조적 개혁이자 교수법의 개혁 사례인 유치원과 예비고등학교를 살펴볼 것이다. 여기서 우리는 이 두 가지 개혁을 만든 개혁가들의 목적이 무엇인지 살펴보고, 원래 교육적으로 뚜렷이 구별되는 영역을 차지하도록 고안된 이 두 가지 개혁이 제도적인 압력을 통해 교육제도의 일부분이 되는 과정을 살펴보려고 한다. 유치원과 예비고등학교는 이미 확립되어 있는 제도권에 흡수되었지만 부분적으로는 새로운 사고방식과 실천의 길을 열어 주는데에 일조한 것이다.

다음으로 우리는 개혁들의 상호작용을 살펴보려고 한다. 개혁은 대부분 이전에 있었던 것들을 대체하기보다는 하나씩 쌓이는 경향이 있다. 예를 들어 뉴욕시의 개혁가들은 학교에 대한 관리 체계를 바꿈으로써 더 나은 교육을 할 수 있는 길을 계속 모색했다. 그런데 그들이 학교를 좀 더 간섭하기를 원했던 원치 않았던 간에 개혁가들은 정치적으로나 제도적으로 깨끗한 이력을 가지고 시작할 수 없었다. 관리 체계에 대한 개혁정책은 적어도 100년 이상은 된, 이전의 변화들을 바탕으로 시작되었기 때문이다. 이러한 환경에 거대한 체제를 운영한다는 것은 아주 복잡한 일이었고 '학교관리'라는 말을 모순처럼 들리게 만들었다.

우리는 또한 지난 10년간 일어났던 것처럼, 서로 다른 종류의 제도적인 개혁이 잇달아 성공할 때 어떤 일이 벌어지는지도 살펴볼 것이다. 현직 교사들은 이미 엇비슷한 혁신적인 조치들이 빼곡히 담긴 새 법률과 규정, 개혁적인 생각들이 교육과정과 교육기관에 쏟아지는 것을 경험했다. 때때로 정책입안자들이 어떤 해에 만들어 보내는 새로운 법률이나 규정들은 그 이전이나 그 이듬해의 것들과 충돌을 일으켜 모순과 혼란을 가중시켰다.

교육자들은 개혁의 목적이 불분명하고 모순되며 실현 가능성이 없어 보일 때, 그들이 이미 어떻게 하는지 아는 것들로 그 개혁을 대체하곤 했다. 정책적인 수단이 그 정책의 목표와 일치하지 않는 경우가 종종 있다. 금년의 화두가 '수월성'이더라도 만약 교사들이 작년에 비평가들을 만족시켰던 전략대로 학생들로 하여금 시험에 통과할 수 있는 최소한의 성적만을 얻도록 가르친다면 그 결과는 비생산적이다.[13]

끝으로 교사들에게는 자신들만의 '실행 전략'이 있다는 리 슐만 (Lee Shulman)의 말에 동의하면서 학교개혁을 만들어 간다는 자부심은 정책입안자들에게만 해당되는 것이 아님을 보이려고 한다. 그보다도 우리가 제안하는 것처럼 개혁은 지역적인 특색에 맞게 변화시킬 수 있도록 의도적으로 고안될 수 있다. 이렇게 함으로써 교육자들은 자신들의 학교에 맞는 혁신적인 조치들을 적용할 수 있고, 가장 중요한 곳인 교실 수업에서 일관성을 모색할 수 있는 것이다.[14]

개혁과 학교 사이의 상호작용

유치원과 예비고등학교를 만든 개혁가들은 이들 기관들이 단순히 이미 있는 초등학교와 고등학교의 학제라는 사다리에 발판을 더 얹는 모양새가 아니라, 공립학교의 폐단에 대한 해결책이 되는 독특한 기관이 되어야 한다고 믿었다. 그런데 이런 혁신적인 제도가 공립학교 제도 속에 실현되는 과정에서 원래의 계획과는 다르게 조금씩 바뀌게 된 것이다. 따라서 별로 놀라울 것도 없이 유치원과 예비고등학교는 그 졸업생들이 이동하게 되는 초등학교와 고등학교를 닮아 가게 되었다. 그러나 이것은 꼭 한 방향으로 영향을 준 것만은 아니다. 유치원과 예비고등학교 역시 그들을 둘러싸고 있는 학교제도의 철학과 관습에 영향을 주게 되었다.

유치원

바버라 비티(Barbara Beatty)가 관찰한 대로, 19세기 유치원 운동의 선구자들은 '전통적인 학교 교육과정에 대해 아주 비판적'이었다. '어린이 정원(children's garden)'을 주장한 엘리자베스 피바디(Elizabeth Peabody)는 공립초등학교가 학생들을 자발적이고 호기심 많으며 역동적이고 감수성이 예민한 아이들로 다루기보다는 배우는 기계 같은 자동 장치로 취급한다고 생각했다. 그녀는 유치원 교사들이 원생들을 '기존의 학교처럼 모든 면에서 전적으로 독재사회'였던 것과는 대조적으로 '그들만의 공화국이나 복지사회'에 있는 아이들로 다뤄야 한다고 강조했다. 그녀는 또한 아이들이 나사로 조여 놓은 책상에 조용히 앉아 기계적으로 읽는 행위를 통해서가 아니라 규칙이 있는 놀이나 음악, 정원 가꾸기, 미술, 단체놀이, 체조 등을 통해 사회적으로나 지적으로 발달된다고 믿었다.[15]

개혁가들은 유치원이 어린 아이들의 교육을 위한 모형이 될뿐더러 도시지역의 사회악에 대한 처방도 될 것이라고 기대했다. 초기 미국 유치원은 1848년 독일 개혁을 피해 이주해 온 사람들이 프레더릭 프뢰벨(Friedrich Froebel)의 이론을 기반으로 해서 만들었고, 이후 1860년에 피바디가 보스턴에 영어를 사용하는 유치원을 처음으로 운영했다. 그 후 약 20년 동안 중산층과 상류층이 다니는 사립 유치원이 동부와 중서부에 빠르게 세워졌고, 박애주의자들은 이 기관이 도시 빈민층 아이들에게도 사회 도처에 널려 있는 빈곤과 악습에 대

항하는 '예방적 자선활동'이 될 수 있을 것이라고 단언했다.[16]

전국적으로 대도시의 교육받은 여성들은 유치원을 아동 구원의 사회적인 임무로 보고 환영했다. 빈민가의 유치원 교사들은 프뢰벨의 교육과정을 가르칠 뿐 아니라 원생들의 아침을 챙겨 주고 목욕을 시켜 주며 건강을 돌보아 주었다. 가정과 학교를 연결하는 다리가 놓인 셈이다. 이 자선학교('무료' 유치원)에서 일하는 미국 태생 중산층 교사들은 오후에는 학생들의 복작대는 가정을 방문해서 어머니들을 만나 청결을 유지하는 방법과 시민권, 자녀양육 등의 기본을 가르쳐 주었다. 1892년에 샌프란시스코의 한 초등학교 교사가 교육감에게 쓴 보고서를 보면 유치원 교육이 얼마나 놀라운 결과를 가져왔는지 알 수 있다. 그녀는 아이들이 복작대는 집을 벗어나 유치원으로 몰려들면서 "북아프리카 지역 사람들이나 노새 몰이꾼들이 쓰는 거친 표현 등은 더 이상 들을 수 없었습니다. 아이들은 깨끗했고 자존감이 있었으며 배우려는 열망으로 가득 차 있습니다."라고 언급했다. 또한, "아이들이 어른을 공경하고 정직하고 진실을 말하는 법을 배웠습니다. 이제 훔치는 일이 잘못이라는 것을 모르는 아이들은 거의 없습니다. 어떤 아이를 만나 보던 이전에는 유치원 교육을 받은 적이 없다는 것을 알 수 있을 것입니다."라고 기록했다.[17]

유치원은 부모와 사회개혁가들, 주택 복지 담당자들, 여성단체, 노동조합, 사회재단, 아동학습 전문가, 박애주의자들로부터 큰 호응을 얻었다. 이들은 사립 자선학교가 학부모들의 수요를 모두 다 맞출 수 없다는 것이 명백해지자 유치원, 특히 대도시에 있는 유치원을 공립학교 체제의 일환으로 편입시키도록 영향력을 행사했다. 이미 물밀 듯이 밀려오는 이민 가정의 아이들을 위해 충분히 초등학교 학급을 확보해야 하는 부담이 있었던 교육위원회와 행정가들

은 새로운 학교 체제를 편입시키는 비용에 대해 대개는 주저하곤
했다.[18]

일부 공립 교육자들은 유치원이 공립학교와 미국 사회를 위해
할 수 있는 일들에 많은 기대를 걸었다. 1870년대 세인트루이스의
교육감이었던 윌리엄 해리스(William T. Harris)는 수전 블로(Susan Blow)
가 지도하고 있는 유치원들을 후원하자며 교육위원들을 설득했다.
미국 교육청장*으로 재임 중이던 1903년에는 "어린이들을 빈민가,
즉 낭비, 부도덕, 무지의 '3대 사회악'으로부터 벗어나게 하는 데에
는 유치원이 절실히 필요하다"고 밝혔다. 또한, 3대 사회악의 후손
들이 자존감과 인내심, 도덕적 규범들, 근면을 가르쳐 주는 '강력한
양육 체제'인 유치원을 통해 사회악으로부터 회복될 수 있다고 말
했다. 다시 말해 유치원이 사회적 보상 기능을 하게 된 것이다.[19]

5살 된 아이들의 유치원 취학률은 1900년에는 약 7%에 지나지
않았지만, 1920년에는 20%, 1950년에는 38%, 1970년에는 60%까
지 증가했다. 공립 '어린이 정원'은 더 이상 조심스러운 실험이 아
니었다. 개혁가들은 유치원을 통해 아이들과 그들의 부모들을 가난
과 범죄로부터 구제하며, 이민자들을 미국 시민으로 만들고, '인종
문제'를 해결하며, 무법적인 도시를 제어할 수 있을 것이라고 주장
했다. 한발 더 나아가 일부 교육자들은 유치원이 아이들을 학교교
육에 맞추기보다 '아이들에게 맞춰 교육한다'는 목표를 가지고 있
기에 학년제 초등학교의 규범이 되어 버린 경직되고 일관된 교육
과정과 수업 방식 등을 바꿀 수 있다고 믿었다.[20]

유치원이 기존 교육 체계로 들어오게 되면서 초기의 목적에 어떤
변화가 생겼으며 그것이 유치원과 초등학교에서 어떤 변화를 가져

---

* Commissioner of Education: 당시에는 내무부 산하 기관이었다. 미국의 연
  방 교육부는 1979년에야 만들어졌다(옮긴이).

다 주었는가? 사립 유치원이 공립으로 바뀌면서 제일 먼저 없어진 것은 유치원 교사들의 가정방문이다. 보통 자선학교의 교사들은 오전에 수업을 하고 오후에는 가정을 방문해서 어머니들을 만났다. 그런데 일반적으로 공립학교의 교사들은 오전에 한 번, 오후에 한 번씩 수업해야 했다. 등록한 학생 수가 많았으며 반나절짜리 소규모 수업은 돈이 많이 들었기 때문이다(유치원에 대해 교육감들이 갖고 있는 불평은 돈이 너무 많이 든다는 것이었음을 상기하자). 유치원 교사들은 여전히 아이들을 위해 학교와 가정을 연결하려는 노력을 했는데, 그중 하나가 학교에서 어머니 같은 역할을 해서 집과 같은 분위기를 만들려는 것이었다. 새로운 수업 계획으로 인해 학생들의 가정에서 시간을 많이 보내는 것은 거의 불가능했지만, 그럼에도 불구하고 한 유치원 교사는 "어떤 때는 유치원과 초등학교 1학년보다 유치원과 가정이 훨씬 더 밀접하게 연결되어 있는 느낌이다"라고 말했다.[21]

마빈 래저슨(Marvin Lazerson)이 밝힌 것과 같이 유치원을 초등교육에 접목시키는 데에는 논란의 여지가 많았다. 철학적으로나 교수법으로나 구별되는 독자적인 영역으로 남아야 하는가? 아니면 5살 된 아이들을 잘 준비시켜서 1학년으로 올려 보내는 것이 주된 임무여야 하는가? 유치원을 공립학교 체계로 들일 무렵에 교육자들에게는 이 새로운 양식과 기존의 체계를 서로 조절하는 데에 몇 가지 선택권이 있었다. 유치원을 어느 정도 새로운 영역으로서 지속시키는 것, 초등학교를 유치원처럼 만드는 것, 유치원에 학년제의 철학과 방식을 좀 더 모방하게 하고 유치원을 포함한 초등학교 1학년에서 3학년 교사들의 감독 및 양성과정을 통합하는 것, 엄격한 1학년 과정에 아이들을 준비시키기 위해 유치원과 1학년 사이에 군대의 신병 훈련소 같은 연결 과정을 만드는 것, 위의 열거한 내용들을 적당히 조합하는 것 등이었다. 사실, 여기서 언급한 이

내용들은 유치원이 공교육의 제도적인 구조로 동화되는 과정에서 실제로 일어났던 것들이다.[22]

몇몇 도시에서는 공립학교가 오래된 자선 유치원을 인수했다. 초기에는 이전과의 연속성을 위해 유치원 지도주임들과 교사들을 그대로 두었다. 지도주임들은 유치원의 특성을 중요시했다. 이들이 초등학교 교사들을 뽑을 때는 '아이들을 감정이 있고 행동하는 개인으로 보기보다는 배우는 존재로 다루고 이해하도록 훈련된 사람'을 원했지만 유치원 교사들을 뽑을 때는 '동정심과 이해심이 있고 아이들의 관점에서 보며 놀이 정신이 있는 사람'을 원했다. '어린이 정원사'들은 어느 정도는 기계적인 가치보다 본질적인 가치를, 연습보다는 놀이를, 그룹 활동보다는 개인의 창의성을 더 강조했던 것이다. 그러나 이들 또한 아이들에게 규칙적인 습관을 길러 주고 기술을 연마시키는 데에도 관심을 가졌으며 초등학교 교육의 두드러진 목적이기도 한, 인격을 향상시켜 사회를 변화시키는 데에도 관심이 있었던 것이다.[23]

초등학교 1학년 교사들은 자신의 학생들을 보면서 유치원 교육의 효과를 어떻게 생각했을까? 다양한 의견들이 설문조사에서 나타났다. 어떤 교사들은 유치원을 나온 학생들이 그렇지 않은 학생들에 비해 "더 빈틈없고 주의 깊다"고 응답하면서, 이들이 "등교 시간을 언제나 잘 지키고 지도를 잘 따르며 옷을 갈아입을 때나 화장실에서 서로서로 도와준다. 또한, 공정하게 양심적으로 노는 법을 배웠으며 교실에서도 협조적이다."라고 언급했다. 다른 교사들은 유치원이 아이들에게 학교에 대한 그릇된 인상을 심어 주었다고 불평했다. 즉, 학생들이 집중하는 법이나 조용히 하는 법, 꾸준히 일하는 법을 모른다는 것이다. 또한, 이들이 너무 의존적이고 학생 수가 많은 교실을 담당하는 초등학교 교사들에게 감당할 수 없을 정도로 너무 많은 도움을 기대한다는 것이다. 한 교사는 이런 문제들을 싸잡아 '유치원 아이들의 맥없는 유치원 지식'이라고 표현했다. 유치원을 졸업하고 초등학교에 입학한 아이들에 대해 이렇게 칭찬과 비난이 뒤섞이는 것은 아이들을 어떻게 교육해야 하는지에 대한 교사들의 신념의 차이가 크다는 것을 보여준다.[24]

좀 더 관료주의적인 체제를 만들고 싶었던 도시지역의 교육감과 교육위원회는 유치원을 초등학교와 제휴시키는 방법을 모색했다. 첫째로, 유치원과 초등학교의 관리 체계를 통합해서 초등학교 저학년 담당 지도주임의 지도를 받도록 한 것이다. 이것은 사립학교가 공교육으로 편입되던 처음 세대에 흔하게 있었던 일들, 즉 이전의 사립학교 관리자들을 교육감에게 바로 보고할 수 있는 지도주임으로 남겨두던 관례를 없앤 것이다. 둘째로, 각 학군에서 유치원 교육과정에 좀 더 조용하고 개별적으로 학습하면서 읽을 줄 알게 하는 과정을 넣어서 유치원 교육과정과 초등학교 1학년 교육과정을 하나로 통합한 교육과정을 문서화하기 시작했다. 연구자들은 교사 중심의 수업이 유치원과 초등학교 1학년에서 두드러지게 된 것도 부분적으로는 이 때문임을 알아냈다. 셋째로, 각 학군에서 유치원 교사들로 하여금 초등학교 선생님들과 비슷한 수준의 양성과정과 자격을 갖추도록 요구하기 시작했다. 따라서 많은 유치원과 초등학교 교사들은 비슷한 의식을 가지고 수업을 하게 되었으며, 일부 교사들은 초등학교와 유치원을 오가며 수업하기도 했다.[25]

새로운 심리학의 과학적 지식에 영향을 받은 유치원 지도자들은 교사들로 하여금 유치원부터 초등학교 3학년까지의 과정을 연속적인 발달 과정으로 보도록 장려했다. 이런 접근 방법은 독일 철학자 프뢰벨의 상징주의와 독특한 교수법을 경시하는 것이다. 유치원 지도자들은 심리학자 스텐리 홀(G. Stanley Hall)로부터 아이들을 체계적으로 관찰하는 방법을 빌려 왔고, '사회집단의 능동적인 학습을 강조'하라는 듀이의 충고를 염두에 두었다. 또한, '행동 교육과정'(좋은 '성격'이 아니라 좋은 '습관'을 강조했지만, 19세기 도덕 훈련과 아주 비슷한)을 만들면서 행동심리학의 용어와 개념들을 이용했다. 유치원 아이들을 능력 집단별로 구분하며 1학년에 들어갈 만큼 준비되었는지를 보기 위해서 지능지수 검사와 준비도 검사를 시행했다. 몇몇 연구에 따르면 유치원을 다닌 아이들이 그렇지 못한 아이들보다 초등학교에서 더 빨리 발달했으며 표준화된 지능검사와 성취도 시험에서 더 높은 성적을 올렸는데, 이는 개혁이 성공했음을 보여주는 확실한 증거처럼 보였다. 미국교육연구학회가 유치원과 초등학교 사이의 상관관계를 보여주는 연감을 2권이나 만든 것은 이 문제가 교육학자들 사이의 일반적인 관심사였음을 보여주는 것이다.[26]

이론적으로도 실제로도 공립유치원은 다양한 방법을 통해 전통적인 학교의 문제에 대한 해독제라는 칭찬을 받던 초창기의 모습과는 달리 초등학교와 비슷해졌다. 유치원이 제도화되면서 부적응자들의 보상적인 사회화를 통해 유치원이 사회를 구원할 것이라는 개혁가들 본래의 주장은 잊히거나 희미해졌다. 그 대신 유치원은 5살 된 아이들을 과학적으로 검증된 발달 과정을 통해 초등학교 1학년에 대비시킬 수 있을 것이라는 좀 더 조심스러우면서도 관료주의적인 원리가 중심에 자리하게 되었다. 이국적으로 보이던 유치원의 몇몇 요소들은 천천히 없어지거나 초등학교의 제도적인 특성에 맞게 바뀌었다.[27]

그런데 20세기에 진보적인 교육이 공립초등학교에 퍼지게 되면서 초등학교는 점점 유치원을 닮아 가게 되었다. 상당수의 초등학교에서 고정되어 있던 책상이 이동 가능한 조그마한 책상과 의자로 바뀌었고, 교사들은 학습을 돕기 위해 모둠이나 놀이를 이용했으며,

아이들은 벽돌쌓기나 망치질, 바느질 등을 했다. 또한, 교육과정에서 음악과 미술의 비중이 더 늘어났고 추상적인 개념보다 구체적인 사물을 통한 수업이 더 많아졌으며 학생들은 교실에서 자유롭게 이리저리 돌아다니며 서로 이야기하게 되었음이 연구를 통해 밝혀졌다. 제도적인 잡종인 유치원이 자신만의 독특함을 많이 보존하고 있었으며 더 나아가 초등학교를 고쳐 만드는 데에 도움을 주었다. 어린이 정원이 자신을 길러준 환경에 영향을 준 셈이다.[28]

예비고등학교

초등학교의 선구자들처럼 예비고등학교를 설립한 사람들도 공립학교 체계에 대해 매우 비판적이었다. 예비고등학교를 옹호하는 사람들은 어린 청소년들을 위기집단으로 간주했다. 도시 초등학교의 고학년들을 교육시키는 데에 너무 부족한 것들이 많기 때문에 이런 나이대의 학생들을 위해 새로운 기관이 세워져야 한다는 것이었다.

1900년에는 대부분의 대규모 학군이 8년제 초등학교와 4년제 고등학교로 이루어져 있었는데, 진학률은 끔찍할 정도였다. 1909년에 쓰인 한 보고서에는 "5학년 학생의 절반 정도만이 8학년으로 진급하고, 1/10 정도만 고등학교에 진학하는 것이 미국 도시 학교의 일반적인 경향이다"고 기록되어 있다. 절반 정도의 학생들이 8학년도 못 마치며 고등학교가 우수 학생들로만 채워진다는 사실은 무엇인가 아주 크게 잘못되어 있기 때문이라는 것이 개혁가들의 생각이었다.[29]

개혁가들은 이런 문제의 주된 원인이 엄격하고도 편협한 학문을 교육제도 속에서 강조하기 때문이라고 단언했다. 모든 학생들은 똑같은 과목을 똑같은 방법으로 공부하고 진급을 위해 시험을 치르면서 발판을 하나씩 올라가는 것처럼 학년제라는 사다리를 올라가야만 했는데, 매년 많은 학생들이 낙오되었다. '지체된' 학생들은 10살부터 15살까지로 대부분 가난하거나 이민자 가정 출신이었는데, 복잡한 초등학교 고학년 교실에 모여 앉아서 개인적으로 부끄러워하며 수업 또한 지루해 했기에, 교육학자들이 '사회적 효율성'을 강조하던 시대에 사회악이라고 부르는 '낭비'만을 집단적으로 양산할 뿐이었다. 이들은 자퇴하거나 퇴학당한 뒤 일자리를 찾지 못하면 대부분 반복적이고 마음 쓸 일 없는 빈민가의 일거리들만 하게 되었다. 학문적으로 뛰어난 학생들은 고등학교 입학시험을 치를 때까지는 학년제로 정해진 수업 시간을 따라가야 한다는 또 다른 종류의 '낭비'를 경험했다.[30]

사회 연구가들과 발달심리학자들, 아동노동을 반대하는 사람들로부터 지지를 받는 교육개혁가들은 소모와 낭비의 문제를 해결하기 위한 구조적이며 교수법적인 해결책으로 예비고등학교를 계획했다. 이들은 초등학교가 6년 과정이어야 하며 새로운 유형의 학교인 예비고등학교가 7학년부터 8학년, 또는 9학년까지를 맡아야 한다고 생각했다. 어떤 곳에서는 예비고등학교 건물을 따로 세웠으며, 또 다른 곳에서는 7학년부터 12학년까지 있는 중등학교를 재조직하기도 했다. 예비고등학교는 의기소침해진 어린 학생들에게 새로운 환경에서 새로운 희망을 주고 적합한 교육과정을 선택할 기회를 줄 수 있었으며 학교로부터 낙오되는 것을 막고 청소년의 특수한 필요에 맞게끔 마련된 환경에서 직업 선택의 기회를 가지게 할 수 있었다. 또한, 학문적으로 역량이 있는 학생들에게 도전의식을 줄 수 있었다. 예비고등학교 옹호론자들은 예비고등학교가 전체 학교 체계를 혁신하는 본보기, 즉 광범위한 교육과정 개혁의 지렛

대가 될 것이라고 주장했다.[31]

예비고등학교는 교육 문제를 서로 다른 세 가지 관점에서 분석하는 사람들에게 매력적이었다. 첫 번째 부류의 개혁가들은 낙오되는 학생들과 청소년들의 직업교육에 주된 관심이 있었다. 일부는 낙오될 가능성이 높은 학생들을 특수한 직업에 맞게 똑바로 훈련시키기를 원했는데, 대부분은 예비고등학교를 통해 학생들이 스스로의 직업적성과 관심도를 발견할 수 있는 매력적인 기회를 갖게 되기를 원했다. 두 번째 부류는 예비고등학교를 시작으로 교육 체계 전반에 걸쳐 교육과정을 바꾸는 데에 관심이 있었다. 이들 개혁가들은 엄격한 학년제를 점진적으로 없애면서 새로운 교과과목과 새로운 형태의 교육학을 도입하길 원했다. 이런 행정적 진보주의자들의 지도자 중 한 사람인 찰스 저드는 "가운데 세 개 학년을 재조직하는 것은 실제로 공립학교 체계 전체를 재조직하는 것이다"고 단언했다. 세 번째 부류는 스탠리 홀 같은 심리학자들의 '청소년의 발견'에 영향을 받은 사람들로서 어린 10대들의 특수한 발달단계에 따라서 학교를 맞추길 원했다.

이 부류의 개혁가들은 이 나이 때의 학생들이 초등학교의 아이들과도 고등학생들과도 다르다고 주장했다. 지적·정서적·육체적으로 예측하지 못할 정도로 빠르게 성장하며, 몸집이 커지면서 개개인의 차이는 더욱 더 커질 뿐더러, 아이와 어른 사이라는 정신적인 긴장감도 증가하고, 어른들의 일과 생활에 관심이 증가한다는 것이다. 따라서 이런 심리학적인 변화들을 고려한 과학적으로 타당한 계획이 학교교육을 위해서 필요하다는 것이다.[32]

바로 이런 모호하면서도 포괄적인 목표가 예비고등학교를 1910년대의 개혁의 일환이 되게 했다. 개혁적인 조직이나 단체 또는 개혁가 개개인들은 예비고등학교에 서로 다른 희망과 우려가 반영되어 있음을 볼 수 있었다. 교원노조의 한 대변인은 1916년에 "예비 고등학교 운동이 전국을 휩쓸고 있다"고 선언하면서 교원노조의 교육감협의회, 연방교육청, 주교육부, 대도시, 교육대학의 전문가 등 도처에서 많은 사람들이 이 악대마차에 탑승하고 있다고 말했 다. 또한, "교과서출판사들은 이윤을 내다보며 새로운 시리즈의 예 비고등학교 교과서를 선전하고 있다. 거기에는 인쇄물과 전문용어, 알아들을 수 없는 말, 예찬론이 있다"고 말했다.[33]

1910년대 말까지 교육자들 사이에 예비고등학교에 대한 많은 이 야기들이 오고 갔지만 실제로 문을 연 예비고등학교는 소수에 지 나지 않았다. 1920년 통계에 따르면 중등학교의 94%가 여전히 전 통적인 8년의 초등학교 과정을 바탕으로 한 4년제를 운영하고 있 었으며 0.4%만이 독립된 예비고등학교였을 뿐이고 나머지는 통합 중고등학교를 운영하고 있었다. 거의 20년이 지난 후에도 중등학 교의 2/3 정도는 전통적인 4년제였고, 1/4 정도는 통합 중고등학교 를 운영했으며, 독립된 예비고등학교는 1/10도 채 되지 않았다. 중 등학교 재학생 수가 급격하게 늘어나면서 예비고등학교를 포함한 새로운 학교의 수 또한 급격하게 늘어나던 제2차 세계대전 때를 지나서야 전통적인 4년제 고등학교의 수가 전체 중등학교의 절반 도 되지 않게 줄어들었다. 이 시기에는 5학년 학생의 약 80%가 고 등학교 10학년까지 진학했기 때문에 낙오되는 학생의 문제는 초등 학교나 예비고등학교의 관심사가 아니라 고등학교의 주된 관심사 가 되었다.[34]

그런데 학교 재학률이 가장 빠르게 증가하고 아동 노동률이 급 격하게 감소하던 시기는 예비고등학교가 서서히 자리를 잡아갔지 만 여전히 전통적인 8년의 초등학교 과정을 바탕으로 한 4년제 운 영을 따르는 고등학교가 대다수였던 1920년대와 1930년대였다. 학교를 의무적으로 출석하도록 하는 법안이 통과되고 아동노동을 규제하는 법률이 생겼으며 기술의 발달로 아동의 노동력이 점점 필요 없어지고 대공황의 여파로 일자리가 현저히 줄어든 시기라는 점에서, 예비고등학교가 학생들의 낙오율을 줄이는 데 크게 기여했는지는 의문이다. 게다가 1920년대 후반과 1930년대에는 점점 더 많은 학군에서 교사의 시험이나 평가를 통해 학생들을 진급시키는 정책보다는 학생들의 나이에 따라 진급시키는 '사회적 진급' 정책을 썼기 때문에 같은 학년에서 비교적 나이가 많은 학생들의 비율을 더 줄일 수 있었다. 또한, 고등학교에 진학하는 10대들이 점점 더 많아지면서 낙오되는 학생들과 직업훈련에 대한 관심도 이쪽으로 옮겨가게 되었다(1917년 스미스 휴즈(Smith-Huges) 법안에 따라 직업교육을 위한 연방정부의 예산은 줄곧 고등학교로만 보내졌다).[35]

이렇게 전개되는 상황을 반영하여 예비고등학교에 대한 정책도 학생들의 재학률과 직업탐구에 중점을 두었던 데서 나머지 두 가지 주요한 논의로 이동하게 되었다. 즉, 학교가 어린 청소년들의 특수한 심리학적인 필요를 충족시켜야 하며, 언젠가는 교육 체계 전체를 변화시킬 수 있도록 새로운 교육과정과 가르침을 개발하는 토대가 되어야 한다는 것이다.

예비고등학교에 대한 찬송이 울려 퍼지던 초기에도 몇몇 교육자들은 이 새로운 기관이 교육과정과 심리학의 포템킨 마을, 즉 '속 빈 강정'이 될 수도 있다고 우려의 목소리를 냈다. 컬럼비아 대학교 교육대학원의 교수 토머스 브리그스(Thomas Briggs)는 1922년에 "몇몇 사람들은 예비고등학교가 확립되었다고 목청껏 외치지만, 유감스럽게도 실상은 학교의 전통적인 조직과 역할을 거의 바꾸지 못했다는 사실이 기록되어야 한다"고 말했다. 또한, "예비고등학교는 특효약이 아니라 기회일 뿐이다. 만약 당신이 중간 학년들을 위한 교육과정과 가르치는 방법, 사회적 관리에 대한 뚜렷한 계획이 없다면 후임자들로 하여금 예비고등학교를 편성하도록 미뤄둘 것을 강권한다"고 경고했다.[36]

브리그스의 경고는 예언적이었다. 예비고등학교는 만병통치약이 아니었다. 해를 거듭하면 거듭할수록 좀 더 세부적인 비슷한 내용의 비판이 되풀이되었다. 초기 예비고등학교 운동의 지지자였던 오브리 더글러스(Aubrey Douglass)가 1945년에 쓴 글을 살펴보면, 과도하게 세분화 된 예비고등학교 교육과정과 어린 청소년들을 이해하거나 지도하도록 제대로 양성되지 않은 교사들, 학생들의 능력에 따라 편성되는 학급 등을 '고질적인 문제'로 지적했다.[37]

다르게 말하면, 예비고등학교가 진보주의자들이 고등학교의 결점이라고 보았던 것들을 반영했다는 것이다. 1977년에 케네스 타이(Kenneth Tye)는 판이하게 다른 지역에 있는 12개의 예비고등학교에 대한 포괄적인 연구를 통해 더글러스가 말한 것과 매우 흡사한 양상들이 있음을 보여주었다. 또한, 1989년에는 카네기 청소년 발전위원회가 특별연구를 통해 다음과 같이 경고했다.

예비고등학교 및 중학교의 조직과 교육과정은 청소년의 지적·정서적 및 대인 관계에 대한 욕구와 너무 동떨어져 있다. 대다수 어린 청소년들에게 초등학교에서 예비고등학교나 중학교로 진학한다는 것은 동네에 있는 작은 학교로 가서 주로 한 교실에서 고정적으로 수업을 받다가, 대부분이 집에서 멀리 떨어져 있는 더 크고 인간적인 기관으로 옮겨 간다는 뜻이다. 새로운 환경에서는 교사들과 학급 친구들이 하루에 6년 또는 7번씩 바뀌게 된다. 이런 끊임없는 변화는 안정적인 또래집단을 형성하는 것과 돌봐 주는 어른들과 친밀하고 의지가 되는 관계를 만드는 것에도 굉장한 장

애가 된다. 또한, 어린 학생들이 길을 잃은 듯 느끼게 될 가능성
이 매우 높다. 오늘날 어린 청소년들이 초등학교에서 예비고등학
교나 중학교로 진학하면서 수업 참여도가 낮고 소외감을 느끼며
약물에 중독되고 결석하고 낙오되는 비율이 높아지기 시작했다.
경고등이 켜진 것이다.[38]

예비고등학교를 세우기 전에 예비고등학교를 독특한 기관으로
철저하게 계획해야 한다는 브리그스와 같은 선구자의 충고에도 불
구하고 실제로 그렇게 한 교육자들은 거의 없다. 예비고등학교는
교육 체계를 위한 새로운 모형을 제시하기는커녕, 고등학교를 모방
해 온 것으로 보인다. 그 이유는 무엇인가?

처음부터 새로운 기관을 고안하는 것보다 기존의 기관을 모방하
는 것이 더 쉽다. 혁신적인 학교가 되려고 하다가 전통적인 학교를
닮게 되는 경우가 종종 있다. 예비고등학교의 초기 목표는 모호했
으며 그 목표를 이루기 위한 수단 또한 불분명했다. 세금을 내고
아이들을 학교에 보내는 것은 대중이었기 때문에, 교육자들은 당연
히 교육자 및 학부모, 교육위원회, 학생들이 예비고등학교를 합법
적인 기관으로 인식하고 있는지에 관심이 있었다. 합법적인 기관의
모범으로 삼을 만한, 미국 공교육이라는 왕관 위의 보석이 무엇인
가? 바로 고등학교였던 것이다.[39]

교수법의 목적으로 미루어 보아 중등학교 교육자들은 여러 가지
과목들을 관련지어 가르치고, 학생 한 사람 한 사람에게 민감하며,
심리학적인 발달단계에 맞춰서 수업을 한다고 자부심을 가지고 있
는 진보적인 성향의 초등학교 교사들의 개혁을 모방했을 것이다.
그러나 정책을 만드는 사람들이 덜 유명한 본보기를 흉내내려고
한다는 것은 매우 드문 일이었고, 일반적으로 초등학교 교사들은

고등학교 교사들보다 교육을 덜 받았으며 사회적인 지위도 낮았다. 성별의 차이도 한몫했을 것이다. 도서지역의 초등학교는 여성들의 세상이었는데, 여성화된 교육과정이 사내아이들을 소외 시킨다고 주장하는 많은 남자 교육자들은 그 정도가 너무 심하다고 생각했다. 반면 고등학교에는 남녀교사가 섞여 있었고 학군을 관리하는 행정직 및 고등학교 교장의 대부분은 남자들이었기에 남성들에게는 예비고등학교가 초등학교보다 좀 더 권위있는 곳이었다.[40]

예비고등학교를 실제로 조직하면서 고려한 것들을 살펴보면, 왜 예비고등학교가 고등학교를 닮게 되었는지를 설명하는 데에 도움이 된다. 1970년까지 대부분의 예비고등학교는 고등학교와 같은 건물을 쓰고 같은 교사들이 가르쳤다. 예비고등학교와 고등학교에서로 다른 수업 시간과 교육과정, 수업 방법, 학생 지도, 방과 후 활동 등을 만들려면 돈도 많이 들뿐더러 비현실적이었을 것이다. 대부분 이런 통합 중고등학교의 학생 수는 초등학교 졸업생들이 새로 들어온 뒤에도 얼마 되지 않았다.

예비고등학교에도 자신만의 몇 가지 두드러진 특징, 예를 들어 직업 훈련 과정이나 개인지도과정 등이 있었지만, 그 외 대부분은 고등학교의 일반적인 과정을 따랐다. 1942년 매사추세츠 주 해밀턴의 통합 중고등학교에 다니던 한 7학년 학생의 경험을 통해 당시의 보편적인 모습을 살펴보자. 이 학생은 '직업'이라는 수업을 의무적으로 들어야 했고 해군이라는 직업에 대한 보고서를 써야 했다. 수업은 모두 고등학교 학생들이 배우는 것들을 간략하게 만든 내용이었다. 약 180명 정도의 소규모 학교였기에 영어, 과학, 사회, 수학, 실과, 체육 등 7학년이 배우는 과목을 가르치는 교사들이 고등학교 수업도 했다. 방과 후 생활도 예비고등학생과 고등학생이 함께 했다. 이 학생을 비롯한 7학년 학생들은 고등학생들과 함께 학교 대항 야구나 농구 경기를 보러 다니고 각종 집회와 무도회에 참여했으며 특별활동도 했다. 초등학교 6학년 때는 학교의 거인이었다가 통합 중고등학교로 오면서는 난쟁이가 되어 버렸지만, 그 학교의 청소년 문화 중 일부가 되었다. 마을주민들은 10대들을 위한 '진짜 학교'는 고등학교 같은 학교 상징과 제식 행사, 교육 양식이 있는 곳이라는 데에 의견을 같이했다.[41]

대부분의 예비고등학교들은 초기 옹호론자들이 기대했던 것과는 달리, 기본적으로 고등학교와 다르지 않은 것으로 드러났다. 하지만 개혁가들은 교육자들이 지금도 논쟁하고 있는 몇 가지 문제들을 지적했다. 그중 하나는 학생들이 조그마한 학교의 한 교실에서 상대적으로 규모가 큰 고등학교의 여러 교실들과 여러 교사들이라는 매우 다른 환경으로 이동할 때 생기는 교육적인 변화를 어떻게 하면 매끄럽게 맞이할 수 있는가였다. 또 다른 문제는 어떻게 하면 학생들의 발달단계에 맞게끔 교과목을 가르치고 배우게 하며 청소년들의 사회적·직업적·윤리적·위생적 필요에 적합한 학교를 만들 수 있느냐는 것이다. 개혁가들은 오늘날 중학교로 불리는 비슷한 기관도 포함한 예비고등학교의 목적과 실제 사이의 간격을 보고 안타까워하며 이런 문제들에 관심을 갖고 교육자들로 하여금 해법을 찾아보도록 권유했다.[42]

진보적인 예비고등학교가 선도한 몇 가지 변화들은 다른 예비고등학교나 중학교로 퍼져 나갔고 초등학교와 고등학교에도 영향을 주었다. 대다수 중등교사들이 첫 부임지인 예비고등학교에서 팀티칭과 통합교과수업 등을 익힌 다음 고등학교에서도 활용한 것이 이렇게 퍼지게 된 한 이유라 할 수 있다. 예비고등학교 신봉자들의 주된 교리인 '교사들이 좀 더 지도를 해야 한다'는 관념이 혼란의 시기를 보내는 청소년들을 돕기 위해 전국적으로 고등학교에 퍼져 나갔다. 변화의 바람은 아래로도 불었는데, 초등학교에서 고학년 학생들을 위해 좀 더 전문화된 교사들을 영입하기 시작한 것이다.

비록 예비고등학교가 고등학교와 전혀 다른 형태가 되진 못했을 뿐더러 미국의 교육 체계에서 상당히 걱정스러운 부분으로 보이게 되었지만 여러 가지 변화를 주는 데 기여한 것은 분명하다. 오늘날 예비고등학교와 중학교는 '배움을 위한 소규모 공동체'를 만들려고 시도하며, 서로 다른 교과목을 연결 지어 가르치고, 교사들에게 더 많은 의사결정권을 부여하며, 학생들의 정신적, 육체적 건강에 더 많은 관심을 쏟는 등 널리 퍼질 수 있는 수많은 개혁의 산실인 것이다.[43]

유치원 운동의 선구자들과 예비고등학교를 만든 사람은 개혁가로서 몇 가지 공통점이 있었다. 둘 다 아주 예리하게, 심지어는 열정적으로 엄격한 기존의 공교육 체계를 비판했으며 어린 학생들의 삶이 낭비되고 있다고 주장했다. 둘 다 특정 연령대를 주목했는데, 단지 기존의 교육 체계를 재정립하기 위해서만이 아니라 일반 학교들이 너무 형편없고 이들의 관심 대상인 학생들에게 특별한 배려가 필요했기 때문에 새로운 교육기관을 만들어야 한다고 믿었다. 그런데 둘 다 분리주의자는 아니었다. 그리고 그들의 개혁이 시간이 지남에 따라 각 급 학교에 퍼져 나가길 기대했다. 제도적으로 동화되는 과정에서 유치원과 예비고등학교는 각각 다음 단계인 초등학교와 고등학교를 닮게 되었다. 비록 유치원과 예비고등학교의 옹호론자들은 교육 체계를 변화시키지는 못했지만, 심각한 문제들에 관심을 쏟았으며 전통적인 학교의 구석구석에 파문을 일으키며 이런 문제들을 해결하려고 시도한 것은 분명하다.

개혁과 개혁들 사이의 상호작용

교육개혁가들은 아마도 제도적인 오점들을 청산하고 새롭게 출발하기를 원했겠지만 실제로 그런 일은 거의 일어나지 않았다. 그보다도 개혁은 오랜 시간 지속되었건 짧은 시간동안 유지되었건 간에 그저 차곡차곡 쌓이기만 했다. 학교가 진화하는 것은 부분적으로는 이렇게 쌓여진 변화들 사이의 상호작용 때문이다. 이전의 개혁들이 지금의 개혁들에게 어떤 작용을 했는지 생각해 보는 것은, 학교가 개혁에 어떻게 했는가를 생각해 보는 또 다른 방법이 된다. 때때로 새로운 개혁은 이전의 개혁과 함께 일어나기도 하며, 때로는 양립할 수 없기도 하다. 개혁들 사이의 상호작용을 조사해 보기 위해 뉴욕시의 학교관리 체계에 대한 변화의 역사와 지난 10년간 학업성취도를 높이기 위해 고안되어 빠르게 변해 온 개혁들을 살펴보려고 한다.[44]

뉴욕시의 학교관리

학교관리 체계를 재정립하여 학교를 개혁시키기 위한 뉴욕 시민들의 노력은 오랜 역사를 지니고 있다. 어떤 사람들은 중앙관리체제가 가장 좋은 것이라고 확신해 왔고, 다른 사람들은 분산관리체제로 가는 것이 발전적인 방향이라고 생각해 왔다. 그런데 매번 관리체제를 바꾸려고 시도할 때마다 제도적인 경험과 이전의 개혁들에 의해 야기된 관심에 맞닥뜨리게 되었다.[45]

1890년대 핵심적인 개혁가들은 학교에 대한 관리가 너무 분산되어 있다고 생각했다. 그래서 중앙에 집중시킨 후 전문적으로 관리

하자는 단순한 도식을 가지고 있었다. 기업들이 합병되고 대부분의 직업군에서 전문가의 역할이 두드러지는 데 영향을 받아 학군별 교육위원회를 없애는 대신 작고 기업적인 중앙위원회를 구성해 학교의 운영을 전문가 집단에게 맡기길 원했다. 이론적으로는 이러한 중앙집권화와 전문화가 책임의식을 고취할 수 있었다. 누가 무엇을 받고 있는지 조직표에 다 나와 있으므로 누구에게 잘잘못이 있는지 분명히 꼬집어 낼 수 있기 때문이다.[46]

1896년 뉴욕 시장은 분산되어 있는 학군별 교육위원회를 없애는 법안에 서명했지만, 이를 통해 꿈같은 관리체제를 구축하게 된 것은 아니었다. 중앙위원회의 오래된 학교 정치가들은 그대로였다. 1879년부터 교육감이었으며 핵심적인 개혁가 집단들에게 무능한 '보통 사람'이라고 비난받던 존 재스퍼(John Jasper)가 다시 교육감에 임명되었다. 재스퍼는 또한 자신의 옛 동료 15명을 부교육감과 장학관 등 요직에 임명했는데, 이들 대부분은 중앙집권화를 반대했던 사람들이었다. 1898년에는 뉴욕의 5개 구가 통합되었고 브루클린에서 학교 정치의 경험을 쌓은 윌리엄 맥스웰(William Maxwell)이 다음 교육감이 되었다. 그는 능숙한 수완을 발휘해 학군별 교육위원회를 없애면서 거대해진 중앙위원회라는 관료조직에 힘을 실어 넣었다.[47]

1917년 새로운 법안이 통과되면서 중앙위원회의 위원 수는 46명에서 7명으로 줄어들었지만, 시교육청은 이미 세계에서 가장 큰 중앙집권화 된 관료조직으로 변하고 있는 중이었다. 1960년대의 시교육청의 공무원은 프랑스 전체의 공무원보다도 더 많았다. 이번 거대한 시스템을 보면서 떠벌려진 대로 중앙집권화가 전문화를 통한 책임의식을 고취시켰다고 말하는 사람은 거의 없을 것이다. 오히려 관료주의의 복잡함이 핵심적인 개혁가들의 학을 좌절시켰으며 직원들로 하여금 "제 담당이 아닙니다"라는 흔한 변명만 늘어놓게 만들었다. 한 비평가는 "중앙집권화된 학교관리 체계에서 당신이 학교에 어떤 문제가 생겨 그 지역 교육청으로 가면, 담당자는 '죄송합니다만 이것은 제가 다룰 수 있는 문제가 아닙니다. 시교육청으로 가셔야 됩니다.'라고 할 것이다. 하지만 실제로 시교육청에서 결정권을 가지고 있는 사람을 절대로 만날 수 없을 것이고, 결국 당신은 포기하게 될 것이다."라고 비난했다.[48]

1960년대에 이르러서 뉴욕시의 중앙집권 학교관리 체계에 대한 전면적인 비난 여론이 일어났다. 인종 통합이 더디게 진행되는 데에 분노한 시민운동가들은 흑인들도 자신들의 교육을 관리할 기회를 갖는 것이 당연하다고 확신하면서 학교를 지역사회가 관리해야 한다고 주장했다. 그 결과는 그들이 원했던 소규모 크기가 아니라 하나가 웬만한 중소 도시 규모인 32개의 분산된 교육구였다. 지역사회가 학교를 관리하는 것은 기존의 관리체제에 대한 근본적인 도전이었으며 시교육청 직원들뿐만 아니라 새롭게 탄생된 막강한 교원노조 역시 반대하는 것이었다. 정치적인 타협의 산물인 거대한 32개의 교육구에 만족하는 사람은 거의 없었다. 비평가들은 새롭게 만들어진 교육위원회와 관리자들이 기존에 있는 거대한 체제에 또 하나의 관료체제를 얹어놓는 것에 지나지 않는다고 비난했다. 지역 참여 민주주의를 옹호하는 많은 사람들은 이 계획이 사기라고 생각했다. 몇 년이 지나지 않아 이 새로운 교육위원회에 투표하는 시민들은 거의 없었다.[49]

연방정부와 뉴욕 주정부가 고안한 수십 가지 프로그램과 규정이 만들어 낸 새로운 자리들이 지역 차원의 통제 및 관료주의와 함께 마구 생겨나기 시작했다. 여러 부류의 학생들을 대상으로 하는 이러한 프로그램들을 감독 및 조정하고 모순되는 부분을 분명하게 만들기 위해 새롭게 생긴 자리들은 110 리빙스턴 가에 위치한 교육청에서 일하는 중간 관리들이었다. 연방과 주의 공무원들로 인해 관료주의라는 장르가 하나 생긴 것이다.[50]

1990년에 조지프 페르난데스(Joseph A. Fernandez)가 새 교육감이 되어 뉴욕에 도착했을 때, 그는 누가 무엇을 책임지고 있는지가 불분명하다는 것을 발견하게 되었다. 자신의 사무실 유리창이 더러워서 깨끗하게 닦아 줄 사람을 불렀을 때 유감스럽게도 유리창은 계약에 의해 1년에 한 번씩만 닦인다는 것을 알았다. 비서에게 형광펜을 주문하라고 하자 4주가 걸린다는 대답을 들었다. 32개로 학군을 나눈 것에 대한 장점이 정확히 무엇인지도 불분명했다. 사실상 학교를 교장들의 영지(領地)로 하사해버린 정책도 교장연합회와의 협상을 통해서만 바꿀 수 있었다.[51]

뉴욕시의 학교를 관리하기 위해 시도했던 여러 가지 개혁들 사이의 상호작용은 루브 골드버그*나 좋아할 만한 복잡한 의사결정 구조를 가져왔을 뿐이다. 효율적으로 중앙집권화된 체계도, 완전히 분산된 체계도 아닌 뉴욕시의 학군제도는 계속된 개혁이 시간이 지남에 따라 오늘날 많은 학군에서 볼 수 있는, '조각난 중앙집권화'를 낳게 되는 과정을 보여준다.[52]

학업성취도 향상

뉴욕시의 복잡한 학교관리 체계는 한 세기 동안 있었던 개혁들의 상호작용의 부산물이라 할 수 있다. 이보다 좀 더 짧은 기간인 1983년부터 1993년까지 10년 동안 개혁가들은 학생들의 학업성취도를 높이기 위해 다양한 전략들을 채택

---

* Rube Goldberg(1883~1970): 미국의 만화가. 처음으로 단순한 작업에 대해 매우 복잡한 장치들을 사용하여 처리하는 기계를 만화에 그림(옮긴이).

했다. 개혁하기 위한 어떤 수단이 별로 효과적이지 않다 싶으면 혁신가들은 재빨리 다른 방법을 사용했는데, 원래 개혁의 법규 등은 대부분 그대로 남겨두었다. 그 결과, 변화를 위한 권고와 실제로 요구되는 것들 사이에는 종종 모순이 있었다. 시교육청의 한 관리는 "우리에게 학교를 개혁하고 틀을 깨라고 말하면서 수많은 사항을 요구한다. 마치 수갑과 족쇄를 차고 에베레스트에 올라가라는 말과 같다"고 불평했다. 전문가들은 적응과 저항, 교배라는 전략을 통해 상반되는 개혁의 요구를 피할 수단을 모색했다. 이런 과정을 통해 개혁이 학교를 바꾼 것만큼 학교가 개혁을 바꾸었다.[53]

《위기의 국가》에서 지적한 '위기'에 대한 대응으로 1980년대 중반 각 주에서 반포한 교육법규들은 이전 20년 동안 만들어 낸 것보다 더 많았다. 이런 법안들의 주된 목적은 교육적인 '수월성'을 증진시키기 위한 것이었고, 대상 집단은 게으른 학생들과 무능력한 교사들이었다. 치료 방법은 '더 많이'였다. 학교의 수업일수와 수업 시수가 더 많아졌고 학과목이 더 많아졌으며 '기본 내용'에 더 많이 치중했다. 또한, 더 많은 교사 평가와 보상이 이루어졌고, 학생들의 성취도 측정을 위해 더 많은 시험을 치렀으며, 학군에서는 더 많은 세부 사항을 담은 시험 결과 보고서를 주교육부로 보내야 했다. 리처드 엘모어(Richard F. Elmore)는 1980년대 주 전체에 요구된 개혁의 본보기는 "표준화와 관료주의적인 중앙 통제, 학교의 성과를 통제하기 위한 수단으로 부과하는 법규들에 의존했다"고 기록하고 있다.[54]

현직 교사들은 이러한 1980년대에 실행된 주 차원의 개혁들이 기존의 것들을 어느 정도 강화하는 것이었다는 점에서 비교적 지키기 수월하다는 것을 발견했다. 1970년대 중반부터 교사들은 '기본'을 가르쳐야 하는 동시에 표준화된 시험에서 학생들의 성적을 올려야 한다는 부담감이 있었다. 이들은 기초능력을 평가하는 시험을 치기 위해 필요한 간단한 사실과 기교들을 가르치는 방법 및 요령에 이미 익숙했다. 소위 기본이라고 불리는 것을 가르쳐야 한다는 몇 년간의 요구가 교사들로 하여금 주의 새로운 요구 사항에 부응할 수 있는 도구를 제공해 준 셈이다.[55]

그러나 카네기재단이 13,500명의 교사들을 대상으로 설문조사한 결과처럼 많은 교사들이 주의 학력평가에 양면성을 보이거나 적대적인 반응을 보였다. 실제로 이런 프로그램들이 학군에 미치는 영향을 분석한 두 명의 학자들은 자신들의 연구를 〈주 학력평가와 지역 발전: 모순어법?〉이라고 이름 붙였다. 그들이 인터뷰한 교사들은 대체로 "이런 시험은 학생들에게는 별로 도움이 안 되며, 특히 어느 학생을 더 잘 돌봐야 하는지 판단하기 위한 추가 정보로서의 역할은 거의 못한다"고 믿고 있었다. 이런 시험이 학생들과 여론에게 높은 관심을 받은 주의 학군들은 그저 시험 성적을 올리기 위해 특수한, 거의 '게임 같은' 방법에 모든 관심을 쏟았다. 교사들은 "가르치는 데 있어서 전문적인 판단을 별로 할 일이 없고 시간은 늘어났으며 담당 업무도 더 많아졌다. 또한, 부담도 크고 만들어야 할 문서도 많으며 의무에 대한 걱정이 늘어났다"고 보도했는데, 그럼에도 불구하고 학생들의 성적이 나아진 것은 아니었다.[56]

교육자들은 개혁이 요구하는 것들이 부적절하게 보이면 적당히 조절하든가 회피하는 방법을 찾는 데에 능숙했다. 성적이 별로 좋지 못한 학생들은 주의 학력평가에서 제외시킬 수도 있었고, 쉬는 시간을 늘려 학교에서 있는 시간이 늘어났다고 보고할 수도 있었으며, 체육수업에 참여하지 않으면 통과할 수 없다는 규칙을 위험을 무릅쓰고 어겨 학생들의 성적을 올려줄 수도 있었다. 또한, 새로운 규정을 따르는 것처럼 보이려고 기존의 과목을 이름만 바꾸어 놓을 수도 있었고, 상당수 학생들이 진급 시험이나 졸업 시험에 떨어져서 낙제율이 더 높아질 것 같으면 시험의 커트라인을 낮출 수도 있었다.[57]

'수월성'이라는 주 차원의 더 강화된 표준들을 요구하는 과정이 이러한 방어적이고도 조직적인 행동을 낳게 하였지만, 연구에 따르면 적어도 교육기관에서 기존의 방법들을 강화하는 전략을 반복적으로 따랐다는 것이 드러났다. 그런데 1980년대에 '개혁의 첫 물결'이라고도 불린 이러한 접근법의 결과는 대체로 실망스러운 것이었다. 미국 교육부 벽면에 걸려 있는 주별 및 미국 전체의 학업성취도와 다른 국가들의 학업성취도를 비교해 놓은 표는 상명하달식의 명령이 개혁가들이 애쓰던 극적인 변화를 가져오지 못했다는 것을 보여준다.[58]

주정부는 상명하달식 규제를 통해 교육적인 수월성을 강제할 수 있었을까? 토머스 타이머(Thomas B. Timar)와 데이비드 커프(David L. Kirp)는 1980년대에 주정부의 개혁이 실행되는 과정에 대한 연구를 통하여 아니라고 답했다. 즉, 수월성은 강제될 수 없다는 것이다. 각종 법규들은 기껏해야 유능하고 학생들을 잘 돌보는 교사들과 지적인 호기심을 가진 학생들이 많아질 수 있는 일부 필요조건들을 만들 수 있을지는 몰라도 충분조건을 만들 수는 없다는 것이다. 게다가, 법적인 강제사항은 의도하지 않은 부정적인 결과를 가져올 수도 있다. 반응을 강제하지만 그런 종류의 반응은 사실 수월성을 방해할 수도 있기 때문이다.[59]

주 차원의 상명하달식 강제사항을 통해 학업성취도를 높일 수 있다는 믿음이 정책을 만드는 관료들 사이에서 약해지자 '구조조정'이라는 새로운 교육개혁의 표어가 유행하게 되었다. 학교개혁에 적극적인 사업가들은 이 말을 자신들만의 '구조조정'의 경험을 반영해서 사용하겠지만, 이 말이 정확히 어떤 의미인지는 분명하지 않다. 회사 중역들과 교육개혁에 대해서 이야기를 나눈 한 동료에 따르면, 그녀가 교실에서 일상적으로 일어나는 일을 설명했을 때에는 이들의 눈꺼풀이 감기기 시작했지만 '구조조정'이라는 말을 하자 금방 눈을 반짝였다는 것이다.[60]

'애매어'가 유행어가 된 것은 우연이 아니다. 엘모어는 "학교를 구조조정 하자는 주제는 미국 교육 문제가 무엇인지에 대해 다양한 관점과 다양한 해결책을 제공한다"고 말했다. 사람들은 구조조정을 시장경제에서의 선택원리, 교사들의 전문화와 세력화, 분산 관리와 학교 차원의 관리, 학부모의 참여율 증가, 국가수준의 교육과정과 평가, 탈규제, 새로운 형태의 책무, 교육과정과 수업 방법의 기본적인 변화, 또는 이런 것들을 적당히 섞어 놓은 것이라 여긴다. 그러나 구조조정에 깔려 있는 가장 보편적인 개념은 학업성취도를 향상시킨다는 목적이다.[61]

구조조정을 위한 제안은 여기저기에서 쏟아졌다. 1989년 부시 대통령과 50명의 주지사들은 샬러츠빌에서 만나 '명확한 국가수준의 학업성취목표'와 이를 성취하기 위한 '구체화된 전략'이 필요하다고 선언하면서, 이전에 이미 폐기당했던 국가교육과정 정책을 권고했다(100명이 넘는 국회의원이 교육청장을 교육 통제위원장이라 부르자고 결의한 지 그리 오래되지 않았다). 이들은 자신들의 선언문을 〈제퍼슨의 사상에 기초한 협약〉이라고 불렀는데, 각 주별 자치권의 열렬한 지지자였던 토머스 제퍼슨(Thomas Jefferson)이 이 말을 들었다면 어떤 반응을 보였을지 궁금한 일이다. 부시 대통령의 "미국인은 급진적인 개혁을 할 준비가 되어 있다"는 선언과 함께 대통령과 주지사들은 "지방에 권리를 분산시키고 학교별 단위로 의사결정을 책임질 수 있게 하여 교육자들이 목표를 달성하기 위해 어떤 방법을 써야 하는지 결정

하는 권한을 갖게 하고 거기에 책임을 지게 하자"고 제안했다.[62]

국가적인 목표와 교육과정은 어떤 전국적인 형태의 평가가 따라올 것이라고 예상될 만큼 학교현장에서의 학습 과정과 결부되어야만 했다. 교사들은 무엇을 가르쳐야 하는지는 들었지만 어떻게 가르쳐야 하는지는 전달받지 못한 채 이러한 목표들을 달성해야만 했다. 학교관리의 새로운 통념 아래, 한때는 지역의 요새와 같았던 학군의 행정가들과 교육위원들은 수많은 신식 개혁가들이 해결사가 아니라 문제의 일부가 아닌가 하고 의심하게 되었다. 상명하달식과 하의상달식 구조가 섞여있으며, '조직개혁'이라고도 알려져 있는 구조조정에서 학군이 해야 하는 역할이 무엇인지 분명하지 않았다.[63]

1983년부터 1993년까지 쏟아져 나온 교육에 대한 문제점과 해결책은 대부분 고위 정책가들이 만든 것으로 교육자들은 이런 개혁들의 상호작용 가운데 어정쩡하게 서 있었을 뿐이다. 많은 정책입안자들은 가르치고 배우는 방법을 향상시키기 위한 각 주의 의무사항을 거의 신뢰하지 않게 되었지만 대부분의 법규는 그대로 남아 있어 교육자들은 회계 및 장학 감사를 계속 신경써야만 했다.[64]

엘모어는 "학교현장에 있는 사람들에게 더 많은 책임을 부과함으로써 체계 전반에 걸친 변화를 일으킬 수 있다"는 말 속에 담긴 모순을 지적했다. "학교 구조조정의 결과로 모든 학교들이 같은 방법으로 변하거나 변해야 한다면 교육 내용 및 교육학, 첨단 기술, 조직, 관리 등의 더 복잡한 문제에서도 학교들은 자연히 거의 똑같은 해결책을 낼 것이기 때문에 모순으로 보인다"는 것이다.[65]

일부 교육자들은 '구조조정'이라는 말을 들었을 때 직업을 잃게 될 것을 걱정했다. 신문의 경제란에서 해고당하는 기사를 접해본 사람들에게 있을 법한 반응이다. 하지만 일부 개혁적인 성향이 있는 교사들은 '구조조정'을 학생들이 더 깊게 이해하도록 가르칠 수 있는 더 많은 자율권과 새로운 방식이라는 뜻으로 받아들였다. 이러한 이해는 학자들과 교사들 사이에 사회적인 운동으로 발전한 '구성주의' 또는 '신진보주의' 교육학의 모태가 되었다. 학업성취도를 향상시키기 위한 이런 전략은 교사들 스스로가 자신들의 수업 방식과 환경에 맞춰서 교육학을 변화시키도록 하는 잠재력을 가지고 있었다.[66]

캘리포니아 주에서는 구성주의에 따른 '이해를 위한 수업' 프로그램을 실시했는데, 교사들은 교수법 개혁의 밑그림조차 실행에 옮기지 못했다. 데이비드 코헨(David K. Cohen)과 데보라 볼(Deborah Loewenberg Ball)이 지적한 것처럼, 그런 노력들은 항상 이전의 개혁의 틀 안에서 일어났다. "캘리포니아 주의 새로운 수학교육의 틀은 1980년대 후반에 미국을 휩쓸기 시작한 고차원적인 사고와 이해를 위한 수업이라는 열기의 일부였다. 그런데 1970년대 중반부터 1980년대 중반까지 학교는 무기력한 수업과 형편없는 SAT 점수로 늘 난타당했다." 한때 정책 및 그 실행 과정은 표준 시험에서 학생들의 성적을 올리도록 가르치는 데에 초점을 맞췄다. 정답을 찾기 위한 '정확하고 집중적인 생각'을 강조한 것이다. 대조적으로 새로운 수학교육 체계는 다양한 생각과 '커다란 수학적인 생각'을 이해하도록 격려했다. 교사들에게 혼란과 모순으로 가득 찬 무대에서 새로운 수학을 해보라는 것인가?[67]

코헨과 볼은 수업중심 접근법과 구성주의적 접근법 사이에 '진짜 갈등 상황이 있다'고 생각했지만, 실제로는 교사들이 새로운 방식과 기존의 방식을 적당히 섞는 방법을 찾아내어 이해와 협동을 강조하는 요구에 대해 "사실과 기술 배우기를 강조하는 오래된 정책에 입각해서 본다"는 것을 알아냈다. 또한, "처음에는 낡은 것으로 보인다. 그렇지만 말이 된다는 것을 알고 나면 교사들은 교실에서 열심히 참여하는 배우들이 된다. 그렇게 함으로써 모순되는 것들에 대해 균형을 맞춰야 한다."고 말했다. 정책입안자들은 '교수법의 과거를 잊을지도 모르지만' 교사와 학생들은 그럴 수 없다는 것이다.[68]

성찰

교육개혁을 합리적으로 계획한 개혁가들은 때때로 자신들이 정책을 제대로 만들기만 하면 학교를 개선시킬 수 있을 것이라 기대했다. 원래 계획에 얼마나 충실한지, 정해 놓은 결과를 내는 데에 얼마나 효과적인지, 얼마나 오래가는지에 따라 성공을 가늠할 수 있던 것이다. 그러나 이러한 기술적이고도 상명하달식 접근 방식은 학교가 개혁을 바꾸어 나갈 때 교사들이 교수법의 잡종을 만들기 위해 '실행 전략'으로 사용하는 수많은 방법들을 무시하게 된다. 새로운 제도는 교육기관의 과거기록을 말끔히 씻어내지 못했다. 오늘날 구조조정과 분권화를 옹호하는 사업가들은 거의 한 세기 전에 사업가들이 승인했던 중앙집권체제의 결점들을 지우려고 애쓰고 있다. 합리적인 계획가들은 학교를 위한 계획이 있었고 그 계획이 제대로 실행되지 않는다 싶으면 현직 교사들을 비난할지도 모르지만 학교가 쉽게 찍혀 눌리는 것은 아니다.

대부분의 개혁이 유치원이나 예비고등학교처럼 학교에 대안을 제시한 것이었다 하더라도 기존 학교의 양상들에 동화되어 갔다. 개혁이 기존에 있던 무언가를 대체한 경우는 거의 없었으며 대부분 복잡함만 더할 뿐이었다. 개혁이 빠른 속도로 계속 나올 경우에는 모순되거나 불편한 긴장감을 가져왔고 다양한 의사결정 형태 사이의 균형을 뒤흔들었다. 또한, 일괄 처리하는 체계에 있는 학생

개개인의 발달 과정에서 필요한 것을 맞춰야 한다는 진보적인 관념을 소개했으며 업무량이 과다한 교사들에게 시간과 노력을 들일 것을 요구했다.

학교도 눈에 띄지 않는 방법으로 자주 개혁을 개혁한다. 그렇다면 가장 중요한 교실 수업현장에서 교육을 개선하고자 하는 사람들에게 현명한 전략은 무엇일까? 우리는 정책을 가설로 여기고 교사들로 하여금 이것을 자신들의 상황에 맞게 교배할 것을 제안해 왔다. 개혁 정책들은 이미 만들어진 계획이 아니라 원리와 일반적인 목표, 경험 속에서 다듬어지고 학교 혹은 교실마다 다른 상황에서 구체화되는 것으로 표현되어야 한다.

여기에는 물론 잠재적인 문제들이 있다. 정책이 가설에 지나지 않는다면 의무가 줄어드는 것인가? 절충하거나 닥치는 대로 만들어진 잡종이 생길 가능성은 없는가? 개혁이 고독한 교실에서 일어나는 원자적인 과정이라면, 두 가지 질문 모두 다 답은 '그렇다'일 것이다. 그러나 교사들이 서로 협력하고 정책가들과 함께 목표와 전술을 나누며 진척 사항을 살피면서 장애를 극복한다면 학교를 개선하기 위한 이러한 접근방법이 위에서 말한 요구 사항보다 더 잘 들어맞을 것이다. 밀브레이 맥러플린(Milbrey W. McLaughlin)과 조앤 텔버트(Joan E. Taibert)가 '매일 학생들과 교사들이 내용을 가지고 상호작용이 일어나는 교실에서 정책의 일관성을 찾는 통합된 개혁의 전략'이라고 말한 것을 창출해 낼 수 있을 것이다.[69]

물론 변화를 위한 이러한 전략은 새로운 것이 아니다. 부분적으로는 경험에 비추어 끊임없이 목표와 결과를 재평가한다는 듀이의 실용주의적 개념에 기초한 것이다. 학습을 개선하기 위한 운동은 종종 공유되는 일반적인 원리와 융통성 있는 실행에 기반을 두어 왔다. 그러나 '교수법의 과거'의 힘을 등한시하고 기본적인 제도의 형태, 즉 학교의 핵심적인 역할을 구성하는 기본적인 '수업'을 바꾸는 어려움을 과소평가하는 것은 현명하지 못하다.

왜 학교교육의 기본틀은
변하지 않는가

왜 학교교육의 기본틀은
변하지 않는가

마치 교실의 모양처럼 학교교육의 기본틀은 수십 년이 지나면서도 놀랄 정도로 안정된 모습을 유지해 왔다. 시간과 장소를 나누고 학생들을 분류해서 교실에 배치하고 '과목'에 대한 파편적인 지식을 전수하며 배웠다는 증거로 학점과 학년을 주는 방식은 거의 변하지 않았다. 1902년에 듀이는 학교가 조직된 방법을 해체하려는 시도는 '비교적 교육적인 목표와 이상의 바깥에 있으며 무관한 것'이라며 반대했다. 사실 그는 "학생을 향한 기계적인 수업 방식이 실제로 전 체계를 좌지우지한다"고 말했다.[1]

수업의 기본틀이 계속 유지되었다는 사실은 이러한 표준화된 구조적인 형태를 변화시킬 방법을 모색해 왔던 개혁가들을 놀라게 하고 좌절시켰다. 이 장에서 우리는 이런 기본틀이 어떻게 형성되었으며 왜 이렇게 집요한지, 왜 왕성하고 상상력이 풍부한 도전자들조차 몇 가지 새로운 수단들만 여기저기 남길 뿐 학교가 수업을 위해 조직된 방식을 근본적으로 바꾸지 못한 채 사라져 갔는지를 다루어 보려고 한다.

나이에 따라 학년을 나누는 등의 관행이 학교를 구성하고 있는 것은 의사소통할 때 문법이 의미를 구성하고 있는 것에 비유해 볼 수 있다. 학교교육의 기본틀과 의사소통할 때의 문법은, 교육과 의사소통이 잘 되기 위해서 의식적으로 이해할 필요가 없는 것들이다. 게다가 학교교육의 기본틀의 상당 부분은 학교처럼 당연하게 여겨지고 있다. 주목을 끄는 경우는 이러한 관행에서 벗어날 때, 예를 들면 학교가 학생들에게 성적표를 나누어 주지 않기로 했을 때 정도이다.[2]

사람들은 '학년'이라고 불리는, 구분된 교실이 있는 초등학교에 익숙하다. 이런 교실에서 교사들은 비슷한 나이의 학생들에게 다양한 과목을 가르친다. 고등학교의 조직은 상당히 다르다. 매 교시마다 학생들은 이 과목에서 저 과목 교실로, 이 교사에게서 저 교사에게로 이동한다. 교사들은 과목별로 세분화된 부서에 소속되어서 그 과목을 하루에 약 150명의 학생들, 다시 말해 한 반에 거의 30명씩 5교시까지 가르친다. 학생들이 수업을 다 이수하면 '카네기 단위'를 받는다. 일반적으로 중고등학교에는 초등학교와는 달리 학생들에게 무엇을 공부할지에 대한 어느 정도의 선택권이 있다.

이렇게 제도적으로 정돈된 상태에서 사람들은 교사들이 학생들을 관리·감독하고 과제를 내주며 제대로 했는지 점검할 것이라고 기대하게 된다. 지난 세기 동안 교사들이 가르치는 방식에는 상당한 연속성이 있었다. 그러나 우리는 여기서 교사들이 어떻게 가르쳐야 하는지 구조적으로 정해진 틀에 비해서 실제로 교실에서는 그만큼 되지 않는다는 사실을 보이려고 한다.[3]

학교의 기본틀은 역사의 산물이지 원시시대부터 창조된 것은 아니다. 문제가 무엇이고 해결책은 무엇인지에 대한 지지를 받기 위한 특정집단의 노력의 산물인 것이다. 그 집단이 더 힘이 있고 유명할수록 그들의 개혁은 법규와 자격 요건 등으로 더 강화할 수 있었다. 혁신의 시점도 이런 것들이 실행되는 과정과 많은 관련이 있다. 19세기에 있었던 초등교육의 빠른 확산이나 20세기에 있었던 중등학교의 분리처럼 중요한 제도적인 변화의 근간을 이룬 개혁들은 제도의 표준틀의 일부가 될 가능성이 많았다.[4]

학교교육의 기본틀은 일단 한번 확립되면 오랫동안 지속된다. 부분적으로는 교사로 하여금 예측 가능한 형태로 의무를 면제해 주며 학생들의 행동을 통제하고 다양한 학생들을 가르치며 학교에서와 졸업 후의 역할에 따라 학생들을 미리 구분하는 등 교육위원회와 교장단, 학부모들이 기대하는 일상적인 일에 대처할 수 있게 해 주기 때문이다. 습관화된 제도적 양식들은 복잡한 의무들을 조직하는 수단으로 노동력을 절감할 수 있는 도구가 될 수 있다. 이러한 반복적인 일들에 익숙해진 교사들과 학생들은 종종 다른 구조나 규칙들을 받아들이기 어렵다는 것을 알게 된다. 교육자들과 학생들, 대중은 확립된 제도적인 형태를 '진짜 학교'에 필요한 특징이라고 이해하게 된다. 학교에서의 일상적인 관습과 법적인 강제사항과 문화적인 신념 등 학교 외적인 요인에 의해 이런 것들은 점차 고정되어 가서 마침내 거의 눈에 띄지 않게 된다. 다시 말해 학교교육의 기본틀이 학교가 되는 것이다.[5]

혁신가들은 학교교육의 기본틀을 형성하는 구조와 규칙을 개혁이 아니라 학생들에게 학교가 해줄 수 있는 최선의 교육을 가로막는 속박으로 여기면서 주기적으로 도전해 왔다. 여러 해 동안 이들이 주로 시도한 것은 다음과 같다.

- 무학년제 학교를 만드는 것
- 시간과 공간, 학생 수를 유동적인 것으로 보고 획일적인 수업 시간과 교실, 학급의 인원을 다양하게 만드는 것
- 전문화된 교과목을 중·고등학교의 핵심 교육과정으로 넣거나 초등학교에 소개하는 것
- 교사들이 분리된 교실에서 고립된 개인으로 일하기보다 팀으로 일하도록 격려하는 것[6]

예를 들어 1960년대에는 학교교육의 기본틀을 개혁하자는 움직임이 전국적으로 일어났다. 개혁가들은 미래의 고등학교를 마음속에 그리며 융통성 있는 수업 시간과 학급 규모, 다양한 크기의 교실, 팀 티칭, 개별 학습, 핵심 교육과정 등을 실험했다. 초기에는 혁신가들 또한 표준화된 조직적 배열을 '돌턴식 교육법'의 개별화된 수업이나 '8년 연구'의 진보적인 실험 등을 통해 신랄하게 비판했다. 이러한 개혁은 교육자들의 정기간행물과 회의를 휩쓸었고 교육감들과 교사들, 교육위원회들, 학부모들, 교수들의 주목을 받았다.

잘 알려진 학교교육의 기본틀을 반대한 개혁가들은 그것이 비합리적이고 편협한 목표를 가지고 있으며 낡은 설계일뿐더러 효과도 거의 없다고 주장했다. 이것은 각종 재단과 진보주의 교육자들의 협의체, 그리고 열정적인 교사들과 교장들로부터 호응을 얻었다. 수많은 혁신가들이 이러한 전통적인 기본틀에 대한 책임을 물어 효율성을 고집하는 행정가들과 관행을 강요하는 대학 관계자들, 새

로운 것을 시도해 보지 않으려는 시대에 뒤쳐진 교사들 등 다양한 집단을 비난했다. 기본틀이 변화되는 것을 방해한다고 여겨지는 '근간'의 성격이 무엇이건 간에 확신에 찬 개혁가들은 논리적이며 설득력 있는 자신들의 주장이 낡은 체계의 기초를 허물고 새로운 학교 체계의 청사진을 제공해 줄 것이라고 단언했다.[7]

그러나 이런 일은 일어나지 않았다. 학교교육의 기본틀은 놀랄 만큼 견고한 것으로 드러났다. 새로운 시도들이 거의 본 모습 그대로 남아서 뿌리를 내린 곳은 전형적인 특수 영역, 즉 산업교육과 평생교육, 영재나 장애 학생들을 위한 특수교육 등 표준 수업의 요구 사항에 맞출 수 없는 집단일 뿐이었다. 교사들은 여기저기에서 몇몇 개혁적인 조치들을 선별하여 기존의 교실에 적용했다. 기존의 것에 새로운 내용을 교배한 것이다.

우리는 먼저 학교교육의 두 가지 관행, 즉 '학년제 학교'와 '카네기 단위'가 어떻게 제도화 되었는지를 살펴봄으로써 학교교육의 견고한 기본틀을 살펴보려고 한다. 그리고 이러한 기본틀이 돌턴식 교육법과 8년 연구, 1960년대 후반과 1970년대에 새로운 융통성 있는 고등학교라는 강력한 세 가지 도전에도 불구하고 어떻게 살아남았는지 살펴볼 것이다. 그리고 이런 사례연구들을 반성하면서 검증되지 않은 제도적인 관습이나 '진짜 학교'를 구성하는 것이 무엇인지에 대해 널리 퍼져 있는 문화적인 신념과는 달리, 기본틀을 유지시키는 '근간'이 의식적인 보수주의는 아니라는 것을 제안하려고 한다.

지속성 있는
제도적 형태의 태동

교육과정이 년 단위로 세워져 있고, 연령과 학업숙달 정도에 따라 학생들이 분류된 교실에서 1명의 교사가 가르치는 학년제 초등학교는 이제 너무 익숙해져서 이것이 없었던 시대를 상상하거나 대안을 생각한다는 것은 힘들다. 그러나 한때 초등학교는 도시지역에 급속도로 퍼져 나가면서 효율적이고 공평하며 쉽게 본을 뜰 수 있도록 의도적으로 발명된 것이었다.

또한, 효율과 표준화는 카네기 단위라고 불리는 학업이수 단위의 목표이기도 했다. 그럴 것 같지 않았으나 이제는 이 개혁의 기원이 거의 잊혀간다. 하지만 이 개혁은 빠른 속도로 학교교육의 기본틀의 근간이 되었고 수업 시간, 교과목, 학점 등 중등교육의 세 가지 필수 요소에 영향을 주었다.

학년제 학교

시골의 단일학급 학교들은 학년의 구분 없이 서로 다른 연령대의 학생들이 모여 앉아 배우고 서로를 가르치기도 하던 곳이었다. 수업 시간은 유동적이었으며 학생의 개인차에 따라 바뀌었다. 학부모들과 학교 재단이사들은 종종 교실에 들러 학생들이 무엇을 배우는지를 파악하고 교육에 대해 의사결정을 내려야 할 때 적극 참여했다.

오늘날 많은 사람들은 이러한 관습이 바람직하다고 생각하지만 20세기의 대부분 동안 대학과 주교육부에 있는 개혁가들은 단일학급 학교들을 없애는 데에 주력했다. 이들은 단일학급 학교가 비효율적이고 비전문적이며 교육과정이 빈약하고 비전문가의 관리를 받는다고 생각했다. 또한, 교사들이 지역사회에 너무 많이 휘둘릴 수 있다고 생각했기 때문에 더 크고 다양한 학년이 있는 학교로 대체되기를 원했다. 반면, 대부분의 시골지역 거주자들은 동네 학교가 보존되기를 원했으며 학년제 학교로의 통합을 거부했다. 20세기에 접어든 후에도 시골뿐만 아니라 도시지역에 이르기까지 10만 개 이상의 단일학급 학교가 있었다. 1장에서 언급한 대로 지금은 '진보'라는 이름 아래 통합이 되었고, 실제로 법적으로도 존재하지 않게 되었다.[8]

남북전쟁 이전에는 도시에 또 다른 종류의 교실이 일반적이었다. 다른 연령대와 학문적 배경이 다른 학생들을 종종 200명 이상 집단으로 넣어 두고, 때로는 1명에서 2명의 보조교사를 데리고 들어와 학생들 모두 다 따라하게 하는 '사부'가 있었다. 헨리 바너드 (Henry Barnard) 같은 개혁가들은 사부들이 엄격한 규율을 유지하면서 학업성취도가 각기 다른 학생들 사이를 왔다 갔다 해야 했기에 이런 형태를 교수법의 기형으로 여겼다.[9]

도시나 주의 교육감들과 교육위원들처럼 학년제 학교의 수많은 옹호론자들은 공장에서의 계층화된 관리와 분산 배치된 노동력에 감명을 받고 '이런 정돈된 체계를 공교육에 적용하지 못할 이유는 무엇인가?'하고 자문하게 되었다. 이들은 교실이 학생들을 구분해 놓은 공간으로 한 교사가 학생들에게 해야 할 일을 주고 수행 정도를 평가하는 곳이라는 오래된 가정을 의심한 것은 아니다. 그러나 이들이 교사의 업무를 학업성취도에 따라 나누고 단일 교육과정을 배울 수 있는 비슷한 학생들에게 집중함으로써 더 큰 효율성을 모색한 것은 사실이다. 그렇게 된다면 교사는 그 교실에 있는 모든 학생들에게 같은 과목을 같은 방법과 같은 속도로 가르칠 수 있다. 따라서 '학년제' 학교는 개혁가들에게 평등한 것으로 보였는데, 남학생이든 여학생이든, 부자든 가난한 사람이든, 이민자든 본토 태생이건 간에 모든 사람들에게 똑같은 학교교육이 이루어질 수 있다고 가정할 수 있었기 때문이다. 남자들이 대부분인 행정가들은 읽기, 철자법, 산수, 쓰기 등 전통적인 교육과정을 학년마다 의무 과정으로 나누고 대부분 여성들인 교사들로 하여금 그 과정을 따라서 가르치도록 했다. 매 학년 말에 학생들은 다음 단계로 진급할 수 있는지를 결정하는 시험을 치러야 했는데, 통과하면 다음 학년으로 진급되었고 실패하면 다시 들어야 했다.[10]

1860년까지 학년제 학교와 그 교육과정은 대도시에서 흔한 것이 되었고, 1870년에는 학년으로 분류할 수 있을 만큼의 학생들이 있는 대부분의 지역까지 퍼졌다. 학년제 학교는 교수 효율성뿐만 아니라 도시에서 급속도로 불어나는 아동들에게 쉽게 재생산될 수 있다는 장점이 있었는데, 이것은 역사적으로 도시 학교에서 학생 수가 너무 많았다는 점을 생각해 볼 때 가볍게 여길만한 사항은 아니었다. 또한, 학년제 학교는 도시 거주자들이 공적 및 사적인 사업에서 활용하는 계층적이고 구별된 조직을 본뜬 것이었다.[11]

1870년대부터 도시의 학년제 학교는 내·외부의 교육 종사자들로부터 비난을 받게 된다. 엄격한 교육과정과 진급시험의 체계는 학년제 학교가 규정한 일상의 속도로 발달하는 학생을 '정상'이라고 간주한다는 것이다. 학생들을 일괄적으로 처리하는 것은 제도적으로 진급하지 못한 '뒤쳐진' 또는 '느린' 학생들이 있는 이상한 영역을 만들게 된다. 이와 대조적으로 격식이 없는 무학년제 단일학급 학교에서는 학생들이 자신들의 속도에 맞춰 진도를 나갈 수 있었다. 특히 배우고 성취할 수 있는 다른 방법이 많이 있기 때문에 '실패'가 덜 눈에 띄며 덜 절대적이었다. 교수법에서 보수적인 입장인 윌리엄 해리스(William T. Harris)조차도 나이에 따른 학년과 시험 계획은 너무 엄격하기에 '학교에서 조기에 퇴학'을 당할 수도 있어 결국 탈락된 세대라는 소리를 들을지도 모른다고 염려했다. 어떤 주의 교육감은 교사들이 매년 있는 진급시험에 맞추어 '판에 박힌' 수업을 할지도 모른다고 경고했다. 평범한 개혁가들은 이 체계가 너무 엄격하며 학교에 너무 많은 업무량과 부담이 주어져 스트레스와 병을 주고 있다고 생각했다.[12]

20세기 초반에 이루어진 신중한 연구들을 보면 도시 학교의 상당수 학생들이(대략 1/3정도) 진급하지 못했음을 알 수 있다. 즉, '뒤처진' 학생들이 된 것이다. 이 결과 많은 도시지역의 학생들이 저학년에 밀집되었고, 이런 학생들은 '제한 연령이 넘은' 학생들로 여겨지게 되었다. 사람들은 학년제 학교의 요구 사항이 자신들의 문화와 잘 들어맞는 대다수의 학생들에게는 효율적일지 몰라도, 가난하거나 이민 가정에는 실패를 생산하도록 맞춰 있는 것처럼 보인다는 것을 인식하기 시작했다. 실패는 효율성을 따지던 진보주의 시대에 낭비일 뿐이었다.[13]

그러나 대부분의 개혁가들은 학년제 학교를 없애지 않고 고쳐 나갔다. 몇몇은 진급시험을 반년마다 치르게 해서 더딘 학생들이 1년 과정을 모두 다시 할 필요는 없게 하자고 제안했다. 일부는 진급 기준을 달리 적용해서(점수의 차이를 개인 간이나 인종 간의 유전적인 격차를 나타내는 것으로 해석했기에 지능지수 검사가 개발되면서 이런 대안이 떠오르게 되었다.) 서로 다른 교육과정을 따르게 하자고 주장했다. 교육자들은 학교에 학생들이 많을 때는 학생들의 지능지수에 따라 몇 개의 학급으로 나누기도 했다. 좀 더 보편적인 것은 각 교실에서 학생들이 '능력'에 따라 나누는 것이었다. 1930년대와 1940년대에 들어서면서 학군들은 나이에 따른 자동 진급인 '사회적 진급'을 관례로 삼기 시

작했다.[14]

　교육자들은 유치원부터 3학년까지의 나이를 나눠진 학년으로 여기지 않고 교수법으로 보아 연속된 단위로 취급하는 '무학년제' 초등학교 체계처럼 학년 단위 체제를 좀 더 휩쓸 수 있는 대안을 여기저기에서 실험했다. 그러나 대부분 학군들은 학년제 학교에서 근본적인 변화를 가져오기보다는 점진적인 변화를 가져왔다. 학년제 학교는 학교교육의 기본 틀의 일부로 확고하게 자리 잡게 된 것이다. 조직적 문제의 핵심을 해결한 것으로 보였기 때문에 몇 해가 지나자 대중은 학년제를 '진짜 학교'의 상징처럼 여기게 되었다.[15]

카네기 단위

　　　　　　　　학년제 학교처럼 카네기 단위도 빠른 속도로 학교교육의 기본 틀의 일부가 되었다. 카네기재단의 이사장이었던 헨리 프리쳇(Henry S. Pritchett)은 1906년에 중등교과목의 한 '단위'를 '1주일에 5교시씩 한 학년 동안 가르치는 과정'이라고 정의했다(보편적으로 1교시는 50분에서 55분 정도의 길이다.) 이렇게 학업 분량을 재는 고안물, 즉 '카네기 단위'라고 불리게 된 이것은 직업훈련 프로그램이나 낙오될 가능성이 많은 학생들을 위한 평생교육처럼 제도의 겉모습만 건드려 고등학교를 변화시키려는 계속적인 시도가 무위로 돌아간 상태에서 고등학교의 일상적인 움직임을 정할 수 있게 되었다.[16]

　1905년 앤드루 카네기(Andrew Carnegie)는 은퇴한 대학교수들에게 연금을 줄 목적으로 1,000만 달러를 기부해서 이 재단을 설립했다. 그런데 이것이 고등학교의 교과목에 시간을 배분하는 것과 과연 어떤 관련이 있었단 말인가? 재단을 이끌던 사람들, 특히 프리쳇은 처음부터 은퇴한 교수들에게 그저 돈이나 나눠주는 데에 만족하지 못했다. 1905년 11월 15일, 뉴욕에 있는 카네기의 저택에 모인 재단 이사들은 하버드 대학 총장 찰스 엘리엇, 프린스턴 대학 총장 우드로 윌슨(Woodrow Wilson), 예일 대학 총장 아서 해들리(Arthur Hadley), 스탠퍼드 대학 총장 데이비드 조든(David starr Jordan) 등 하나같이 유명 대학의 총장들로 기라성 같은 인물들이었다. 이러한 정예 교육자들은 자신들이 미국 교육을 개선시킬 답을 가지고 있다고 확신하면서 무질서하고 비효율적인 학교교육 체계를 대학으로부터 시작해서 상명하달식으로 개혁하려고 결심했다. 그들은 '명문 대학을 위해 좋은 것'이 나라 전체를 위해 좋은 것이라는 생각에 추호의 의심도 없었다. 또한, 명문 대학 총장으로서의 명성이 자신들의 제안에 힘을 실어줄 것이라 확신했다.[17]

재단 이사들이 처음으로 결정해야 했던 일은 대학이 무엇이냐는 것이었는데 운영에 어려움을 겪는 조그마한 학교(때로는 이들 중에 '종합 대학'이라 불리는 것도 있었다.)에서부터 컬럼비아, 코넬, 시카고 등과 같은 커다란 연구 중심 대학에 이르기까지 그 성격과 성질이 다른 '고등교육' 기관이 600개나 넘게 있었기 때문에 쉬운 일이 아니었다. 어떻게 하면 중등학교 수준의 수업과 대학 고유의 수업을 구분할 수 있을 것인가? 재단 이사들은 '대학으로 간주되려면' 6명 이상의 전임교수가 있어야 하고 '4년 과정의 교양과목과 과학과목'을 운영해야 하며 '적어도 4년의 고등학교나 이에 준하는 교육을 받은 사람'을 입학 조건으로 해야 한다는 데에 의견을 같이 했다. 또한, 이들은 종교 계열 학교나 주립 학교 등은 포함시키지 않기로 했다. 이로써 단지 52개의 대학만이 기준에 맞는 것으로 판명되었다.[18]

프리쳇은 4년간의 중등교육만으로는 충분하지 않다고 경고했다. 그래서 이들은 각 과목마다의 시간과 학점을 잴 수 있는 표준단위,

즉 카네기 단위를 고안했고, 최소한 14단위가 있어야 한다고 명시할 것을 각 대학에 요청했다. 재단 관계자들은 여기서 멈추지 않았다. 이들은 또한 영어, 수학, 라틴어, 그리스어, 외국어, 역사, 과학 등과 같은 과목에 단위별로 이수해야 할 내용을 자세히 적은 8쪽 분량의 문서도 작성했다. 다시 말해 이들은 전통적인 학업 분야의 시간과 학점을 표준화했을 뿐만 아니라 그 분야에 높은 지위도 주게 된 것이다. 덧붙여, 이들은 고등학교의 교과별 부서를 대학교육의 관례에 따라 나누도록 막후에서 영향력을 행사했다. 이런 교과별 부서의 창설은 중등학교 교육의 기본 틀의 또 다른 중요 요소가 되었다.[19]

프리쳇과 동료들이 아무것도 없는 상태에서 학점을 위한 카네기 단위나 교과목을 명시하는 것을 고안해 낸 것은 아니다. 후자는 대학입학시험위원회가 고안한 교육과정을 상당 부분 참조한 것이다. 단위 체계 역시 1890년대 대학이 주도하던 십인위원회와 대학입학자격위원회가 교원노조에 해놓은 이로부터 점차 발전되어 온 것이다. 그러나 실제 측정 도구로서 단위를 보다 엄밀하게 정의해서 '표준' 고등학교가 이러한 카네기 단위로 시간과 교과목을 편성한 곳이라는 개념을 갖게 한 것은 바로 이 재단이 한 일이다.[20]

프리쳇은 교육 체계를 대학의 전문가들과 같이 제일 위에 있는 집단이 하부구조를 위해 규격을 정해야 하는 피라미드로 여겼다. 그는 중등교육이 뒤죽박죽이라는 데에 하버드 대학 총장 엘리엇과 의견을 같이 했다. 프리쳇은 이를 개혁하는 가장 좋은 방법과 빠르게 확장되고 있는 대학들을 위해 학생들을 잘 준비시키는 문제를 해결할 방법으로 다른 학교가 본받을 수 있는 가장 명성 있는 학교를 이용할 생각을 했다. 또한, 그는 1907년에 '더 나은 고등학교는 학생들로 하여금 1주일에 5번씩 매일 공부하게 하는 곳'이라고 말했다. 이런 전통이 '더 나은' 학교를 위해 좋은 것이라면 모든 학교를 위해 좋은 것이어야만 했다.[21]

프리쳇과 카네기재단 이사들은 그 당시 극소수의 고등학교만 해낼 수 있는 개혁을 부과하려고 했다. 대학들은 평범한 중등학교가 할 수 없는 것을 원했다. 1902년 통계를 살펴보면, 인구 8,000명 미만의 도시의 고등학교에는 평균 52명의 학생들과 2명의 교사들이 있었다. 이런 학교에서는 '14 카네기 단위'를 위해 매일 1시간씩 표준화된 수업을 꾸리고 대학 진학에 필요한 모든 교과목을 편성한다는 것이 불가능했다. 필요한 교과목을 위해 학급을 꾸릴 만큼 학생 수가 충분하지 않거나 그들을 가르칠 교사들이 부족했음에도 불구하고 카네기 단위든 수업 시수를 기준으로 매겨졌기 때문이다.[22]

점점 더 많은 지역의 대학–중등학교 협의회가 카네기 단위를 고등학교의 인증 조건으로 요구하게 되었다. 고등학교들은 이 인증 도장을 받기 위해 애썼는데, 이런 고등학교의 졸업생들은 학교 졸업장만 있으면 보통 무시험으로 대학에 진학할 수 있었기 때문이다. 예를 들어 1920년대 북중부 대학–중등학교 협의회는 최소 40분을 1교시, 36주 이상을 한 학년으로 해서 '15 카네기 단위'를 이수할 것을 요구했다. 주 법안은 또한 카네기 단위 체계를 '표준' 고등학교의 틀로 규정했다. 원래는 대학 수업에 더 잘 준비시키기 위한 의도로 고안되었지만, 카네기 단위 체계와 교사들을 교과별 부서에 따라 나누는 것은 고등학교가 팽창해 가면서 교육과정을 구분하는 데에 잘 정돈된 틀을 제공하게 되었다.[23]

'더 나은 고등학교'를 참고하여 대학 입학에 관해 더 잘 준비하고 학점 체계를 표준화 하려고 만든 '학업 기록 체계'가 점차 거의 모든 고등학교 교육의 기본틀이 되어 가자, 대학 진학을 목표로 하는 학생들이나 그렇지 않은 학생들 모두에게 영향을 주었다. 카네기 단위를 비판하는 사람들은 고정된 시간표를 통해 각기 다른 상자에 지식을 담게 하며, 학교가 아니라 은행에나 적합한 회계를 좋아하는 심리를 만들어 줄 뿐이라고 주장했다. 또한, 진부주의자들은 배움을 제도적으로 앉아 있는 시간으로 엄격하게 측정한 다음 겨우 '학점' 하나를 줄 뿐이라고 주장했다. 일부 개혁가들은 대학이 고등학교를 지배하는 것을 끝낼 때라고 생각하게 되었다.

학교교육의 기본틀에 대한 도전

　　　　　　　　　　　　학년제 학교와 카네기 단위가 중·대규모 학군에서 표준적인 관례로 급속도로 자리를 잡아갔고 주별 학교의 규정과 인증 요구 사항에 포함되게 되었으며 '진짜 학교'의 문화적 정의의 일부가 되어갔지만 도전을 받지 않았던 것은 아니다. 학교교육의 전형적인 기본틀에 대해 비난을 퍼부은 사람들도 그 체계를 고안해 낸 사람처럼 주로 자신들의 협의와 개혁 조직을 통해 변화를 일으키려고 애썼던 영향력 있는 교육자들이었다. 그러나 이런 정착된 체계를 변화시키는 일은 만들어 내는 일보다 훨씬 더 힘든 것으로 드러났다.

개별화된 수업을 옹호하는 사람들은 돌턴식 교육법을 통해 그들이 융통성 없다고 생각하던 고등학교의 수업을 신랄하게 비난했다. 혁신가들은 진보주의교육협회와 재단들의 도움을 받은 8년 연구에서 프리쳇을 위시한 대학의 관련자들이 좌지우지하는 상명하달식 중등교육에 이의를 제기했다. 그리고 1960년대에는 개혁가들과 중등학교교장협의회의 활동가들, 재단 관계자들이 시간과 공간을 정하고 학생들을 구분한 교실에서 1명의 교사가 전문화된 한 과목을 가르치는 데에 의문을 제기하게 되었다.

돌턴식 교육법

1920년대 초에 헬렌 파커스트(Helen Parkhust)는 돌턴식 교육법을 개발했다. 이것은 고등학교에 처음 혁신을 도입했던 매사추세츠 주의 한 마을의 이름을 딴 것이다. 교사이자 교사를 양성시키는 사람이면서 한 사립학교의 창설자이기도 했던 파커스트는 교사들이 미리 정해진 교육과정을 가지고 학생들을 일괄적으로 가르치려고 하는 학년제 학교의 근본적인 요소들을 의심하게 되었다.[24]

아동 중심의 진보주의자와 마리아 몬테소리(Maria Montessori)에게 크게 영향을 받은 파커스트는 학년제 교실에서 학생들을 표준화시키려는 움직임을 제지하려던 초기 시도들에 대해 알게 되었다. 콜로라도 주 푸에블로(Pueblo)의 교육감 프레스턴 서치(Preston Search)와 샌프란시스코 사범학교의 프레더릭 버크(Frederick Burk)는 학급 전체가 아니라 학생 개개인이나 소그룹에 맞춰서 수업을 진행하는 방법의 선구자였다. 일리노이 주 위넷카(Winnetka)의 공립학교에 파커스트와 비슷한 체계를 구축한 칼턴 울지 위시번*처럼 파커스트도 버크의 학교를 방문해서 그의 아이디어를 몇 가지 빌려 왔다. 돌턴식 교육법은 학년제 학교의 단점을 보완하기 위한 수많은 노력 가운데 한 가지일 뿐이었다.[25]

파커스트는 구분된 교실, 모든 학생이 같은 것을 배우는 학급, 50분 또는 55분의 수업 시간, 연말에 있는 진급과 낙제 등을 없앰으로써 수업에 큰 변화를 주는 방식으로 중등학교를 조직하길 원

---

* Carleton Wolsey Washburne(1889~1958): 1919년에 일리노이 주 위넷카의 교육장이 되어 버크의 동적(動的) 개별교수법을 발전시켜 놓은 철저한 개별학습의 새로운 형태, 즉 위넷카 계획을 고안하여 실시함(옮긴이).

했다. 그녀는 학년제 교실에서 본질적으로 다른 학생들을 한데 묶어서 가르치는 것이 구시대의 잔재이며 최선의 교육에 반하는 생각이라고 한탄했다. 그녀는 학생 개개인의 자유와 책임 및 다른 학생들이나 어른들과의 협동, 정해진 시간 안에 과제 완성 등을 강조했다. 그러나 파커스트의 이러한 변혁은 국부적일 뿐이었다. 기본적으로 전통적인 교육과정과 교과서 중심의 수업을 존속시켰기 때문이다.[26]

파커스트의 개혁에 핵심이었던 것은 교사들이 학생들과 매달 협상을 통해 계약을 맺는 것이었다. 여기에는 학생들이 해야 할 최소한의 과제와 함께, 기본적인 내용과 훈련을 넘어서는 수준을 원할 경우 선택과제가 포함되었다. 제출한 결과로 평가해서 학생이 더 많은 과제를 선택하여 더 잘했을 경우 좋은 학점을 받게 되었다. 학생들은 제대로 하지 못한 과제는 그 내용을 완전히 숙지하고 협상의 기간이 끝나기 전까지 계속 고칠 수 있었다. 커다란 도표에 학생들의 진척 사항이 기록되었다. 모든 학생들이 일정 수준으로 정해진 과목을 공부해야 했지만 어떤 속도로 공부할 것인지, 어떤 학생들과 함께 할 것인지, 보충학습으로 어떤 것을 해야 하는지 등은 전적으로 학생들의 몫이었다.[27]

학생들은 오전에는 자신들의 진도에 맞춰 공부를 하고, 오후에는 미술, 음악, 체육 등을 했다. 매 과목마다 학생들은 교사와 공부할 자료들이 놓여 있는 '연구실'이라고 재명명한 방으로 갔다. 학생들은 미리 동의한 소요 시간 내에 학습활동을 마치면 다음 연구실로 이동했다. 이 계획은 학생들이 개별적으로 공부하는 것뿐만 아니라 그룹으로 활동하는 것도 권장한 것이다. 1교시가 50분으로 정해져 있지 않았으며 교시마다 종소리도 울리지 않았다. 많은 학생들이 있는 교실에서 한 교사가 수업을 하는 광경도, 모든 학생들이 같은

목소리로 배운 것을 복창하는 광경도 없었다.[28]

교사들은 계약을 맺기 위해 협상을 하고 계약을 준수하기 위해 필요한 학습 자료들로 연구실을 채워 놓았으며 학생들이 문제를 해결할 때에는 코치만 해주며, 필요할 때 조언해 주고 각 학생들의 발달 사항을 점검해야 했다. 파커스트는 어떤 학생이라도 충분한 시간만 주어진다면 배울 수 있다고 믿었으며, 적어도 이론적으로는 자신의 계획이 진급 사정의 엄격한 잣대를 없앨 것이라고 생각했다.

돌턴식 교육법에 대한 소문은 미국뿐만 아니라 해외로도 빠르게 퍼져 나갔다. 《컬리어스》와 《새터데이 이브닝 포스트》 같은 유명한 잡지에서는 돌턴식 교육법에 의한 학교를 조망한 기사를 실었다. 교육자들은 책이나 학술지, 학회, 소문 등을 통해 이 교육법을 알게 되었다. 이 교육법이 학교 조직에 대 변화를 요구한다는 것을 인식하게 되자 몇몇 학교만이 파커스트의 개혁을 통째로 도입했고, 그보다 많은 학교들은 일부분만을 도입했다. 1930년에 전국 규모로 설문조사한 8,600개 중등학교 중에서 162개교(2%)가 돌턴식 교육법에 따라 자신들의 학교를 완전히 새로 정비했다고 보고했으며 486개교(6%)는 교육법을 수정해서 도입했다고 보고했다.[29]

만약 그 162개교가 돌턴식 교육법의 전부를 실시했다면 학교를 운영하는 데에도 크나큰 변화가 있었을 것이다. 교육법의 일부만 도입했다는 486개교에 대해서는 교실이 연구실로 바뀌고 1교시를 50분으로 정하는 것이 사라지며 진급제도가 바뀌고 학생과의 계약과 발달 상태에 따른 도표를 사용하는 등의 변화가 어느 정도까지 진행되었는지 밝히기가 어렵다. 상급 학년에 돌턴식 교육법의 일부를 도입했던 많은 초등학교는 이 설문조사에 빠져 있다.

숙련되고 열정적인 교육자들에 의해 돌턴식 교육법이 수행되면서 이 교육법이 이론적으로 얼마나 매력적이었든 실제로 얼마나 성공적이었든 간에, 현실적인 영향을 주기보다는 정책 논의에 훨씬 더 많은 영향을 끼쳤다. 한 연구자에 따르면 1949년에 돌턴식 교육법을 따르고 있는 학교는 파커스트 자신이 뉴욕시에 세운 사립학교 단 한 군데 밖에 없었다. 돌턴 고등학교조차 수정되지 않은 교육법대로는 1년밖에 운영되지 않았으며 10년이 지난 후에는 교육법의 어느 부분도 도입하지 않게 되었다. 20년이 지난 후 돌턴의 교육감은 이 교육법이 약간의 유산은 남겼다고 하면서 "이렇게 보수적인 뉴잉글랜드 지역의 마을에서 교육과정에 자그마한 실험을 해볼 수 있었다는 것은 상당한 특권입니다"라고 말했다.[30]

'교육혁명을 위한 시도'에서 '교육과정에 대한 자그마한 실험'으로 불리게 된 것은 상당한 지위하락으로 볼 수도 있다. 전통적인 조직에 익숙해져서 그것을 당연하게 여기거나 사회적·제도적인 역할을 하고 있다고 여기던 교육자들과 교육위원회들, 학부모들은 근본적인 변화에 저항했다. 다시 말해 학교교육의 기본틀의 영향력은 막강했던 것이다.

저항은 다양한 형태로 시작되었다. 많은 교사들은 이 교육법이 요구하는 대로 개별화를 위해 소요되는 오랜 시간과 만들어야 하는 많은 문서들을 거부했다. 학부모들과 교육자들은 돌턴식 교육법을 따르면 학생들이 남의 것을 베끼거나 빈둥거리기 쉽다고 판단하여 학생들의 학습 동기를 저하시키고 버릇을 잘못 들인다고 항의했다. 학생들도 때때로 하나뿐인 계약을 실행하는 것이 기존의 수업보다 더 지루하다고 불평했다. 몇몇 교육자들은 이 교육법이 학생들에게 사회적인 자극과 훈련을 충분히 주지 않는다고 비난했다. 한 뉴욕의 교사는 이 교육법은 그저 공립학교에서의 또 하나의 방법론적인 열기로 보았다. "작년이 암송, 게리 교육법, 극화, 연관성이었다면 금년에는 동기부여, 묵독, 돌턴식 교육법인 셈이다. 각

각 순서대로 채택되어서 무분별하게 적용되다가 새로운 게 나오면 밀려난다. 그런데 우리에겐 나아진 게 없다. 오래된 문제는 여전히 남아 있다."[31]

하지만 이 개혁의 일부분을 자신들의 구분된 교실에 적용하여 '교육 과정상의 자그마한 실험'을 시도해 본 교사들도 있었다. 돌턴식 교육법은 교사들로 하여금 전통적인 방식으로 조직된 교실에서 적용해 볼 수 있는 선택적 전략들을 제공했다. 돌턴식 교육법의 구성 요소는 또한 낙오될 가능성이 많은 학생들이나 보충수업이 필요한 학습부진 학생들, 장애 학생들, 전통적인 수업 방식으로 동기부여가 되지 않는 창조적인 학생들을 위한 프로그램을 꾸릴 때에도 지속이 되었다. 자신의 진도에 맞춘 수업 교재와 계약서, 과제를 마치는 데에 필요한 시간을 유동적으로 가지는 것, 내용과 기술을 숙지했는지의 여부를 주기적으로 점검받는 것, 교사를 코치로 활용하는 것 등의 내용은 이런 프로그램에서 보편화된 것이었다. 몇몇 직업교육에서도 돌턴식 교육법의 일부를 도입했으며 카네기 단위와는 다르게 교시를 나눴다. '연구실'의 개념은 진보적인 초등학교에 있는 학습센터에서 종종 나타나게 되었다.[32]

전통적인 학교교육의 기본틀을 전혀 이해할 수 없는 것이라고 확신한 파커스트는 고등학교들이 자신의 교육법의 모든 사항을 빠짐없이 일시에 적용하기를 원했다. 하지만 표준화된 중등학교의 기본틀을 근본적으로 바꾸어야 하고 교육위원회들, 학부모들, 교육자들, 학생들이 '진짜 학교'가 무엇인지에 대한 자신들의 문화적인 신념을 바꾸어야 했기 때문에 이러한 일은 거의 일어나지 않았다. 다만, 그녀의 아이디어의 상당 부분은 공립교육이 전개되는 동안 뒤섞이면서 다시 등장하게 된다.

8년 연구

　　　　　　　　　　　　　표준화된 학교교육의 기본틀에 대한 또 다른 도전이 전국에 걸쳐 갑자기 발생했다. 혁신적인 교육자들이 교과목을 섞어 보고 교육과정과 시간, 장소, 학생 수를 바꾸어 보려고 시도했다. 그들은 전문화된 부서와 카네기 단위, 학년제 학교들을 속박이라고 생각했다.

　　교사들은 학생들에게 더 크고 통합된 지적 능력을 주고 시간과 학습규모를 유동적으로 운영하기 위해 몇 번에 걸쳐서 고등학교 교과목을 합쳐 놓은, 예컨대 미국 역사와 미국 문학을 한데 묶은 것을 필수과정으로 하려고 시도했다. 1930년대에 미시시피 주 캔턴(Canton)의 3명의 고등학교 교사들은 일련의 1학년 학생들과 함께 하루에 5교시 동안 '에티오피아, 친구들과 적들'이라는 주제로 공부하는 이른 바 '통합교육과정'이라는 것을 만들었다. 그들은 학생들의 질문에 답하기 위해 사회과학과 영어, 수학을 이용했다.[33]

　　교육과정과 수업을 바꾸어 보려는 진보주의 진영의 노력 중에 가장 유명하면서도 오래 지속된 것 중에 하나가 덴버(Denver)에서 생겨났는데, 이는 1920년대부터 1930년대까지 4명의 교육감들이 임기를 채우는 동안 존속되었다. 1920년에 교육감에 취임한 제시 뉴론(Jesse Newlon)은 학교교육을 일상과 관련짓고, 교육과정과 교수법을 고안할 때 교사들은 적극적으로 계속 참여토록 해야 한다는 듀이의 원리에 입각한 사람이었다. 그는 한 그룹의 교사들이 한 교시 동안 함께 어떤 수업을 하게 될 때 교사들이 "일련의 연구를 수행하여 부서 모임과 위원회, 교직원 회의에서 그 장·단점을 토론한다면 그 어느 때보다 더 많이 이해하고 공감하면서 가르칠 수 있을 것이다"고 말했다. 비슷한 규모의 다른 도시들과 비교해서 덴버의 교사들의 교육 수준은 높았다. 1920년에서 1930년 사이에 700명이 넘는 교사들과 교장들이 35개의 교육과정을 개정하기 위해 37개의 위원회에서 활동했다. 교사들은 회의의 의장을 맡고 주어진 시간 동안 서로 협력했으며 대학 교육과정의 전문가들의 도움을 받기도 했다. 위원회에서는 그 교과를 실제로 가르쳐 본 교사들의 조언을 바탕으로 수업계획서와 시험문제들을 개정했다. 이런 과정을 통해 덴버는 진보주의 수업을 주도해 나가는 곳으로 전국적인 명성을 얻게 되었다.[34]

덴버뿐만 아니라 다른 곳에서도 진보적인 교육자들은 그들 표현대로 대학 주도의 중등학교 프로그램에 대해 분개했다. 한 비평가는 "거의 실패한 중등학교들이 진보적인 자극에 반응하는 이유는, 사실상 중등 교육과정의 상당 부분을 결정하는 대학 입학 요건과 16단위의 인위적인 카네기 단위에 교육과정이 묶여 있기 때문으로 보인다"고 했다. 개혁가들은 대학의 요구 사항을 맞추기 위해 배움을 측정하는 낡아 빠진 체계에 청소년들을 종속시키는 것은 인위적이며 반교육적이라고 선언했다. 진보주의와 전통주의자 사이에 전선(戰線)이 형성된 것이다.[35]

대학이 주도하는 제도적인 양식을 존속시키는 대신에 학생들이 무엇을 배워야 하고 어떻게 배워야 잘 배우는지에 학교교육을 맞추자는 관심에서 중등교육을 개혁하려는 중요한 시도 중 하나인 '8년 연구'가 생겨났다. 진보주의교육협회가 이 연구를 후원했으며 일반교육위원회와 다른 재단들이 연구를 수행하는 참가자들에게 그 당시로서는 막대한 금액인 100만 달러 이상의 돈을 들였다. 진보주의교육협회의 학교-대학협력위원회는 200개가 넘는 대학을 대상으로 위원회가 선택한 학교장의 추천을 받은 학생들을 입학시키도록 하여 이 연구에 참여하도록 설득했다. 참가할 대학들을 구하는 것은 어렵지 않았다. 대공황 이후 대학들은 학생들을 모집하는 데 어려움을 겪고 있었고, 이 연구를 위해 추천 받은 200개가 넘는 고등학교 중에서 위원회가 '가장 특색 있고 뛰어나며 평판이 좋은 기관' 29곳을 선정해 주었기 때문이다. 이 모범학교들 중에 10곳은 덴버에 있는 고등학교를 모두 포함한 혁신적인 공립 고등학교였고, 6곳은 대학에 있는 고등학교였으며, 13곳은 이름난 사립 고등학교였다.[36]

특정 교과목에서 카네기 단위를 따야 한다는 등의 대학 입학 규정으로부터 자유로워진 학교들은 보다 개별적인 수업을 하는 게 가능했다. 위원회는 각 학교에게 새로운 자유를 가지고 무엇을 해야 하는지를 말하지 않기로 한 대신에 교육과정 자문위원들과 이들이 학교 프로그램을 계획하고 감정하는 것을 돕기 위한 전문 평가자 집단을 제공했다. 때때로 지역의 개혁가들은 덴버처럼 커다란 중등학교 안에서 조그마한 규모의 학교를 실험하기도 했다.[37]

시간이 지남에 따라 학교 안의 개혁은 어떤 공통된 양식으로 정착되었다. 교사들은 교과목을 넘나들며 다양한 수업 시간과 학급 규모의 필수 프로그램들을 만들었다. 학생들은 중요 교과목에 시간을 덜 쓰게 된 반면 미술, 음악, 연극 등에 시간을 더 쓸 수 있게 되었다. 학생들이 지역에서는 봉사활동을 하고, 학교 안에서는 예술 작품을 만들고 책을 내며 의사결정에 참여함에 따라 공식적인 교육과정과 비공식적인 교육과정의 구분은 점차 사라졌다. 교사들은 이러한 활동을 위해서 서로에게, 또한 학생들에게 많은 시간을 쓰게 되었다. 요컨대, 수업의 기본틀이 점차 개별화되고 학생 중심이 되어갔으며 단체로 하는 일들이 덜 강조되었다.[38]

평가자들이 8년 연구에 참여한 29개 학교의 졸업생들이 얻은 대학학점을 전통적인 중등학교의 졸업생들과 짝을 지어 대조해 본 결과, 이 둘의 학업성취도는 거의 비슷했으며 전자가 대학의 사회 및 예술, 정치적인 활동에 더 활발하게 참여하는 것으로 드러났다. 이들은 또한 제일 진보적인 학교의 졸업생들이 대학 생활을 가장 잘하고 있다는 사실도 찾아내었다. 대부분의 학생들이 상류층 출신 이라는 것과 선택된 학교들의 우수성을 고려해 볼 때, 9개 학교의 졸업생들이 대학 생활을 잘하고 있는 것은 그리 놀라울 것이 없어 보인다. 당시 이 연구를 주도한 진보주의교육협회의 프레더릭 리디 퍼(Frederick L. Redefer)는 이 연구의 핵심적인 교훈은 "대학에서의 성 공을 위해 학생들을 준비시키는 방법은 유일하지 않다는 것이다" 고 밝혔다. 그렇다면 이론적으로나마 고등학교는 전통적으로 교과 별 부서를 나누는 방식을 포함하여 기타 학교교육의 기본틀을 자 유자재로 바꿀 수 있는 것이다.[39]

만약 그 틀을 깨고 지속될 수 있는 제도적인 관례를 만들고자 한 학교가 있다면 이들 학교였을 것이다. 이 학교들은 뛰어났고 재 정 상태가 좋았으며 교직원이 개혁을 호의적으로 여겼기에 선택되 었다. 이들 학교의 대부분은 학생들의 동아리 활동이 아주 활발했 다. 진보주의교육협회의 후원과 재단의 엄청난 후원금, 연구에 호 의적인 반응을 보이는 전문가들과 일반인들 등은 그 당시 보편적 인 개혁가들이 누릴 수 없는 자산이었다.

8년 연구를 주도한 리디퍼와 공사립학교의 대표 15명을 포함한 29명의 다른 관계자들은 공식적인 후원이 끝나고 8년이 지난 뒤인 1950년에 이 연구의 결과를 분석하기 위해 모였다. 이들은 보편적 인 회원들보다 개혁에 더 헌신할 것처럼 보였다. 리디퍼는 그 회의 에서 교육적인 실험이 계속되면서 어떤 일이 벌어졌는지를 물었다. "그런 실험이 교육에 어떤 영구적인 변화를 일으켰는가? 1년이 지 나고 나서도 뚜렷한 무엇이 남았는가? 5년이 지나서는? 10년이 지나서는? 교육적인 변화는 어떻게 일어났는가? 교육은 널리 알려진 실험이 점차 사라지고 새로운 매력이 관심을 받으며 음악이 계속 울려 퍼지는 회전목마 같은 것인가?"[40]

대다수 관계자들은 개혁이 사라졌다는 것에 동의했고 나중에 리디퍼가 16개 학교를 방문했을 때 이들의 말이 맞는 것으로 드러났다. 회의에서 한 관계자는 "8년 연구의 강한 바람이 지나가고 나서 우리는 근본으로 돌아가고 있는 중이다. 우리 학생들은 영어와 사회과학 시간에 글을 더 적게 쓰게 되었지만 철자법은 더 잘한다."고 말함으로써 동료들의 공감을 샀다. 필수 교과목은 사라지고 획일적인 수업 시간과 함께 카네기 단위가 다시 등장했으며 각 교과별 부서가 교육과정을 주도하게 되었다. 학생들은 예능 교과와 과외활동에 시간을 덜 쓰게 되었고 보편적으로 대학 입학을 준비하는 교과목에 시간을 더 쓰게 되었다. 이 실험의 흔적들이 남아 있긴 했지만 대부분의 학교들은 옛날 학교교육의 기본틀로 돌아갔다.[41]

리디퍼는 왜 이렇게 되었는지 물었다. 회의 참석자들은 몇 가지 외부적인 요인을 정확하게 지적했다. "제2차 세계대전과 냉전시대가 '보수주의와 권위주의에 힘을 실어주게 되는 안보에 대한 염려'를 사회뿐만 아니라 학교에서도 불러일으켰다"고 말했다. 또한, "이런 시대에는 '진보주의 교육'과 관련된 모든 것이 집중포화를 받게 된다"고 지적했다(회의에 참여한 몇몇은 '진보주의'라는 말을 빼자고 제안했다). 지원자들이 더 많아지면서 대학들은 진보적인 프로그램이 좋은 결과를 낳았다는 사실을 모르거나 의견을 달리 한 채 1930년대나 1940년대 초반보다 학생 선발에 더 엄격해졌을 수도 있다. 한 참석자는 이 실험이 너무 학교 '내부적'이어서 학부모와 학교 이사들의 반발을 예상하지 못했다고 말했다.[42]

실험이 사라지게 된 내부적인 한 요인에 대해 위임된 교사들은

"도전들이 너무 강하고 빠르게 와서 소화하기 버거워서 자신들에게 요구되는 것들에 지쳐갔기 때문이다"라고 말했다. 진보적인 협동수업은 너무 노동집약적이고 교사들의 이직 문제로 안정적이지 못할 가능성이 있었다. 많은 학교에서 전통주의자들은 처음부터 이 개혁을 반대했는데, 다시 좀 더 보수적인 분위기로 돌아가자 부서의 권위와 표준화된 수업 시간, 학업 훈련 등을 즐거이 주장할 수 있게 되었다. 리디퍼가 몇몇 학교들을 돌아보고 알아낸 것처럼, 어떤 경우에는 '모범학교'들도 처음부터 그렇게 진보적이지 못했으며 실험에 참여하는 것보다 선발되었다는 데에 더 많은 관심이 있었다. 교사들과 행정가들의 높은 이직률도 연속성에 제동을 걸었다. 개혁이 지속된 학교들은 연구 이전에도 진보적이었으며 그 이후에도 실험을 계속했다.[43]

8년 연구의 내용과 결과는, 꽤 호의적인 분위기가 조성된다면 중등학교의 기본틀을 상당 부분 바꿀 수 있다는 사실을 보여준다. 대학들은 학생들을 끌어모으길 원하기 때문에 전통적인 과목에서의 카네기 단위 같은 몇 가지 요구 조건들을 잠정적으로 보류할 수도 있다. 자유주의 이념은 교사들과 학생, 학부모에게 매력적이며 재단과 전문 단체로부터 받는 막강한 지원 역시 그렇다.

그러나 유명 대학들이 입학 조건을 바꾸거나, 혹은 정치적인 부분과 교수법의 분위기가 보수적으로 바뀌고 변화를 위한 초기의 갈망과 열정이 흩어져 버리는 것 같이 조건이 변한다면 대부분의 학교들은 대다수 학부모들과 교사들이 '진짜 학교'의 표준 모습이라고 여기는 전통적인 수업의 기본틀로 되돌아가게 된다. 각 학교에서 참여한 교사들 중 진보주의자들은 대체로 소수에 지나지 않았기에, 이들이 소개한 변화들은 이들이 소속된 곳에 제한적으로 변화를 주었을 것이다. 일부 학교에서는 커다란 기관 안의 실험실

에서만 학교교육의 전통적인 기본틀에 도전을 주었을 뿐이며 10년
이 지난 후에는 이러한 혁신의 틈새에도 전통적인 조직형태가 다
시 등장하게 되었다. 필수 교육과정이 잠시나마 번영했던 곳에서도
학과에 따라 부서를 나누는 익숙한 방식이 다시 등장했다. 허버트
클리바드(Herbert M. Kliebard)는 "미국 교육과정을 개혁하기 위한 65년
간의 노력에 대한 성공 여부를 영어, 수학, 과학, 역사, 지리 등과
같은 과목에 대한 비난을 얼마나 견뎠는지 여부로 가늠한다면 실
패로 봐야한다"고 말했다.[44]

　　돌이켜보면 8년 연구의 참가자들은 이 실험을 시간 낭비라고 여
기지 않았다. 이들은 이 노력이 '두드러진 가치가 있다'는 데 의견
을 같이 했다. 교사와 학생들 모두에게 활기를 불어넣었고, 개혁으
로서 8년 연구는 짧지만 광범위한 기쁨을 가져다주었으며, 교사들
은 함께 계획하는 법을 배웠다. "행정가들과 교사들 사이에 생겨난
동지애는 대부분 계속 되었다. 살아남은 연구의 일부는 개인의 생
각과 철학의 바깥에서 자라게 된 것이다." 8년 연구의 주된 영향은
견고하고 새로운 학교교육의 기본틀을 만든 것이 아니라 새로운
교육적 질서를 만들기 위해 참여했던 참가자들에게 그 당시와 그
이후에 끼친 이 연구의 강력한 효과일 것이다.[45]

미래 고등학교

　　　　　　　　　교육에 대한 보편적인 지식에 대
해 반대자들이 의문을 제기하던 1960년대에 개혁가들은 수업 시간
과 과목, 수업 장소와 교실 크기 등에 대한 또 다른 생각을 제안했
다. 자신들의 목표를 인도주의적으로 세우는 것을 포기한다면 제도
적인 형태를 바꿀 수 있고, 바꿔야 한다고 믿었다. 일반적으로 이들

은 학교교육의 오래된 기본틀이 엄격하고 위계가 뚜렷하며 인간 본
성을 제한적으로 보는 관점에 기초하고 있다고 여겼다. 기존 제도
가 암묵적으로 말하는 대로, 학생들이란 표준화된 교실에서 그들의
감독자, 즉 교사들로부터 무미건조한 교육과정을 배우도록 강요받
아야만 하는 어린 일꾼들이다. 이 대신에 어린 학생들을 활동적이
고 지적인 호기심이 있으며 자신들의 학습에 책임을 져야 하는 존
재로 봐야 한다는 것이다. 개혁가들은 이런 전제로부터 출발한다면
현존하는 학교교육의 기본틀은 아무런 의미가 없다고 주장했다.[46]

일부 급진적인 개혁가들은 '인간은 자유롭게 태어났지만 도처에
서 사슬에 묶여 있다'는 루소(Jean-Jacques Rousseau)의 생각을 다시 인
용해서 공립학교의 제도적인 형태를 철저하게 배격하고 관습적인
교실과 이미 짜인 교육과정, 전통적인 교사의 역할을 대신할 '자유
학교'와 '담장 없는 학교'를 주장했다. 이반 일리치(Ivan Illich)의 주도
아래 몇몇은 사회의 '탈학교화'를 요구했다. '자유학교'가 유명 매체
의 쟁점이 되었고 영향력 있는 옹호론자들이 있었지만 잠시 반짝했
을 뿐이다. 또한 학생들이 지역사회에 능동적으로 참여하는 모험적
인 '담장 없는 학교'는 가게의 점원으로 일하는 학생에게 학점을 주
는 직업 프로그램 같이 좀 더 전통적인 교외 활동에 길들여졌다.[47]

자유학교론자나 탈학교론자보다는 좀 더 온건한 쪽이었던 또 다
른 개혁가들은 기존 공립학교의 틀 안에서 중요한 조직적인 변화
를 제안했는데, 이들은 '무학년제 열린 초등학교'를 요구하기도 했
다. 다음은 이들이 밝힌 고등학교의 청사진이다.

- 시간은 유동적인 자원이다.(종종 '모듈 시간표'라 불리는 체계)
- 지금의 학생들과 교사들의 관심사에 맞게 기존에 있는 교과영
  역의 1년 단위 교육과정을 몇 개의 '단기 과정'으로 나눈다.

- 교사들은 혼자 일하기보다 팀으로 일하며 소형, 중형, 대형 수업을 한다.
- 교실을 개별학습을 위해 자료를 제공하는 센터로 바꾸고 교실 크기를 다양한 수업 방법에 맞게 바꾸며 수업이 없는 '모듈' 시간에 학생들이 만날 수 있는 친목 장소로 만든다.

이들은 '새로운 기능을 위해 건축학적 및 교육적인 형태가 동반되어야 한다'고 언급하면서 '새로운 개념의 교육은 열린 건물과 함께 새로운 수업의 기본틀이 필요하다'고 주장했다.[48]

1960년대에는 영향력 있는 기구들과 개인들이 연합하여 이제는 카네기 단위와 달걀 포장 상자 같은 교실, 교사 주도의 전통적인 교육과정, 수동적인 학습, 교사들 개개인의 고립 상태 등을 버려야 할 때라는 데에 의견을 같이했다. 포드재단은 현재 교육 상황에 대한 전반적인 공격이 가치가 있음을 보이기 위해 1961년부터 '등대' 고등학교에 수백만 달러를 쏟아 부었다. 1968년에는 댄포스재단이 중등학교교장협의회의 '미래 학교'를 만들기 위한 모범학교 계획에 백만 달러가 넘는 돈을 지원했다. 대학들도 이 개혁에 동참해 컴퓨터로 처리하는 새로운 수업 시간표를 개발하고 이를 위해 교사들과 행정가들을 훈련시켰다.[49]

이 실험은 8년 연구와 똑같이 호의적인 후원을 받으며 시작되었다. 중등학교교장협의회의 진취적인 교장들 사이의 표어가 혁신이었던 1960년대는 낙관론과 긴급함의 시대였다. 1965년에 제정된 초등과 중등교육에 대한 법 제3장에 근거해서 재단들과 연방정부가 학교에 종잣돈으로 제공한 엄청난 액수를 보면 거의 성공이라 할 수 있었다. 그리고 변화도 빠르게 생겼다. 포드재단이 1962년에 주 전역에 걸쳐 350만 달러를 지원한 오리건 주에서는 많은 교육

자들이 자신의 고등학교를 탈바꿈시키기로 결심했다.[50]

오리건 주 포틀랜드의 마셜(Marshall) 고등학교에서는 교장과 교직원들이 시간표를 유동적이게 바꾸고 학교 건물을 자료 센터로 바꿨으며 교실 크기도 다양화했다. 또한, 자원 센터에 근무하고 다른 업무도 보는 직원들에게 도움을 받는 교사 팀을 꾸렸다. 1963년 9월 새로운 계획이 시작되었을 때, 학생들은 더 이상 똑같은 시간에 똑같은 과목을 똑같은 교사로부터 듣게 되는 하루 6교시의 수업을 하지 않게 되었다. 2천 명의 학생들에게는 1,100개의 수업 시간이 있었는데, 일부는 대형 강의였고 일부는 중형 강의였으며 일부는 15명 정도의 소규모 토론 수업이었다. 학생들의 수업 시간 중 1/3 정도는 일정이 정해져 있지 않은 자유 시간이었는데, 교사와 의논하거나 도서관과 자료실에서 공부하거나 학생 식당에서 빈둥거릴 수도 있었다. 교과별 부서제도와 어느 정도의 전통적인 과목 체계 등 교육과정 내용을 다소간 비슷하게 유지함으로써 전체 프로그램을 새로 만들 필요는 없었다. 개별화된 수업과 여유 시간을 부여했기에 동기부여가 잘된 학생들에게는 이 체계가 잘 맞았다. 하지만 동기부여가 잘 되지 않거나 소외된 학생들은 나락으로 떨어지거나 방해를 받는 경향이 있었다. 이 학교의 교감은 "마셜 고등학교에는 여전히 학생들을 훈육하는 문제가 남아 있다. 그러나 우리는 학교를 싫어하는 학생들의 관심을 살만한 방법을 알아내려고 노력 중이다"고 말했다.[51]

1970년 포틀랜드에 세워진 존 애덤스(John Adams) 고등학교의 교육자들에게는 이런 학생들이 주요 관심사였다. 학교의 교육부장은 "이 학교 교사들이 이전 공립학교에서 가르치는 것에 좌절을 경험했기 때문에 존 홀트(John Holt)와 폴 굿맨(Paul Goodman), 허버트 콜(Herbert Kohl) 등 최근의 교육자들로부터 지지를 받고 있는 인간 본성과 학습에 대한 관점에 대체로 호의적이다. 또한, 모든 학생들이 비교평가와 다른 외부적인 부담이 최소화된 자유롭고 미리 짜이지 않은 상황에서 가장 잘 배운다는 것은 신념의 문제다."라고 했다. 이 학교는 마셜 고등학교의 유연한 조직 형태를 대부분 채용했으며, 교육과정과 관리 방식도 개선하기로 결심했다. 이들은 교육과정이 "변하지 않는 것은 변화뿐인 다변화 사회에 대해 알아가는 수단이 되어야 한다"는 확신에 기초해서 부서별 교육과정을 팀으로 가르치며 사회문제에 초점을 둔 통합교과목 형태의 '일반 교육 프로그램'으로 대체했다. 또한, 행정가들과 교사들만 협동하는 것이 아니라 학생들도 함께 의사결정에 참여하는 분위기를 만들기 위해 애썼다.[52]

특별히 '아주 개별화되고 창조적인' 일부 학생들에게는 이 새로운 형태의 학교교육이 잘 맞았다. 그러나 좀 더 지도해 주는 분위기에서 성공하는 법을 배운 다수의 학생들은 교사들이 자신들에게 '무엇을 하고 무엇을 배워야 하며 어떻게 해야 하는지' 말을 해주지 않자 좌절하게 되었다. 또한 이전의 실패로부터 상처를 입고 기본기가 없는 일부 소외된 학생들은 수업을 듣지 않고 복도에서 어슬렁거리다가 '직업 세계'에서 살아남는 데 필요한 도움을 받지 못한 채 학교교육이 끝나게 되었다. 교사들은 새로운 수업 시간과 학생 모둠에 익숙해져야 했고 통합교과 교육과정을 만들었으며 학생들을 상대하고 의사결정을 공유해야 했기에 '거의 녹초가 될 지경'에 이르렀다.[53]

이 학교를 계획한 자아비판적이고 모험적인 교육자들은 개혁가로서 자신들의 목표와 자신들이 봉사하는 지역사회에 내재된 가치 충돌에 직면하게 되었다. 유명 매체와 교육 전문가들은 이 학교를 중등학교교육을 개혁하는 본보기라고 칭송했지만, 학교 주변의 중

하위층 지역 주민들은 그들이 생각하는 적당한 학교에서 애덤스 고등학교가 벗어나 있다고 분개했다. 애덤스 고등학교의 교육실험이 시작된 지 2달 후, 몇몇 학부모들은 '더 나은 애덤스 고등학교를 위한 시민들'이란 비판 집단을 만들었다. 한 학부모는 "애덤스 고등학교가 권위에 대한 존중, 훈련, 기본 학문, 규칙적인 시간 활용 등을 가르치지 않고, 엄청난 자만심과 극도의 자기중심주의, 근시안적인 자기 망상, 전반적인 무질서를 가르치고 있다"라고 말했다.[54]

익숙해진 수업의 기본틀에 대한 다른 도전들과 함께, 교육과정의 근본적인 변화와 시간과 공간에 유동성을 둔 관리 체계는 애덤스 고등학교로 하여금 그 당시 대다수 혁신적인 고등학교의 개혁을 뛰어넘게 만들었다. 한꺼번에 모든 것을 바꾸는 것이 더 쉬웠기 때문이었을까? 아마도 아닐 것이다.

홀트와 굿맨이 제시한 자유방임적 철학에 기반을 둔 수업을 주장한 개혁자들은 여태껏 거의 없었다. 그러나 베이비붐 세대의 수많은 젊은이들이 중등학교에 들어오기 시작하고, 시민권리운동과 여성운동이 교육 현장을 공격하며, 베트남전쟁을 반대하는 운동들이 일어나고, 학생들이 전례 없는 방법으로 전통적인 기준에 대해 의문을 제기하기 시작하자 많은 고등학교의 교육자들은 수업을 개별화하고 탐구와 사회 개선에 중점을 두며 학생들에게 자신들이 배우는 것에 대한 더 많은 선택권과 발언권을 주는 방법을 모색하게 되었다.[55]

혁신적인 학교의 많은 학생들은 모듈 시간표나 선택과목, 규모가 다른 수업들, 자유 시간 같은 융통성 있는 새로운 형태를 좋아했다. 교사들의 반응은 엇갈렸다. 일부는 함께 일할 수 있고 시간을 달리하여 다양한 규모의 수업을 할 수 있으며 교육과정을 개정하고 선택과목을 만들 수 있는 기회가 있다는 사실에 갈채를 보냈다.

그러나 다른 교사들은 방문객들이 미래 학교를 보기 위해 부어 놓은 '금붕어 어항'에 살고 있다고 느꼈다. 보수주의자들이 애용하는 표현을 빌리자면 '동물원'에서 일한다고 느꼈다. 특히 대부분의 학교에서 행정가들이 변화의 촉매제 역할을 했기 때문에, 모범학교 계획에 참가한 학교장들의 이직률이 높다는 것도 개혁의 연속성을 저해했다.[56]

많은 지역사회가 개혁에 지쳐가게 되면서 익숙한 학교교육의 기본틀에 안주하고 싶어 했다. 미래 학교의 대부분은 점차 익숙한 학교교육의 기본틀로 바뀌었다. 상당수 학부모들과 지역 주민들은 학생들이 자유 시간을 쓰는 방식을 비판했다. 유동적인 시간표를 활용하는 고등학교 교장들에게 당면한 문제가 무엇인지를 물었을 때, 94%는 "학업성적이 좋지 않은 학생들이 시간을 활용하는 데에 어려움을 겪고 있다"고 말했고, 84%는 "소규모 수업에서도 교사들이 토론을 계속 좌우하고 있다"고 했고, 72%는 "학창 시절에 공부를 잘하지 못한 학부모들이 모듈 시간표를 비난하는 경향이 있다"고 대답했다.[57]

포드재단의 후원을 받으며 연구계획을 평가했던 한 사람은 "학생들에게 자유 시간을 주었을 때, 학생 자치와 훈육에 대한 문제가 예외 없이 제기되었다. 학업 표준이 침식당하고 있다는 생각과 함께 이런 현상은 학교 내부뿐만 아니라 지역사회에서도 좀 더 전통적인 조직의 형태로 되돌아가야 한다는 압력을 불러일으켰다."고 말했다. 그는 1970년에 이르러 절반 이상의 학교가 모듈 시간표를 없앴으며 특별히 선발되어 금전적·기술적 지원을 받았던 나머지 학교들도 상당 부분 수정했음을 밝혔다. 유동적인 시간표의 장점을 이야기하던 정책들은 1960년대에 급속도로 늘어났지만 미래 고등학교의 문제들이 1970년대에 점점 더 두드러지자 급속도로 줄어들었다.[58]

1970년대에 이르러 사람들은 고등학교가 쇠락하고 있으며 10여년 전에 있던 제도적이고 혁신적인 조치들에 그 책임이 어느 정도 있다고 생각하기 시작했다. 갤럽의 여론조사에 따르면 미국인들은 느슨해진 훈육과 낮아진 학업 기준을 염려하고 있는 것으로 드러났다. 새로운 정책적인 관점에서 유동성은 장점이 아니라 결점이었다. 학생들은 교사들의 관리 아래 정해진 수업 시간 동안 일정한 교실에 있어야 했다. 교육과정의 선택권은 적을수록 좋았으며 많아서는 안 되었다. 학생들은 '진짜 학교'를 원했다. 대다수 비판들의 주제는 새로운 학교 관련 법안의 목적이 '보잘것없는 녀석들도 열심히 공부하게 하는 것'이라고 말한 한 캘리포니아 주의원의 말로 요약될 수 있다. 즉, 옛날의 좋은 방식으로 돌아가라는 것이었다. 좀 더 점잖은 말을 쓸 수도 있었겠지만 19세기의 도시 교육자들은 아마도 이 감정을 이해할 것이다. 1885년에 한 학년제 학교의 옹호론자는 학교교육의 목적은 "과제를 주는 것이다. 학생들이 좋아하면 좋은 것이고 학생들이 싫어해도 해야 하는 건 똑같다."고 말했다.[59]

학교교육의 기본틀에 대하여 대담했지만 무너지기 쉬운 도전이었던 1960년대와 1970년대 초기의 '미래 고등학교 운동'은 '기본으로 돌아가자'와 '수월성'이 그 다음 개혁의 물결의 구호가 되자 쇠퇴했다. 이 실험은 여기저기에 몇 가지 새로운 형태의 유동성과 함께, 학교교육의 기본틀이 쉽게 변할 수 있는 것이라는 기억을 남겼다. 그러나 대다수의 학군에서는 유동적인 시간표가 아니라 카네기 단위가 전형적인 형태로 남게 되었다.

성찰

　　　　　　　　　　우리는 왜 몇몇 개혁들이 제도화
되어 학교교육의 기본틀을 형성하게 되었는지에 대해 다양하게 맞
물려 있는 이유들을 제시했다. 학년제 학교나 카네기 단위 같은 혁
신적인 조치들에 대한 정치적인 지원은 규제와 법률로 개혁을 제
한할 수 있는 지역 교육위원회와 주의원, 주교육부, 공인 기관 등
을 설득하는 데에 익숙한 힘 있는 후원자들로부터 나왔다. 이런 개
혁의 시기도 결정적이었다. 학년제 학교는 초등교육이 급속도로 확
장되는 가운데 시작되었고, 카네기 단위는 고등학교를 대대적으로
구분하기 시작하면서 생겨났다. 학년제 학교와 부서화된 고등학교
는 서로 맞물려 있는 상보적인 체계의 주춧돌이 되기 시작했다. 예
를 들어 카네기 단위를 계산하는 방식을 바꾸려고 한다면 대학 입
학이나 고등학교 인증 기준 같은 익숙한 외부적인 요인들이 붕괴
하게 된다.

　학교 안을 살펴보면, 학교교육의 기본틀은 많은 사람들을 다룰
수 있는 표준화된 방법을 제공했다. 이 기본틀은 쉽게 복제할 수
있다. 학년제 학교의 제도적인 설계는 판에 박힌 모양을 만들어 냈
다. 부서화된 고등학교는 다양함을 제공했지만 계산하는 방법은 카
네기 단위 단 하나뿐이었다. 행정가들과 교사들, 학생들은 이 제도
에서 어떻게 해야 되는가를 배웠다. 실로, 학교교육의 기본틀은 학
교가 돌아가는 방식 그 자체였다. 시간이 지나자 이 제도에서 교육
을 받은 사람들은 이런 기본틀이 '진짜 학교'의 필수요소를 포함하
고 있다고 생각하게 되었다.

　법률과 제도적인 관례, 문화적인 신념이 하나로 합쳐져 학교교육
의 기본틀을 지탱했지만, 개혁가들은 때때로 역사적인 산물인 이

기본틀이 학생들을 교육시킨다는 목적에 부합하지 못하고 있다고 주장했다. 그래서 더 건전한 교육적인 원리에 따라 자기들이 새로운 체계를 만들 것이라고 말했다. 이 도전자들은 왕성하게 실험을 했지만 개혁의 대부분은 그리 오래 지속되지 못했다. 교실 및 학교 안의 작은 학교, 또는 한 학교나 한 학군까지라도 교육 체계의 한 부분에 중대한 변화를 주려는 시도는 표준 기본틀에 기반을 둔 더 넓은 상호의존적인 체계에서는 무위에 그치는 것으로 드러났다. 또한, 개혁가들이 재력가와 전문가들의 주목을 끌게 되면 보다 전통적인 동료들로부터 질투를 받게 되었다. 덧붙여, 행정가들과 교사들의 이직 문제도 헌신과 특별한 재능을 필요로 하는 복잡한 혁신을 훼손시켰다.[60]

우리가 지금까지 살펴본 도전들에는 두 가지 중대한 문제가 있음을 상기해야 한다. 그 첫 번째는 개혁들이 너무 '학교 내부적'이었다는 것이다. 로렌스 크레민(Lawrence A. Cremin)은 진보적인 교육이 쇠퇴하게 된 것은 부분적으로 그 지도자들이 정치적인 감각을 상당 부분 잃어버리고 교육자들이 아닌 시민들의 의견을 듣지 못했다는 데 있다고 말했다. 전문가 동료들을 설득하는 데만 집중한 나머지 교육적이고 사회적인 변화를 조성할 수도 있는 더 넓은 사회적인 운동으로 가꾸지 못한 것이다. 지역사회의 지원을 받고 의견을 묻는 데에 실패한 것은 1960년대 후반 '미래 고등학교'를 반대하던 대중의 반응처럼 이들이 '진짜'라고 생각하는 개념에 반하는 근본적인 개혁에서 더욱 치명적이었다. 특히, 여론이 보수적인 분위기일 때 이러한 반대에 직면하게 되면 변화를 지탱하던 자원과 열정들을 유지하기란 어려운 일이었다.[61]

두 번째 공통적인 문제는 교육개혁가들이 지쳐버리는 것이었다. 조직의 기본적인 양식을 바꾸는 것은 교사들에게 많은 부담을 안겨 주었는데, 단지 익숙한 작업에 새로운 일들이 부과된 게 아니라 옛 행동 양식을 새롭게 바꾸고 학생들과 동료들, 교사들, 교육위원들을 설득해서 새로운 양식을 정상적이고 바람직한 것으로 받아들이도록 설득해야 했기 때문이다. 주요한 구조적인 개혁의 결과들을 입증할 만한 것이 분명하지 않았기에 맥러플린은 "교실 조직에 변화를 생각하고 있던 교사들은 기존의 관례에 비해 더 좋은 점이 분명하지 않은 복잡한 혁신에 직면하게 될 것이다. 적어도 교육위원회와 유권자들, 걱정이 많은 부모들에게 가장 문제가 되는 방식으로 말이다."라고 말했다.[62]

표준적인 수업의 기본틀에 도전한 사람들이 직면했던 문제들에도 불구하고 8년 연구나 수업 방식을 개정한 덴버 같은 개혁의 이야기들은 '제로섬 게임'은 아니었다. 개혁이 점차 사라졌다 하더라도 참여했던 사람들은 그들이 했던 일과 동료들과의 협동을 통해 자극을 받았던 것들을 기본적인 방법으로 연구해 나갔다. 학교가 다시 더 관습적인 양식으로 돌아왔을 때에도 그들이 배운 것은 잠재적인 수업목록의 일부로 여전히 남아 있었다.

이러한 역사적인 경험은 오늘날 학교교육의 기본틀을 단장하려는 시도에 어떤 시사점을 주는가? 학교교육을 근본적으로 개선하는 것은 불가능하다고 결론지어야 하는가? 우리는 이 일이 많은 사람들의 생각보다 훨씬 더 어렵기는 하지만 불가능하지는 않다고 생각한다. 우리는 학교가 변해가는 모습이 보통 양자택일의 화려한 수사로 꾸며진 혁신이 가리키는 것보다는 좀 더 점진적으로 이루어질 것이라고 생각한다. '진짜 학교'가 무엇으로 이루어지는지에 대한 대중의 문화적인 해석이 큰 영향을 끼치고, 교사들이 개혁을 지역사회의 실정과 대중의 시대에 맞게 교배시키는 일이 너무 흔하기 때문에 근본적인 개혁의 청사진은 거의 대부분 실행되는 과정에서 바뀔 것이다.

기본틀을 바꾸는 게 어려운 이유 중에 하나는 교실, 소규모 학교, 학교, 학군 등에서의 개혁이 이보다 더 큰 상호 보완적인 체계 안에서 일어난다는 것이다. 실험학교의 교사들은 자신들이 교과목을 통합해서 '적은 것이 많은 것이다'라고 믿으면서 학생들의 깊은 이해를 위해 가르쳐야 한다는 데 동의할지 모르지만, 대학입학사정관들은 특정 교과목에서 카네기 단위를 획득한 지원자들을 원할 것이다. 주와 학군에서의 규제와 표준화된 수업 시간표도 종종 변화를 방해했다. 실험을 자유롭게 하기 위해서는 정치적·조직적인 감각과 집단행동이 필요했다.

과거와 현재에 이르기까지 수업의 기본틀에 도전해 온 개혁가들은 서로를 지원하기 위해 결속되어 왔고 종종 자신들이 광범위한 교육운동의 일부라고 느꼈다. 이들은 같은 목적을 품고서 사람과 관심, 돈을 동원하기 위해 조직을 만들고, 고립되거나 지쳤다는 느낌을 줄이며, 위험 감수와 직무 개발을 독려하기 위해 함께 일한다. 이런 방식으로 진보주의 행정가들은 상명하달식 개혁과 수천 송이의 꽃을 피워내도록 하는 무작위 접근법 사이에서 어떤 중도적인 과정을 추구한다.[63]

오늘날 학교교육의 기본틀을 바꾸려는 개혁가들은 과거의 선배들처럼 너무 '학교 내부적'으로만 되어 대중의 이해와 참여를 무시하지 않게 되려면 학부모와 교육위원회, 지역사회의 전반적인 지원을 더 얻어내야 한다. 물론 대중이 학교의 의사결정에 참여하게 되면 갈등이 있을 수 있고 전문적인 자율성을 위협받는 것처럼 보일 것이다. 그러나 민주주의 사회에서 '진짜 학교'의 문화적인 구조를 바꿀 수 있는 근본적인 개혁은 학교교육의 목적과 방법에 대한 대중과의 장기간에 걸친 면밀한 대화 없이는 성공할 수 없다.

Tinkering Toward Utopia
: A Century of Public School Reform

학교교육을 다시 만들기

학교교육을 다시 만들기

"오늘날 학교보다도 몇 광년을 넘어서는 미국 학교의 새로운 세대를 상상해 보라." 이것은 신미국학교개발법인이 1990년대 초반 교육개혁가들에게 제안한 이상주의적 목표였다. 신미국학교개발법인은 부시 대통령의 〈미국 2000〉* 교육 전략 일환으로, '미국의 창의적인 천재들을 속박에서 해방하여 세상에서 가장 좋은 학교를 만들고 학습의 획기적인 도약을 마련하기 위해' 만들어진 단체다. 신미국학교개발법인은 하나씩 늘어나는 변화에 만족하지 말고, "우리

---

* America 2000: 1991년 부시 대통령 재임 당시, 교육정상회의에서 교육개혁의 기본 방향인 '국가개혁목표'를 설정하기로 합의하고 학교의 준비도, 졸업률, 학업성취 및 시민성, 과학과 수학, 성인교육 및 평생교육, 안전과 규율 등 총 6가지 목표를 제시함(옮긴이).

가 물려받은 학교는 존재하지 않는다고 가정하라"고 말했다. 부시 대통령은 여기에 사회를 구하는 문제가 달려 있기에 일상적인 임무가 아니라고 말했다. "우리가 직면한 모든 문제와 모든 도전을 생각해보라. 각각의 해결책은 교육에서부터 출발한다. 우리 아이들과 국가의 미래를 위해 우리는 미국 학교를 반드시 변화시켜야 한다."[1]

많은 지도자들은 이러한 큰 위험부담이 있는 임무에는 전통적인 교육자들을 무시하고 기업의 중역이 교육개혁을 주도해야 한다고 생각했다. 신미국학교개발법인 초기 이사회는 대기업의 임원들로 대부분 채워졌는데, 여기에는 축구협회장도 포함되었다. 사업가인 크리스토퍼 휘틀(Christopher Whittle)이 이윤을 추구하는 수백 개의 학교를 만들기로 했을 때, 이 계획을 추진하던 팀에는 경험 많은 공립 교육자가 단지 1명 있었을 뿐이다. 휘틀은 최첨단 과학기술로 세워진 시장경제 원리에 입각한 학교가 모든 초등 및 중등교육의 모형이 될 것이라고 확신했다. 그는 이 사업을 '에디슨 계획'이라고 이름 붙였는데, 양초보다 전구가 더 나은 것처럼 평균적인 공립학교보다 그가 만들 학교들이 훨씬 더 나을 것이라고 주장했기 때문이다.[2]

70년 전, 에디슨(Thomas Alva Edison)도 수업을 변화시키기 위한 비슷한 꿈이 있었다. 그는 "나는 영화가 우리 교육 체계를 변화시킬 운명을 타고 났으며 수년 내에 전부 혹은 대부분의 교과서를 대신하게 될 것이라고 믿는다"고 말했다. 그는 아마도 교사 역시 대체할 수 있다고 믿었을 것이다. 그 당시 교사들 중 한 명이었던 버지니아 처치(Virginia Woodson Church)가 이 새로운 처방에 응수한 글을 소개해 본다.

에디슨 씨는 말했다.

라디오가 교사들을 대신할 것이다.

이미 말을 배울 수 있는

빅트롤라(Victrola) 레코드처럼.

영화는 보여줄 것이다.

라디오가 넘을 수 없는 세상을.

교사들은 떠밀려 갈 것이다.

미개척지로

소방마차와

긴 머리의 여인네들과 함께.

아니면 박물관에서 마주치게 될 것이다.

교육은 이제 단순한 문제일 뿐이다.

단추를 누르냐 마냐의.

아마도 난 자리 잡을 수 있을 것이다.

배전반 위에서나마.

전기전자 장비의 힘을 빌은 교육에 대한 믿음은 몇 번이고 되풀이 된 것이다.[3]

라디오는 실제로 교사들을 대체하진 못했고, 신미국학교개발법인과 휘틀의 틀을 깬 학교들 역시 사라질 수 있었다. 학교교육을 새로 만들어 보려는 이러한 시도는 이따금 다시 등장하며 새로운 주목을 받았는데, 많은 미국인들이 발명가들과 사업가들을 존경하고, 효율적인 경영이나 새로운 과학기술이 교육의 고질적인 문제들을 풀어줄 것이라는 믿음을 계속 가지고 있기 때문이다. 한 세기가 넘도록 야심찬 개혁가들은 당시에 낡아 빠진 학교들보다 '몇 광년'이나 앞선 매끄럽고 효율적인 학교 기관을 만들 것이라고 약속해 왔다. 그러나 실상 이들의 개혁은 종종 언론에는 화려한 꼬리를 남기지만 학교의 일상 환경에서는 불타오른 뒤 사라져 버리는, '교육학의 하늘에서 뿜어져 나오는 혜성'을 닮아 있었다.[4]

처음부터 새로 시작하는 개혁을 제안하거나 지지하는 혁신가들은 보통 공립학교 밖의 사람들, 예를 들면 기술관료들, 대학교수들, 판매할 물건이 있는 판매원들, 다음 선거 전에 빠른 결과를 내길 원하는 정치가들, 재단 관계자들, 사업가들이었다. 이들은 천천히 늘어나는 개혁을 참지 못했고, 이전의 혜성 같은 개혁들이 제도 속에 남긴 것들을 기억하지 못했으며, 때로는 빨리 고치고 빨리 이윤을 얻기 위하여 교육을 다시 만들 것을 약속했다. 낙오될 가능성이 높은 학생들에게 회사들이 기본기를 가르치기로 학군들과 계약을 맺기로 했을 때, 회사의 판매원들로 하여금 대중을 납득시키기 위한 '최고로 그럴듯한 낙관론'을 도입하라고 권유했다(이 용어는 펜타곤의 항공우주산업 계약자들의 광고에서 빌려 왔다.).[5]

이런 혁신가들 중의 일부는 '교육적 제도의 확립'을 시골뜨기처럼 깔보았다. 주요한 변화들은 실제로 그렇게 복잡한 것이 아니라는 게 이들의 주장이었다. 진보는 새로운 개혁가들이 팔을 걷어붙이고 뛰어들어 일을 해야 이루어지는 것이라고 생각했다. 예컨대, 제임스 맥클린버거(James A. Mecklinburger)는 "신미국학교개발법인이 신속하고 허튼 짓을 하지 않는 미국 기업의 이미지 뒤에 가려져 있다. 부시 대통령의 요청으로 사업 자금을 받고서 '아직 아무것도 보여주지 못했다'며 경기를 유지하고 있을 뿐이다."고 말했다. 개혁의 첫 번째 단계는 시민들로 하여금 현재의 학교교육이 비효율적이고 시대착오적이며 비합리적이라는 것을 납득시키는 것이었다. 두 번째 단계는 틀림없는 해결책을 내는 것이었다. 이것은 남들로 하여금 변모한 미래의 청사진을 받아들이게끔 설득하기 위해 기존의 제도를 비난하는 이상주의자들의 오래된 전략이다.[6]

최근 수십 년 동안 공립학교를 다시 만들기를 원하는 혁신가들은 영감을 얻기 위해 종종 다른 사회적인 영역으로 눈을 돌리거나 이들이 옹호하는 변화의 모범들, 예를 들면 사업이나 연방정부의 정책, 고등교육, 재단 등을 후원했다. 이들은 대중을 납득시키기 위해 과학기술과 사업 경영, 행동공학, 새로운 조직 형태의 관념과 경험들에 의지했다. 과학기술을 옹호하는 사람들은 종종 '교사 없는' 수업을 약속했다. 마치 기계와 소프트웨어들을 교육적인 도구 중의 하나로 보기보다는 독립된 소규모 학교로 보는 것처럼 말이다. 사업적인 개혁가들은 학교와 관련된 말을 할 때 '생산성', '시장', '고객', '구조조정', '급여', '출시', '종합품질관리' 같은 경제학 용어를 사용했다. 시간이 지날수록 용어들은 바뀌었지만 기업을 흉내 내어 많은 교육위원회와 정치 토론을 좌지우지하는 유명 사업가들에게 인상적으로 보이려는 추진력은 바뀌지 않았다.[7]

신미국학교개발법인 이사회처럼 과거 개혁가들은 '등대 학교', 즉 새로운 모범학교를 만들 수 있다면 자신들의 생각이 교육 전반에 걸쳐 빠르게 퍼질 것이라고 믿었다. 새로운 모범학교의 옹호자들은 역사를 살펴보거나 현직 교사들에게 자문을 거의 구하지 않았기 때문에 이런 믿음은 그저 신조에 불과했다. 이들에게 역사는 통찰력의 자원이라기보다 문제들의 자원이었던 것이다.[8]

왜 정책분석가들과 사업가들은 공교육의 일상을 만드는 그 사람들, 즉 현직 교사들의 의견을 최우선으로 들어야 하는가? 교육자들이 틀을 깨는 혁신가들에게 동의하든 그렇지 않든 혜성 같은 개혁에 주어지는 인기를 완전히 무시하는 것은 불가능했다. 현직 교사들로서는 시대에 뒤쳐진 교육자처럼 보이지 않기 위해서라도 적어도 반응을 하는 것처럼 보이는 게 현명한 일이었다. 예를 들어 스푸트니크호의 여파로 몇몇 개혁가들이 교육 문제에 대한 과학기술적인 해결 방안을 모색하자, 학부모들의 근심을 달래 주기 위해 고등학교 물리 시간에 불빛이 번쩍이는 배전반이 등장한 것이다. 비록 교사들이 학생들의 실험에 복잡한 전기장치보다 건전지가 더 유용하다는 것을 알았을지라도 말이다.

이 장에서 우리는 학교 외부에서 학교를 다시 만들려고 시도한 다음과 같은 사례들을 살펴볼 것이다.

- 1960년대와 1970년대 초기를 통해 기업과 정부에 의해 개발된 복잡하고 새로운 운영과 예산 기법을 학교에 도입함.
- 기본을 가르치는 데에는 사기업이 공립학교보다 더 잘할 수 있으며, 이 과정에서 이윤을 남길 수 있다고 주장하는 혁신가들과 수업을 계약함.[9]
- 수업을 바꾸기 위해 과학기술을 도입함.
- 경쟁과 위계질서를 바탕으로 가르치는 데에 유인책을 주고 진급을 시킴.

이런 시도의 결과는 개혁에 따라 다르지만 대부분의 공립학교에 지속적인 영향은 거의 주지 못했다.

혜성 같은 개혁들의 초기 궤도를 따라가는 것은 쉬운 일이다. 사람들이 그런 개혁을 당당하게 요구하던 시대에는 남겨진 문서들이 많기 때문이다. 그러나 개혁이 사라질 때는 대개 전략적인 침묵만이 흐를 뿐이기에 왜 개혁이 사라졌는지 알아내는 것은 어렵다. 성공은 때때로 생존과 같게 취급되기 때문에 일시적이고 혁신적인 조치들을 연대기로 기록하기 위해 애쓰는 사람들은 거의 없다. 일시적이었던 틀을 깨는 개혁에 관해 유명 언론과 전문 잡지에 실린 글들은 급속도로 늘어났다가 빠르게 사라져 갔다.[10]

왜 외부인들이 제안하여 처음부터 새로 시작하려던 혁신의 대부분은 단명했을까? 학교를 다시 만들기 원했던 학교 외부의 혁신가들은 대중성과 정치 공약에 익숙했고 합리적인 기획을 위해 최근의 본보기를 적용한다고 주장했다. 그러나 이들이 계획을 만들 때 학교를 하나의 기관으로 복합적으로 이해하지 못했거나 교사들의 문화를 통찰하지 못했다. 좋은 학교란 잘 자란 식물과 같아서 좋은 토양과 오랜 기간 동안의 보살핌이 필요함에도 불구하고 이들은 학교를 '장난감 젤리로 이루어진 곳'으로 판단하여 학교에 관한 정책을 쉽게 만들 수 있는 것으로 여기는 경향이 있었다. 학교교육을 다시 만들려는 외부인들은 교사들의 일상과 이들의 현실, 신념, 불만, 만족 등을 거의 이해하지 못했다. 모범으로 만든 몇몇 등대 학교가 전체 학교 체계를 바꾸는 본보기가 될 것이라는 희망은 거의 실현 가능성이 없었다. 실제로, 이들 학교들은 주류에서 이탈한 작은 양품점과 같은 학교가 될 가능성이 높았다.[11]

학교교육 사업

진보주의 시대의 선배들처럼 1960년대와 1970년대 초기에 사업 지향적인 개혁가들은 교육 문제에 이미 만들어진 기술관료적인 해법을 가지고 있었다. 때때로 이들은 팔아야 할 물건도 가지고 있었다. 이들 중 상당수는 당시 학교 행정가들이 기획을 제대로 하지 못하고 결과에도 무책임하다고 생각했다. 개혁을 위한 한 가지 접근법은 목표관리와 기획예산제도, 영기준예산 같은 새로운 경영과 예산 기법을 도입하여 학교 경영을 바꾸는 것이었다. 또 다른 방법은 공립학교를 공공서비스를 제공하는 시장으로 보고 회사들이 수업을 위한 최신 과학기술과 행동공학, 예를 들어 티칭머신이나 학습에 대한 외부적인 보상 등을 이용하여 아이들을 가르치는 일에 경쟁할 수 있게 하는 것이다. 새로운 과학기술의 도움을 받은 사업적인 기획과 예산법, 경쟁, 보상 등을 통해 낡은 공립학교들이 효율적인 학습 센터로 바뀔 수 있을 것이라고 생각했다.[12]

교육경영

우리가 1장에서 밝힌 대로, 20세기 처음 몇십 년 동안은 유명 사업가들과 전문가들이 도시의 교육위원회를 점점 더 장악하게 되었다. 학교가 비효율적이라는 비난에 직면하자 교육감들과 대학교육 전문가들은 사업 용어와 개념을 빌려 오는데 급급했고, '사업적'이라는 말을 '과학적'이라는 말과 동일시하여 사용했다.[13]

예를 들어 엘우드 커벌리(Ellwood P. Cubberly)는 은행이사회를 본 떠 효율적인 교육위원회를 만들자고 제안하거나 '과학적인' 교육감의 본보기로 전문적인 사업 경영인을 제시하길 즐겼다. 그는 학교를 '원료, 즉 아이들을 가공해서 여러 가지 요구에 부응하는 제품을 만드는 공장'이라고 불렀다. 도시의 교육장들은 학교가 국민들의 세금을 낭비한다는 비난을 의식해서 라틴어 수업에서부터 학교 책상을 사는 문제에 이르기까지 모든 곳에서 비용 효율성을 열심히 계산하게 되었다. 이들은 교육적인 '목표'를 자세히 기록했고 수업의 청사진을 만들었다. 또한, 시간과 동작의 관계를 따지는 산업 분야의 효율성 전문가들처럼 노동자들(즉, 교사들과 학생들)이 일을 하는 동안 경영인들이 과제를 계획하는 것이 가능하다고 생각했다.[14]

사업 효율성에 대한 언어와 표상은 지역 관료들을 만족시켜야 하는 교육감들에게는 유용한 것으로 드러났지만 사업을 실행에 옮기는 것이요 있었다. 학교는 공장이 아니었고 아이들은 수동적인 원료가 아니었다. 학교는 공장이 아니었고 아이들은 수동적인 원료가 아니었다. 학생들처럼 교사도 활발하게 활동하는 사람이었지 교육의 조립라인에 있는 다루기 쉬운 노동자가 아니었던 것이다. 일단 교실 문이 닫히면 대부분의 교사들은 자신들이 보기에 적당한 방법으로 학생들을 가르치는 상당한 자치권을 행사했다. 교육을 관리하는 것이 사업을 경영하는 것과 일치하지 않고 교육위원회가 아무리 '정치를 초월한다'고 주장할지라도 정치적 기관의 역할을 계속 하게 되었다. 대공황기에 많은 사업가들이 관심 밖으로 밀려나게 되면서 사업의 수사학을 빌려 오려는 시도들도 당분간 같은 처지가 되었다.[15]

공립학교에서의 책임과 비용·효율적인 경영에 대한 요구는 1960년대와 1970년대에 걸쳐 교육의 효율성에 대한 예찬론을 소생하게 했다. 개혁가들은 회사나 군산복합체, 대학 예산 전문가, 정부 기관 등에서 개발된 기법을 받아들여 교육 경영과 예산기법을 다시 발명해야 한다고 주장했다. 이러한 기술관료적 개혁가들은 문제를 찾으면서 이미 만들어 놓은 합리적인 해법을 가지고 있었고 이를 교육 체계에 실험해 보기에 적당한 때라고 생각했다.[16]

이런 기법 중의 하나인 목표관리는 사업과 산업 기관들을 효율적으로 만들고자 하는 노력에 뿌리를 두고 있다. 오디온(G. S. Odiome)은 목표관리를 '경영의 첫 단계로 공동목표를 밝히고, 모든 종속된 행위를 주된 목표에 부응하도록 논리적으로 세분화한 체계'라 정의했다. 기획예산제도도 산업에서 기원한 것으로, 자료를 모아서 프로그램 혹은 대안에 들어가는 비용이 단기 및 장기 계획과 목적에 부합하는지를 분석하는 방식이다. 국방부 장관이던 로버트 맥나라마(Robert McNamara)가 1961년에 기획예산제도를 펜타곤에 도입했고, 1965년에는 존슨 대통령이 정부 부처 전체로 확대 도입했다. 카터 대통령은 텍사스 인스트루먼츠사가 각 부서의 예산을 영을 기준으로 회사의 목표에 맞도록 요구하는 방법인 영기준예산을 개발했다는 것을 알아내어, 이후 조지아 주지사 및 미국 대통령으로 재임 시 영기준예산을 사용해서 정부의 예산을 편성했다. 이들 각각의 목표는 기획의 합리성을 높이고 예산과 경영을 구체적인 조직적 목표에 맞추며 '중립적'으로 사용된다고 전제하더라도 통제를 위해 자료를 이용하는 것이었다. 이 세 가지 경영과 예산 기법이 모두 교육에 적용되었는데, 가장 널리 보급된 것은 기획예산제도였다.[17]

'이윤'이라는 분명한 목표가 있는 사업체나 무기를 조달해야 하는 국방부 같은 정부 기관에서조차도 이런 체계가 얼마나 효율적인지에 대해서는 학자들 간의 의견이 분분했다. 에런 윌다브스키(Aaron Wildavsky)는 기획예산제도를 '엄청나게 비효율적'이라고 하면서 "투입되는 것은 많은데 정책 결과는 조그맣다"고 말했다. 1971년 연방의 행정관리예산청은 기획예산제도를 포기했다. 카터 대통령이 1979년에 시행한 첫 영기준예산은 1970년대 다른 예산에 비해 더 적은 수의 정책을 줄였을 뿐이며, 1980년 그가 낙선하자 이 제도도 사라졌다. 기획예산제도와 영기준예산은 많은 시간과 돈을 들여서 새로운 관료주의의 층을 하나 더 형성하고 많은 양의 서류 더미만 쌓아 놓았을 뿐이다.[18]

연방정부나 주정부로부터 받은 예산이 늘어날수록 더 많은 책임감이 있어야 한다는 압력으로 전국의 많은 학교들이 기획예산제도를 도입했다. 1970년에는 약 3/4에 해당하는 주들이 학군들로 하여금 프로그램 예산 형태로 보고하도록 의무화했거나 의무화를 고려하고 있었다. 이들의 경험은 공들여 만든 회계제도를 교육 관리와 재정에 적용하면서 생기는 문제점들을 보여준다. 포드 자동차 회사나 국방부의 목표와 비교해 보면 교육적 목표는 대개 산만하여 이를 체계화하는 일은 마치 고양이를 모으는 것과 같다. 한 학군에서는 초등학교의 수학 교과목 하나를 위해 58개로 분류한 목표가 있었다. 이런 목표의 '결과'는 측정해서 수량화하기 어렵고, 어떤 방법으로 달성하려고 했는지도 종종 불분명하다.[19]

많은 공립학교 학군에서는 기획예산제도에 사용된 자료들을 모으고 해석하는 분석기술이 있는 직원들이 부족했다. 여하튼 교육자들은 이것이 어떻게 수업을 개선시킬 수 있는지 불분명했기 때문에 많은 양의 돈과 시간을 들여 문서를 만들어 내는 것이 가치가 있는 것인지 의문을 품게 되었다. 아이들이 잘 배우고, 돈이 잘 쓰이고 있다는 것을 보여줄 필요성을 알게 된 교사들은 기획예산제도를 일컫는 표현인 '3중 미키 마우스'가 자신들을 책임감 있게 하는 방법은 아니라고 불평했다. 오리건 주에서 기획예산제도가 실행되는 과정을 민족지적으로 연구한 해리 울컷(Harry Wolcott)은 "교사들이 이것을 일을 계획하고 책임감 있게 행동하는 데에 필요한 것이라고 보기보다는 방해되고 의미 없는 불요불급한 것으로 보고 있다"고 주장했다.[20]

1966년에 캘리포니아 주가 처음으로 기획예산제도를 도입했다. 전문성으로 치장한 기획예산제도는 겉보기에는 중립적이고 비정치적으로 보였으나 진보주의 시대의 개혁처럼 의사결정의 중심이 놓이게 되었다. 캘리포니아 주 뿐만 아니라 다른 곳에서도 교육은 본질적으로 가치 함축적이며 정치적인 사업이었다. 학교 예산 편성 과정에서 협상을 벌이던 많은 전통적인 이해관계자들이 제외된 것 같은 느낌을 받게 되었다. 좌·우익을 막론한 다양한 시민 단체가 기획예산제도를 공격했는데, 이들은 종잡을 수 없는 기술관료적 용어들에 의해 도덕적이고 윤리적인 문제를 수반하는 계획이 흐릿해졌음을 정확하게 인지하고 있었기 때문이다. 따라서 교육자들과 일반 시민들 모두로부터 강력한 반대에 부딪쳐, 1972년에 캘리포니아 주 교육위원회가 기획예산제도를 포기한 것은 그리 놀랄만한 일이 아니다. 수백만 달러를 들인 기획예산제도의 안내서는 주의 기록보관소에서 먼지를 뒤집어쓰게 되었다. 다른 주들도 캘리포니아 주의 사례를 따랐으며 이윽고 기획예산제도와 관련된 내용들은 사라지게 되었다.[21]

성적을 위한 계약

1960년대 후반부터 1970년대 초반까지 학교 밖에 있는 많은 정책입안자들과 학교 안에 있는 일부 교육자들은 학업성취도가 저조한 학생들을 기업체가 끌어올릴 수 있을 것이라고 믿었다. 베트남전쟁의 규모가 축소되자 방위산업체를 포함한 몇몇 대기업들은 학교 안에서 개척 가능성이 있는 거대한 시장을 보게 되었다. 연방정부가 주와 지역사회에 학교 예산으로 10조 달러를 지원하자 전임 교육청장이었던 프랜스 케펠(Francis keppel)은 "제대로 쓰일 새로운 방법을 찾고 있는 10조 달러가 미국 사업가들을 내성적인 사람들로 만들지는 않았다"고 빈정거렸다. 한동안 기본기를 가르치는 업무를 기업체에 위임하는 것이 저조한 학생들의 기본기를 끌어올릴 수 있는 방법인 것처럼 보였다. 효율성과 책무성 모두를 보장할 수 있을 것으로 여겼던 것이다.[22]

1969년 가을, 아칸소 주 택사캐나(Texarkana)에서는 낙오될 가능성이 높은 100명이 넘는 학생들이 '도르셋 교육제도'가 세운 '빠른 학습센터'에 들어갔다. 새롭게 단장된 방에서 학생들은 '수업 관리자'

라고 불리는 교사들이 작성한 그날 해야 할 일과 기록이 적힌 종이가 담긴 폴더를 집어 들었다. 그러고 나서 학생들은 '도르셋 티칭머신'에 소프트웨어를 넣은 다음 헤드셋을 끼고 다음날 과제를 계획하는 데 사용할 펀치카드에 시간을 기록했다. 이들은 프로그램된 수업 과제에 모두 바르게 답하고 나면 10장의 녹색 스탬프를 받았으며, 읽기나 수학에서 한 학년 올라가게 되면 트랜지스터 라디오를 받았다. 성취도 시험에서 1년 동안 가장 큰 발전을 보인 학생에게는 최우수상으로 휴대용 TV를 수여했다. 이것은 진단, 처방, 성취, 외부적 보상이 있는 *학습 체계*였던 것이었다. 그리고 이 체계의 목표는 학생들의 학습을 촉진시키고 이를 만들어 낸 도르셋이 이윤을 내는 것이었다.[23]

이윤을 추구하는 기업이 학군과 계약을 맺고 외부적인 보상과 잘 엮어 *결과*, 즉 기초 과목에서 성취도가 높은 학생을 만들어 내기 위하여 학습에 과학기술과 과학적인 경영 방법을 사용하자 일부 사람들은 텍사캐나가 다가올 밝은 날의 여명을 열었다고 생각했다. 결과가 없으면 보상도 없었다. 행동연구소는 1971년에 인디애나 주 게리(Gary)에 있는 한 공립학교인 베네커(Banneker) 학교를 맡았다. 록히드사*에서 시스템 분석가로 일한 경력이 있는 한 사람이 베네커의 '센터 경영자'가 되었을 때 그는 학교와 산업 사이에는 근본적으로 아무런 차이가 없다고 단언했다. 이에 대하여 이 학교의 한 교사는 "그런 태도를 가지고는 절대로 학교에서 성공할 수 없다"라며 반박했다.[24]

기술관료들과 교사들의 말은 실로 차이가 컸다. 빠른학습센터는 읽기를 가르치기 위해 프로그램에 맞춘 책과 교재를 개발했다. 센

---

* Lockheed Corporation: 1912년에 록히드 형제에 의하여 설립된 미국의 항공기 · 우주기기 제조 회사(옮긴이).

터의 이사장이 "어리석고 비효율적이며 끔찍하리만큼 잘못 운영된다"고 말했던 공립학교 제도를 흔들어 놓을 정도로 그들만의 고유한 학습제도를 게리에서 운영할 기회를 갖게 되었다. 베네커 학교에서는 적어도 명목상으로는 '교사'가 없었다. 대신에 센터 경영자 1명, 학습 책임자 1명, 교육과정 관리자 5명, 교육과정 보조 관리자 15명, 학습 주임 20명을 위계질서에 따라 두고 임금을 지불했다('교사'라는 단어는 빠른학습센터에서 명백하게 나쁜 의미를 내포하고 있었다). 수십 년 전, 게리의 '플래툰 시스템'*에서 학생들이 했던 것처럼 빠른학습센터의 학생들도 다른 교과목을 배우거나 음악, 미술, 체육 등을 위해 이 방에서 저 방으로, 혹은 교육과정 센터에서 저 교육과정 센터로 이동했다.[25]

교직단체의 일부 지도자들과 교육 정책입안자들은 텍사캐나와 게리 및 그 밖의 지역에서 운영되는 제도가 학교교육의 목적을 학생들이 기본기를 익히고 연습하며 표준 시험에서의 성취도를 높이는 것으로만 극단적으로 제한해 놓았다며 이의를 제기했다. 몇몇은 시험 자체가 성취도를 재는 데에 불완전한 도구라고 주장했다. 시험 성적이 올라간 것은 주목을 받기 때문에 긍정적인 영향을 가져오는 '호손 효과'와 이 연구 과제에 대한 광고 및 융단이 깔리고 냉방이 완비된 교실 때문에 생긴 일시적인 결과일지도 모른다는 것이다. 많은 교사들은 배움에 대한 외부적인 보상을 부적절한 뇌물이라고 생각했고, '상황적합적 경영관리'의 효율성에 의문을 제기했다. 텍사캐나의 한 교사는 "학생들이 *진짜*로 배우고 있는지 아니면 보상을 받을 때까지만 약간의 지식을 저장해 놓을 뿐인지 모르겠

---

* platoon system: 학교 시설을 최대한으로 활용하기 위한 학생의 반 편성 방식. 학생을 두 개의 '플래툰(군대의 소대를 일컫는 말)'으로 나누어, 교실과 교실 외의 시설을 두 플래툰이 교대로 이용할 수 있도록 함(옮긴이).

다"고 말했다. 많은 교사들은 미리 포장된 학습이 자신들의 전문적인 지식과 재량권을 사용할 기회를 앗아갔다고 불평했으며, 일부는 '교육과정 관리자'와 기계가 자신들의 자리를 위협하고 있다고 두려워했다. 그러나 가장 근본적인 비판과 사람들로 하여금 빠른학습센터가 운영하는 게리의 학교를 법적으로 공격해서 문을 닫게끔 만든 것은 사설 기관에 수업 권한을 넘겨줌으로 공립학교 학군들이 공교육에서 정책을 만드는 역할을 포기하게 된 상황이었다.[26]

도르셋과 빠른학습센터는 성적 계약을 성취도가 떨어지는 아이들을 가르침으로써 이윤을 얻을 수 있는 방법이라고 보았던 크고 작은 많은 회사들의 예일 뿐이다. 이런 회사들은 학교를 베트남전쟁이 끝나가면서 규모가 축소되는 방위사업의 불경기를 이끌어 올릴 수 있는 새로운 거대한 시장으로 보았다. 많은 교육위원들과 정부 관리들, 교육 사업가들은 학생들의 학업성취도를 높이는 기회를 사업체에 주고 싶어 했다. 1970년 닉슨 대통령의 경제기회청이 성적 계약실험을 후원하기 위해 18개 학군을 선발했는데, 이 계약을 맺기 위해 31개 회사가 서로 경쟁하기도 했다.(이것은 '바우처'라는 경제기회청의 또 다른 교육시장 실험과 동시에 일어났다).[27]

계약을 따낸 6개 회사들은 1년 동안 학생들의 표준 시험 점수가 올라가지 못하면 아무런 돈도 받지 못하는 데 동의했지만 성적이 올라갈 경우 상당한 이윤을 남겨야 한다고 주장했다. 1970년에 연방정부는 또 다른 20건의 성적 계약을 보조했다. 대부분의 경우 회사들은 티칭머신과 프로그램된 교재, 개별화된 진단과 학습처방, 외부적인 보상에 의존했다. 2명의 관찰자들은 "이로 인해 생기게 된 경향이 현재로서는 공공부문의 주도 아래 있는 교육개혁에 가깝다기보다 약정을 체결하는 민간부문의 거래와 판매에 더 가깝다고 할 수 있다. 대중은 아마도 대부분의 경우 작년에 생산된 제품을 금년에 인기 있는 묶음에 끼워 넣어 더 비싼 가격을 받을 뿐이라는 사실을 알아낼 것이다"라고 언급하였다. 하원 교육위원회 의장인 이디스 그린(Edith Green) 의원은 교육 사업에 뛰어든 군수업자들에게 정부 예산이 들어가는 것을 염려했다. "갑자기 생각이 떠오른 사람은 누구나 워싱턴으로 달려가서 교육청이나 경제기회청으로부터 재정 지원을 받을 수 있다고 말하는 게 정확할 것이다."[28]

텍사캐나에 만든 도르셋 교육제도가 다른 대부분의 성취도 계약에서 본보기가 되기는 했지만 어떤 의미에서 이것은 피하고 싶은 불명예가 되었다. 어느 날, 학군의 연구 과제 관리자는 '빠른 학습 센터'를 방문해서 도르셋이 얼마나 잘 운영되는지를 가늠할 수 있는 연말 평가를 감독했다. 한 남자아이가 그에게 자신은 이미 시험 문항 중에 하나를 미리 보았다고 말하면서, 그건 '잠수함을 견학하는 것에 대한 문제'라고 했다. 비밀이 샌 것이다. 이들은 시험 직전 수업 시간에 *시험*에 나오는 문제를 공부한 것으로 드러났다. 이 센터는 시험을 위해 수업을 한 것이 아니라 시험을 가르친 것이다. 담당자는 텍사캐나에서 지능지수가 낮은 학생들을 이 프로그램에 너무 많이 배정했기 때문에 표준교육과정이 잘 맞지 않는다고 해명했다. 성과를 내고 회사에 이윤을 남겨야 한다는 중압감 때문에 담당자는 매일 수업 시간에 시험 문항을 끼워 넣은 것이다.[29]

텍사캐나 사건은 성취도 계약에 대한 열렬한 분위기를 완화시키기는 했지만 완전히 멈추게 하지는 못했다. 그러나 경제기회청이나 지역 학군과 같은 정부 기관으로 하여금 회계 감사를 할 때 좀 더 신중하게끔 만들었고 그런 보고서들이 선동했던 사람들의 주장을 위축시켰다. 1971년 12월, 랜드 연구소의 연구에 따르면 이 실험이 수업의 변화를 촉진시키기는 했지만 기본기에만 집중을 했으며 평가와 법률적인 책임에 있어서 교묘한 문제가 있음이 밝혀졌다. 또한, 랜드의 연구자들은 시험 성적이 올라간 데에 여러 가지 모습이 뒤섞여 있음을 알아냈다. 경제기회청의 실험의 평가를 위탁받은 기관인 바텔 연구소는 1972년에 자신들이 찾아낸 것을 발표했다. 기업이 가르친 실험적인 학생들과 전통적인 방법으로 가르친 비슷한 학생들을 비교해 보았을 때 수학에서는 2배 정도의 전통적인 학급의 학생들이 실험적인 학급의 학생들보다 더 잘했고, 읽기에서는 6개의 성취도 계약 학생들 집단보다 9개의 통제 학급이 더 잘한 것으로 드러났다. 전반적으로 실험 집단과 통제 집단 사이에 유의미한 차이는 없었다. OEO는 지원을 중단했다. 이후로도 몇몇 부정적인 연구가 발표되었고, 마침내 1975년에 《에듀케이션 데일리》는 "성취도 계약에 사망선고가 내려졌다"고 선언했다.[30]

마일런 리버먼(Myron Lieverman)이 지적한 대로 단명했던 '실험'은 과학적으로나 현실적으로나 결함이 있는 기획이었다. 따라서 성취도 계약, 보상 계획, 분업화된 직원들, 새로운 과학기술 수업 등과 같은 항목 중에서 정확히 무엇이 평가되었는지 불분명했다. 여하튼 교육적으로 불리한 조건에 있는 아이들을 효율적으로 가르치는 것은 전문적인 사업가나 외부적인 보상, 프로그램된 수업 등으로 풀수 있는 단순한 문제가 아니라는 것은 분명해졌다. 또한, 연방정부의 보조가 있더라도 미국 공교육의 빽빽한 언덕에서 금광을 캘 수 있는 기업은 거의 없다는 것도 분명해졌다. 그러나 교육 문제에 대한 쉬운 해법과 교육이 전제된 이윤에 대한 희망은 사라지지 않았다. 새로운 개혁가들과 판매원들, 정치적인 동맹들은 공립 '제도'가 이른바 실패한 곳에서 민간부문이 성공할 수 있을 것이라고 다시 약속하곤 했다.[31]

기계로 수업하기

　　　　　　　　　　　많은 미국인들은 학습에 문제가 있을 때 과학기술적인 해법을 즐긴다. 이 역사는 오래되었다. 이전 시대에 들리던 미사여구가 있다. "그 장치를 고안했거나 도입한 사람은 가장 위대한 인류의 은인이거나 적어도 학습과 과학에 있어서 가장 지대한 공헌을 한 사람으로 손꼽혀야 마땅하다." 이때는 1841년이었으며, 여기서 말한 '장치'란 40년 후에 또 다른 판매원이 '개인의 마음속에 있는 일과 성격, 특색을 반영하는 거울'이라고 묘사한 '칠판'이었다. 그리고 이런 식으로 교육 라이도, 영화, 텔레비전, 프로그램 학습제도의 옹호론자들이 결코 실현된 적이 없는 교육학의 천국을 예견했다.[32]

　희망과 염려 모두 교육에서의 과학기술에 대해 열광적인 분위기로 불을 지폈다. 개혁가들은 교사들의 능력이나 학교 교육의 고비용, 교육에 특별한 위기감을 주는 미국의 안보나 번영에 대한 외부적인 위협 등을 염려하면서 기계로 눈을 돌렸다.

　과학기술을 통한 교육의 대변혁을 약속한 사람들은 다양했다. 별로 놀랄 것도 없이 상당수는 자신들의 상품을 학교에 팔고 싶어하는 사업가들이었다. 일부는 학자들과 학원 사업가들이었는데, 프로그램된 수업이 능률적인 교육을 가능하게 한다고 생각한 심리학자들도 여기에 속했다. 학교교육에 빠른 영향을 찾는 재단 관계자들도 때때로 새로운 언론 매체가 교육의 변화를 방해하는 찔레덤불을 우회할 수 있는 방법이라고 생각했다. 최신식 학교를 원하는 몇몇 교육 행정가들은 과학기술을 기꺼이 받아들였다. 과학기술에 대한 믿음과 함께 기득권을 가지고 있는 새로운 전문가인 시청각 전문가들이 대학과 주교육부, 학군에 등장했다.[33]

과학기술에 대한 지지와 실행 과정이 상명하달식으로 진행되면서 그것을 교실에서 주로 사용해야 하는 교사들의 의견은 거의 반영되지 않았다. 소수의 교사들만이 라디오나 영화 같은 매체들을 환영했는데, 이를 통해 다루기 힘든 학생들을 자극하고 수업을 좀 더 쉽고 효율적으로 할 수 있을 것이라 믿었다. 그러나 대다수 교사들은 새로운 기자재를 거의 사용하지 않거나 전혀 사용하지 않았다. 기계에 의한 새로운 형태의 교육학이 등장하면서 익숙한 개혁의 주기가 다시 등장했다. 새로운 발명이 교육을 변모시킬 것이라는 과장된 주장과 과학기술이 전통적인 방법의 수업보다 더 효과적이지는 않거나 오히려 못하다는 연구들은 물론 교실에서 실행되는 과정에서 그 개혁이 불완전했음을 말해 주는 보고서들과 이 도구를 사용하는 교사들이 거의 없다는 설문조사로부터 생겨나는 실망이 그것이다.[34]

누가 비난을 받아야 하는가? 분명한 희생양은 이 새로운 악대 마차에 올라타기를 꺼려한 교사들이다. 시청각 개혁가들이 무엇을 기대했던 수업에 영향을 줄 수 있는 열쇠는 교실 문 뒤의 교사들이 쥐고 있었다. 이들은 대체로 익숙한 일과와 수업 과정에 맞는 과학기술만 이용했다. 다시 말해 수업할 때 어려운 사항을 도와주는 선에서만 사용했고, 나머지 역할은 대부분 무시했다는 것이다.[35]

사실 많은 과학기술의 발명들이 교실에서 번창하고 있지만 이제는 너무 익숙해서 이것이 있는지 눈치 채는 사람들은 거의 없다. 몇 가지를 생각해 보자. 칠판, 석판을 대신한 값싼 종이, 생산비용의 급속한 감소로 모든 학생들이 가지게 된 교과서, 양장본 교과서를 보충하는 반양장본, 지구본과 지도, 깃펜을 대체했던 철펜을 다시 대신한 볼펜, 논란의 여지가 있긴 하지만 값싼 휴대용 계산기 등이 그 예이다. 더 복잡한 과학기술은 이미 교사들이 하고 있던 일을 향상시켜 준 분필과 칠판 같은 단순하고 견고하며 믿을 만한 개선보다 일상 수업에 훨씬 더 적은 영향을 끼쳤다. 교사들은 매일 있는 수업을 향상시키기 위해 과학기술을 일상적으로 이용하고 있었지만 수업 방식은 거의 바뀌지 않았다.[36]

수업 방법으로 영화를 옹호한 사람들은 영화가 말과 활자에 시각적인 현실성을 불러일으킬 수 있기에 이를 진보적인 교육학의 상징으로 보았다. 그러나 과학기술을 팔고자 했던 기업들과 이를 사용하길 원했던 교육자들은 다른 세상에 사는 듯 했다. 영화 옹호론자 중 한 사람은 사업가들이 "수업의 본질과 교육제도의 복잡함을 터득하거나 공부하지 않는 반면, 교사들은 자신들의 문제를 영화 제작자들에게 명확하게 설명하지 못한다"고 말했다. 초기의 많은 '공짜' 영화들은 사실 살짝 위장된 광고들이었기 때문에 교사들의 분노를 샀다. 특히 교사들이 영화에 대해 가장 비난한 것은 영화가 교과서와 심지어 자신들도 대체할 것이라고 주장하던 '회사의 광고와 선전, 판매 방법으로 특징지을 수 있는 어리석음'이었다.[37]

초기 프로젝터는 비싸고 정기적으로 점검해야 했으며, 영화는 그 자체로 비용이 많이 들었고 많은 교사들과 공유해야만 했다. 이런 이유로 영화는 대도시와 부유한 교외지역에 먼저 도입되었다. 대부분의 학군은 프로젝터가 없었으며 시골 학교들은 종종 전기조차 부족했다. 교육용 영화에 대한 화려한 주장들이 나온 지 10년이 지난 1936년에 21,000개 학군을 대상으로 한 설문조사(9,000곳이 응답)를 통해 미 전역에 약 6,074개의 무성영화 프로젝터와 458개의 유성영화 프로젝터(이들 중 손질이 잘되어 실제로 사용되는 것이 몇 개인지는 밝혀지지 않았다.)가 있음이 밝혀졌다. 장비가 좀 더 싸고 믿을 만하게 된 1954년 교원노조는 학교에 있는 프로젝터의 수를 대략 학생 415명당 1대 정도라고 추산했다.[38]

그러나 학군들이 필요한 장비와 영화를 갖추게 되었을 때에도 일부 열광적인 교사들을 제외한 대다수 교사들은 교육용 영화를 별로 사용하지 않았다. 코네티컷 주 뉴헤이븐(New Haven)의 초등학교 교사 175명을 대상으로 한 연구에서 교사들은 1년에 약 1,500개의 영화를 주문하는데, 2/3정도는 매체에 열광적인 25명의 교사들이 주문하는 것으로 밝혀졌다. 연구자들이 영화를 사용하는데 방해가 되는 것은 무엇인지를 조사했을 때, 교사들의 기술 부족, 장비 구입 및 유지비용, 영화와 교실 수업을 적절하게 맞추지 못하는 무능함 등이 지적되었다.[39]

겉보기에는 라디오가 영화보다 사용하기에 간편한 매체였다. 그러나 장비의 부족이 또 한 번 개혁의 확산을 근본적으로 제한했다. 1930년대 중반, 교육감들의 보고에 따르면 거의 학군당 1대의 라디오뿐이었다. 1945년에 한 교육라디오 전문가의 추산에 따르면 5%의 아동들만 교실에서 라디오를 정규적으로 들을 수 있었다. 오하이오 주의 교장들에게 라디오를 광범위하게 쓰지 못하도록 막는 요인이 무엇이냐고 물어보았을 때, 이들은 라디오 부족(50%), 열악한 장비나 수신 상태(30%), 교육과정과 라디오 프로그램의 부조화 등을 꼽았다. 반면 라디오 교육의 옹호론자들은 '이렇게 혁명적인 전달 수단에 대한 교사들의 무관심과 무감각, 심지어 반감' 때문이라고 비난했다.[40]

개혁가들에 따르면 텔레비전은 달랐다. 1950년대에 포드재단이 돈과 명성을 가지고 전자적인 수업의 장을 열자, 수업용 텔레비전을 위한 운동에 힘이 실렸다. 곧 비행기 1대가 중서부 지역을 맴돌며 6개 주에 프로그램을 방송하게 되었다. 메릴랜드 주 헤이거스타운(Hagerstown)에서는 폐쇄회로 텔레비전(CCTV)을 이용해 더 적은 비용으로 더 나은 교육과정을 보증하는 모형 체계를 개발했다. 1961년까지 포드재단이 교실의 텔레비전을 위해 2천만 달러를 썼으며, 이듬해 의회가 이를 위해 추가로 3천 2백만 달러의 예산을 승인했다.[41]

전례 없는 대중의 주목과 열광적인 장려에도 불구하고 교육용 텔레비전의 진행은 더뎠다. 1961년에 공립학교를 대상으로 한 설문조사에서 학군별 텔레비전은 1.65대에 불과했다. 연방정부 예산이 학교로 유입되던 1960년대 중반, 적절한 시청각 장비를 살 수 없을 정도로 가난한 학군들도 처음으로 텔레비전과 함께 다른 종류의 기계와 소프트웨어를 살 수 있었다. 그러나 기계는 종종 벽장에 처박혔다. 1970년대 교사들의 보고에 따르면 텔레비전 프로그램을 보여주는 시간은 전체 수업시간의 2~4%에 불과했다. 교실에 텔레비전 보급이 번성하던 때로부터 10년이 지난 뒤 한 열렬한 옹호론자는 "내일 모든 교육용 텔레비전을 없애 버린다고 해도 미국의 학교와 대학들은 그게 없어졌는지도 모를 것이다"고 애석해 했다.[42]

공립학교에 도입되었던 영화와 라디오, 텔레비전에는 공통된 유형이 있다. 처음에는 교사가 아닌 사람들이 기계를 이용하여 수업을 하도록 요구하며 터무니없는 주장들을 펼친다. 일부 교사들이 열광적으로 반응하면 과학기술에 열광하는 사람들은 즐거워한다. 그런데 전자적인 수업은 대부분 교실 수업의 극히 일부에 지나지 않았기 때문에 이런 일은 거의 일어나지 않았다. 이렇게 두드러진 역사적 유형을 어떻게 해석해야 할 것인가?

설명은 넘쳐난다. 실망한 개혁가들은 교사들이 무능하고 느리며 겁이 많았다고 불평했다. 교사들도 나름의 변명이 있었다. 이들은 기자재의 문제를 지적했다. 충분하지 않거나 쉽게 고장이 나고 복잡하거나 이용하기 위해 설치하는 데 시간이 너무 많이 걸렸다는 것이다. 또한, 영화나 텔레비전의 내용, 라디오 프로그램들이 교육과정에 부합되지 않고 수업 시간과 맞지 않으며 질이 떨어진다고 비판했다. 상명하달식 실행 과정은 많은 교사들을 자극해서 자신들의 의견을 양보하지 않거나 장비들을 그저 벽장에 넣어두게 했다.[43]

그러나 기계를 이용하여 학교교육을 변화시키는데 가장 근본적인 장애물은 아마도 일하는 공간으로서의 교실의 특성과 교사들이 자신들의 임무를 정의하는 방식이었을 것이다. 우리는 제도적인 구조의 규칙성과 교사 중심의 교수법, 훈련의 규칙성이 질서를 유지하고 학생들이 표준교육과정을 배우도록 살피는 교사 자신들의 책무에 대한 오랜 세대에 걸친 경험의 산물이라고 제안한 바 있다. 교사들은 분필과 칠판, 오버헤드 프로젝터(OHP)처럼 정규 수업을 더 효율적으로 할 수 있도록 돕고, 간단하고 견고하며, 다루기 쉽고, 자신들이 정의한 책무에 잘 반응할 수 있는 혁신적인 조치들을 받아들이려 했고 받아들이길 열망했다. 그러나 이들은 대개 기계를 이용한 수업은 그들의 주요한 임무와 관계없는 것이라고 여겼다.[44]

개인 컴퓨터를 이용한 수업과 학습 역시 옹호론자들의 과장된 주장들과 같은 운명을 겪으면서 학교에서 무시당하게 될까? 물론 컴퓨터의 교육적인 이용에 대해 과장된 주장들이 많지만 컴퓨터는 우리가 살펴보았던 다른 기계나 매체와는 몇 가지 중요한 점에서 다르다.

컴퓨터는 사무실과 상점, 항공사, 철강 산업, 병원, 군대 등 다양한 일터를 휩쓸고 있다. 또한, 집에서 다양한 용도로 컴퓨터를 사용하는 가정이 늘고 있다. 사람들은 만약 그렇게 하지 않으면 다음 세대는 정보화 시대에서 일자리를 얻는 데에 불리할 것이라고 믿으면서 어린 청소년들이 이 새로운 강력한 도구를 익숙하게 사용할 수 있도록 학교에 압력을 가하고 있는 것이다. 학교에서 사용되었던 매체 중에 이렇게 절박하게 대중적인 관심을 얻은 것은 없었다.

이러한 대중적인 관심의 결과, 컴퓨터는 이전의 어떤 전기 기자

재보다도 더 빨리 학교에 보급되었다. 1984년부터 1992년까지 학교에 컴퓨터를 보급하기 위해 10억 달러가 넘는 돈이 쓰였다. 아래 통계를 보면 컴퓨터가 얼마나 빠르게 보급되었는지 그 윤곽을 잡을 수 있을 것이다.

- 컴퓨터가 보급된 학교의 비율은 1981년 18%에서, 1993년에 99%로 늘어났다.
- 수업을 목적으로 컴퓨터를 사용한다는 학교의 비율은 1981년 16%에서, 1993년 98%로 늘어났다.
- 컴퓨터 1대당 학생 수는 1981년의 125명에서, 1993년에는 14명으로 줄어들었다.[45]

컴퓨터를 학교에 보급하는 데에 뿐만 아니라 학생들이 학교와 장례직업에서 성공하려면 컴퓨터를 사용할 수 있는 시설이 매우 중요하다고 대중을 납득시키는 데에도 상당한 진척이 있었지만, 학교에서 컴퓨터를 사용하면서 아주 심각한 사회적인 불평등이 생겨났다. 부유한 가정의 학생들이 가난한 가정의 학생들보다, 백인 학생들이 흑인 학생들보다, 남학생들이 여학생보다, 영어에 능숙한 학생들이 영어가 모국어가 아닌 학생들보다 컴퓨터에 훨씬 더 많이 접근하고 이를 더 잘 다룬다는 것이다. 학교에서 컴퓨터 사용을 조사해서 《맥월드》에 기고한 찰스 필러(Charles pillar)는 "미국 공립학교에 과학기술적으로 하층계급이 생겨났다"고 애석해 했다. 그는 "가난한 학교에서는 컴퓨터를 기반으로 한 교육이 큰 어려움에 빠져 있다. 옛 도심지역과 시골의 학군에서는 컴퓨터를 효율적으로 사용하기 위한 훈련이나 사회적인 지원이 부족하다. 대부분의 경우 컴퓨터는 단지 부자와 빈민들로 나뉜 2개의 교육 체계를 지속시킬

뿐이다"고 말했다.[46]

컴퓨터에 접근할 수 있고 이를 도구로 사용하는 법을 배우는 것은 단지 컴퓨터를 교육적으로 이용하는 이야기의 일부에 불과하다. 교사들을 정교하게 돕고 수업에 융화되려면 컴퓨터가 실제로 어느 정도까지 쓰여야 되는가? 한 연구에 따르면 학생들은 컴퓨터를 (모든 학생들이 사용하는 것은 아니지만) 1주일에 1시간 남짓 사용한다고 한다. 예를 들어 11학년 학생들은 대부분 컴퓨터실에 가서 컴퓨터에 대해 배우지만 실제 교과목에서 이를 사용하는 경우는 거의 없었다. 저소득층 학생들은 컴퓨터를 문제 해결이나 복잡한 사고를 위해 사용하기보다 반복 연습과 훈련을 위해 사용하는 경향이 더 많았다. 교실 수업을 위해 훌륭한 소프트웨어는 드물고 전반적으로 하드웨어의 성능에 비해 턱없이 부족했다. 컴퓨터는 효율적인 의사소통을 돕고 학습을 증진시킬 수 있는 도구지만 사람들은 흔히 컴퓨터에 단순한 것들만 넣어서 쓰곤 했다.[47]

상당수의 소수 민족 교사들은 컴퓨터를 수업의 보조 도구로 환영했으며 교실에서 다양한 상상력을 발휘하여 이를 사용했다. 그러나 이전 세대에 영화와 라디오, 텔레비전을 반겼던 동료들 같이 진지한 사용자들보다 학생들이 교실을 나서 복도 저편에 있는 컴퓨터실로 들어간다는 데 만족하는 사람들이 훨씬 더 많았다. 옹호론자들의 주장과 대중의 긴급한 요구가 나온 지 10여 년이 지난 후, 전반적인 상황은 컴퓨터가 공립학교의 정규 수업에서 거의 제 역할을 하지 못한다는 것이다. 지금까지의 상황을 한 줄로 요약한다면 아마도 다음과 같을 것이다. 컴퓨터가 교실에 대항했고, 교실이 이겼다.[48]

컴퓨터의 교육적 잠재력은 이미 뚜렷하다. 그러나 일상 수업에서 컴퓨터가 얼마나 빠르고 광범위하게 사용되어야 하는지의 판단은 유보되고 있다. 컴퓨터는 교실에 도입된 수업 및 학습 기계 중 단연코 가장 강력하다. 영화나 라디오, 텔레비전에서는 불가능했던 학생들과 교사들 사이의 상호작용도 컴퓨터로는 가능하다. 소프트웨어에 따라 유치원생부터 대학원생에 이르기까지 쓰고, 고치며, 말을 배우고, 수학과목의 '개별지도'를 받으며, 전자디스크나 원거리 도서관으로부터 다양한 정보를 검색할 수 있다. 또한, 다른 대륙에 있는 학생들로부터 이메일을 받을 수 있고 복합 매체로 보고서를 준비할 수 있으며 제도나 자동차 수리, 사무 분야에서 최첨단 과학기술을 사용할 수도 있다. 특수교육분야에서는 컴퓨터가 시각장애와 청각장애 및 다양한 장애 학생들에게 지금까지는 할 수 없었던 방식으로 쓰며 소통하도록 돕는다. 이러한 다양한 컴퓨터의 용도는 그 자체로도 가치가 있지만 좋은 교사가 이를 이해하고 융합하는 것이 필요하다. 교사가 이 새로운 과학기술을 품느냐 마느냐의 문제는 과학기술적인 사고방식을 가진 개혁가들이 교실의 현실을 이해하며 교사들을 진부에 방해되는 요소로 여기지 않고 협력자들로 인정하는 자세에 상당 부분 달려 있다.[49]

교육 사업

공교육에서의 과학기술의 활용, 제도의 분석, 성취도 계약 등과 같이 가르치는 일을 사업으로 하려는 시도는, 교사들이 교실에서뿐만 아니라 동료들과의 일상적인 관계에서 가장 큰 보상을 받는다는 사실을 종종 무시했다. 학교 외부의 사람들이 교사들 사이에 성과급을 위한 경쟁을 도입하고 작업상의 서열을 도입하자고 벌인 운동은 거의 성공하지 못했는데, 이는 교사들의 가치와 실제에 부합되지 않았기 때문이다.[50]

재단 관계자들과 사업가들, 교육위원들, 방송 해설자들, 대학교수들, 의원들, 주지사들 및 그 밖의 개혁가들은 때때로 교사들에게 주는 기존의 보상과 직급제도가 이해되지 않는다고 말했다. 급여는 성과를 반영하지 않았다. 이들은 교사들이 다 똑같이 유능하지 않으며 교원 직급이 너무 평평하다고 생각했다. 성과급과 구별된 직급에 대한 정책 논의는 특히 사업적인 효율성이 인기 있는 주제이면서 경쟁 시장 윤리의 해법이 호평을 받던 시기에 자주 등장했다. 학교를 공개시장에 나온 기관으로 다루고 교사들을 경쟁하는 조직의 고용자들로 대하는 것은 외부인들에게는 일리가 있는 것이었지만, 교사들은 이러한 방식에 깔려 있는 가정을 종종 의심하며 소극적이거나 적극적으로 반대했다.[51]

성과급과 직급제도는 교사들 스스로가 제1차 세계대전 이후로 학교에 도입하기 위해 줄곧 싸워 온 개혁, 즉 남녀와 초·중의 구분 없는 공립학교 교사들을 위한 단일한 급여 기준표에 배치된다. 급여가 양성과정과 경력에 따라 조정되어야 한다는 것을 지지하면서도 교사들은 직책이나 성별에 따라 '등급을 구별'하는 데에 반대했고, "모든 좋은 수업은 근본적으로 고유한 동일성이 있다"는 데에 찬성했다. 실제로 교사들은 자신들이 전문직이라는 것을 보증받기 위해 교직으로 임용되기 위한 특별한 양성과정과 자격을 전제조건으로 규정하도록 애썼다.[52]

교직의 역사는 교사들의 가치와 인식이 교직을 재구성하기 원하는 외부인들의 그것들과 왜 다른지를 시사해 준다. 19세기에 작은 학군에서 교사 채용이란 어느 정도 공개된 노동시장이었다. 교사 양성이나 자격에 대한 기준이 낮거나 없었기 때문에 지역 교육위원회는 기본적으로 그들이 원하는 사람을 누구나 뽑을 수 있었고 급여도 마음대로 정할 수 있었다. 그 당시 대부분의 교사들은 중등학교조차 졸업하지 못한 사람들이었다. 교육위원회의 농부들은 자신들의 집안일을 도울 일손이나 하인을 뽑는 것처럼 교사들을 선발했다. 교사들의 급여는 지역에 따라 천차만별이었는데, 같은 단일학급 학교에서도 여름과 겨울의 급여가 달랐다.[53]

공개 노동시장이 성과를 보장한다고 믿는 사람들의 입장에서는 이것은 효율적인 체계였다. 적어도 이론적으로는 교육위원회가 가장 적은 돈을 들여서 가장 일을 잘할 것 같은 사람을 고용한 것이다. 하지만 현실적으로 교육자들은 교육위원들이 친척 혹은 교육위원에게 빚진 사람, 권위를 갖춘 교회 인사, 교실에 있는 고학년 남학생들을 위협하기에 적당하다고 생각될 만큼 남자답게 호통 칠수 있는 사람 등 외부적인 이유로 부적당한 교사들을 채용하는 경향이 있다고 불평했다. 여교사들이 최소한 남교사들만큼은 가르친다는 증거가 늘어났음에도 불구하고 남교사들은 거의 언제나 여교사들보다 많은 급여를 받았다.[54]

대도시에서의 교사 고용시장은 시골과는 상당히 달랐다. 비록 교사들을 채용하는 데 있어서 친척을 중용하거나 부정이 있기도 했지만 훨씬 더 관료체제화되어 있었다. 급여를 정하기 위하여 교사 개개인은 문외한인 교육위원들을 만날 필요가 없었다. 대신에 대부분의 학군에서는 급여 기준표를 만들었다. 이 표에는 명시적으로 남교사들에게 여교사들보다, 중등학교 교사들에게 초등학교 교사들보다 더 많은 급여를 지급하도록 되어 있었다.[55]

교원노조의 개혁가들은 시골에서의 교사 공개 채용시장과 도시에서의 불공평한 급여의 구분을 싫어했다. 이들은 초등과 중등, 남녀 교사 모두에게 똑같은 급여를 원했다. 또한, 이런 노동시장이 전문적인 양성과정을 거쳐서 자격을 가진 사람에게 한정되기를 원했다. 이렇게 함으로써 수업의 질을 높이고 교사들의 낮은 급여를 올릴 수 있기를 희망했다. 전문적인 양성과정과 주별 교사자격증의 개념이 20세기 초반에 급속도로 널리 퍼지게 되었다.

특히 1920년에 여성의 투표권이 인정된 뒤로 교원노조의 교사국은 주의회와 지역 교육위원회로 하여금 남녀 및 초등과 중등 교사들에게 똑같은 급여가 지불되는 단일한 급여 기준표를 채택하도록 로비를 벌였다. 1930년에 이르러 10개 주가 동일한 급여를 법률로 정했으며 단일한 급여 기준표는 미국 전역의 많은 도시로 퍼져 나갔다. 이런 곳에서 급여는 학교나 성별에 따라서가 아니라 재직 기간과 전문적인 연수 과정에 따라 달라질 뿐이었다. 오랫동안 가르치고 필요한 직무교육을 모두 마친 교사들은 제때에 제일 높은 급여를 받을 수 있었다.[56]

교육자들은 잘 훈련되고 경험도 많은 초등학교 교사들이 최고 호봉을 받기 위해 고등학교로 전근하지 않아도 된다는 사실에 박수갈채를 보냈다. 이들은 모든 수준의 수업이 같은 정도로 힘들다고 믿었다. 또한, 동일한 급여가 교사들의 사기를 북돋우며 중등학교 교사들과 초등학교 교사들 사이에 소위 '등급 구별'을 없애거나 줄일 수 있다는 것을 발견했다. 시애틀의 한 교장은 "'전국에 걸쳐' 단일한 급여 기준표를 채택하는 것은 이 나라의 청소년들에게 가장 큰 이익으로 각인될 민주주의적인 영향이 될 것이다. 왜냐하면 초등학교 교사들과 고등학교 교사들의 업무는 밀접한 관련이 있어서 이들 사이에 긴밀한 협력이 매우 필요하기 때문이다"고 말했다.[57]

그러나 많은 사람들이 이 단일한 급여 기준표를 이해하지 못했다. 20세기 초반, 즉 교사들이 힘을 합쳐서 좀 더 단일한 급여체계를 만들려고 시도하던 바로 그때, 핵심적인 교육위원들과 일부 교육감들은 교사들을 '과학적'으로 평가해서 그 결과를 급여 인상분에 반영할 방법을 모색하고 있었던 것이다.

최소한의 기대치에도 부응하지 못하는 수많은 교사들에게 어떻게 하면 자극을 줄 수 있을 것인가? 수업감독도 별로 받지 않는 독립된 교실에서 일하는 교사들을 어떻게 하면 더 뛰어나게 만들 수 있을 것인가? 이러한 기본적인 의문에 봉착한 상당수 교육위원들과 교육감들은 기업체를 본뜬, 교사들의 직무 수행에 따라 급여를 지급하는 초기 '성과급제도'를 만들었다. 그런데 초기부터 교사들의 평가에는 논쟁의 여지가 많았다. 1921년에 한 교육감은 "우리는 모두 교사 개개인의 성과가 다르다는 데 동의한다. 그러나 극소수의 노련한 교사들만 성과에 따라 평가하고 지급하려는 시도를 했지만 대부분 성급했다고 후회하고 있다"고 기록하고 있다.[58]

수전 존슨은 성과급이 매번 "기발한 개혁이라고 간주되는 교육적인 유행이 되었다"고 했다. 교사들의 역할과 그에 따른 보상을 다르게 하자는 오늘날의 요구는 가장 뛰어난 교사들을 끌어들여서 유지하고 직무 수행과 급여를 성과로만 재는 기준을 만들며 교사들 사이에 계급을 세우려는 외부인들의 오랜 시도 가운데 가장 최근의 한 이야기일 뿐이다. 최근 들어 많은 주에서 성과급과 직급 및 교사들의 기능과 급여 체계를 달리 하는 척도들을 법률로 정하고 있다.[59]

과거부터 현재까지 대부분의 교사들은 이러한 개혁에 저항했다. 이들은 '성과'를 재는 일에 책임을 맡은 행정가들의 능력과 공정성을 믿지 못했다. 또한, 보통 성과급을 보상으로 여기기보다는 성가시고 전문가 집단의 우애에 위협이 되는 것으로 보았으며, 자신들이 경험했던 가장 본질적인 보상, 즉 학생들이 지적·사회적으로 자라가는 것을 보는 것과 관련이 없다고 생각했다.[60]

공개적으로 표출된 갈등의 한 예로 미시간 주 캘러머주(Kalamazoo)의 교육위원회가 1974년에 교사들의 급여를 다르게 하기로 결정한 것을 들 수 있다.《미국 교육위원회지》는 캘러머주의 계획이 고정된 급여와 무책임한 단일직급제도를 끝낼 수 있을 것이라고 떠벌렸다. "그런 것들은 캘러머주에서 없애 버려라. 포괄적이며 직무수행에 근거한 평가와 성과급제도는 효과가 있을 것이다" 이 판단은 너무 성급했다. '거의 모든 사람이 모든 사람을 평가하는' 성과급제도는 엄청난 양의 서류 더미를 만들어 냈고 뛰어난 수행능력이 아니라 좌절감만 불러일으켰다. 행정가들은 자동차노동조합과 손을 잡고 성과급을 관철시키려 했고, 교원노조는 차별화된 급여체계를 지지한 7명의 교육위원들 가운데 6명을 해임시키는 데 성공했다. 캘러머주에서와 같은 일들이 지속적으로 발생했지만 개혁가들은 성과급을 끊임없이 제안했다.[61]

성과에 따른 급여체계의 역사는 회전목마와 같다. 대부분의 경우 학군에서 성과급을 채택했다가 잠시 시도해 본 다음 포기했다. 소수의 학군만이 성과급제도를 수십 년간 사용할 뿐이다. 1950년대에 성과급은 유행처럼 번진 생각이었지만 1960년대에는 성과급의 일부분이라도 도입한 학교의 비율은 약 10%에 지나지 않았다. 1970년대에 들어서자 관심은 더욱 없어졌는데, 5%를 약간 상회하는 학군들만이 성과급제도를 가지고 있었다. 1978년에 행해진 전국적인 설문조사에 따르면 115개 학군들(300명 이상이 있는 학군들의 4%)이 성과급에 대한 규정을 가지고 있지만, 실제로는 이들 중 상당수가 교사들에게 차등 지급하지 않고 있었다. 5년 뒤에 2명의 연구자들이 학군들을 다시 조사했을 때, 47%만이 성과급제도를 활용하고 있음을 알아내었다. 이 학군들은 비교적 규모가 작고 대부분 같은 인종의 학생들로 이루어져 있으며 두드러지지 않은 방식으로 성과급을 사용하는 경향이 있었다. 비록 1980년대에 성과급에 대한 관심이 다시 번지기는 했지만 1980년대 중반에 들어서 단일한 급여

기준표에 따라 급여를 받는 교사들의 비율은 99%를 넘었다.[62]

1986년에 리처드 머닌(Richard Murnane)과 코헨은 성과급제도를 5년 이상 유지해 온 6개의 학군들을 다음과 같이 묘사했다. "이들 학교에서 성과급은 기존의 급여체계에 임의로 더해지는 것인데, 수업 외에 다른 일들을 했을 때 얻게 되며 그리 큰돈은 아니었다. 또한, 교사들이 이 제도의 규칙을 만드는 것을 도왔다." 머닌과 코헨은 이 계획이 유지될 수 있게 한 것은 바로 이런 학군들이 교사들의 교실에서 직무수행에 따라 교사들을 차별하는 문제점을 피했기 때문이라고 주장했다. 대신에 이들은 이 제도를 교사들이 학교와 관련된 활동, 예를 들어 교육과정을 개정하거나 학생들의 노력을 평가하는 데에 참여하게 해서 급여 이외의 수입을 올릴 수 있는 기회를 주는 것에 활용했다.[63]

왜 교사들의 직무 수행에 따라 급여를 주는 계획들은 대부분 지속되지 못했는가? 머닌과 코헨은 성과급의 의도가 교사들을 뛰어나게 만드는 것일 때에는 별로 성공하지 못했는데, 이는 행정가들과 교사들 사이에 무엇이 효과적인 수업이고 그것을 어떻게 잴 수 있는지에 대해 합의 된 것이 거의 없기 때문이라고 말했다. 어느 정도는 가르치는 행위의 복잡함이 성과급을 좌절시킨 것이다. 일부 교사들이 '뛰어난' 평가를 받고 다른 교사들은 단지 '평균적인' 평가를 받게 되었을 때 행정가들의 평가에 대해 내부적인 다툼도 생겼다.

성과급과 직급제도를 밀어붙인 외부인들은 종종 무엇이 실제로 교사들로 하여금 더 잘하도록 동기를 부여하는지 감지하지 못했다. 존슨은 실제로 교사들에게 상벌에 대해서 묻고 난 다음, 이들이 성과급에 반대하는 데에 그럴 만한 이유가 있음을 알아냈다.

동료들 사이에 경쟁을 조장한다면 교사들은 제일 좋은 생각을 숨기며 공공의 선을 추구하기보다 자신들의 이익을 추구하려고 할 것이다. 즉, 학교의 생산성을 증가시키기보다 감소시킬 수 있다. 더욱이, 성과급제도는 좀 더디게 배우는 학생들을 가르치려는 노력을 저해하는 반면, 유능한 학생들을 가르친 교사들을 부당하게 보상하게 된다. 끝으로, 다수의 교사들이 기본생활비를 충당하기 위해 다른 일을 하고 있는 상황에서 소수의 선택된 교사들에게만 '일회성 상여금을 지급하겠다'며 유혹하는 정책입안자들의 형태에 교사들은 분노하고 있다. 많은 사람들의 잠재적인 희생을 감수하더라도 '모범교사'를 인증하려는 이러한 개혁은 교직이 추구하는 '인류평등주의'의 기준을 위협하는 것이다.[64]

그녀는 "교사들이 평가를 두려워하지 않는다"고 주장했다. 또한, "교사들은 매일 정확한 비평가들, 즉 학생들 앞에서 수업을 한다. 교사들이 싫어하는 것은 서로 경쟁이 붙거나, 특히 신뢰할 수 없는 사람들이 임의로 세워 놓은 기준에 따라 저울질당하는 것이다. 대다수 교사들이 공유하는 '인류평등주의의 기준'은 성과급과 직급제도에 반영되어 있는 등급제도의 논리에 반하는 것이다"고 말했다.[65]

명백하게 교사들은 그런 적은 거의 없지만 적절한 급여를 받는 것에 상당히 신경을 쓰고 대중적인 인정과 지위를 고맙게 여기고 있다. 하지만 만족과 불만의 근원에 대해서 교사들과 대중은 상당히 다르게 인식하고 있다. 교사들은 가장 괴롭히는 것이 무엇인지를 물었던 1981년도 설문조사에서 대중은 잘되고 있지 않은 훈육을 첫 번째로 꼽고 급여를 두 번째로 꼽은 반면, 교사들은 교육에 대한 대중의 호의적이지 않은 태도를 첫 번째로 꼽았고 급여를 네 번째로 꼽았다. 수년 동안의 많은 연구에서 교사들은 자신의 학생들이 발전하는 것을 보는 데서 기인되는 직업의 본질적인 보상을 가장 가치 있게 여기며 학생들과 학부모들, 동료들로부터의 칭찬을 소중하게 여긴다는 것을 보여주었다. 1975년에 댄 로티(Dan Lortie)는 플로리다 주 데이드 카운티(Dade County)의 교사들이 자신들이 받았던 가장 큰 외부적인 보상(37%)은 '타인으로부터의 존경'이며 가장 큰 심리적인 보상(무려 86%)은 '내가 학생들에게 영향을 주었고 그들이 배웠다는 사실을 아는 것'이라고 답했다고 전했다. 존슨 역시 1980년대에 그녀가 인터뷰한 교사들 사이에 비록 존경과 칭찬이라는 보상이 극히 드물었지만 비슷한 양상이 있음을 발견했다.[66]

성찰

흔히 변화가 진보와 같다고 생각하는 사회에서 학교교육을 다시 만들겠다고 약속한 사람들에게 추종자들이 있었던 것은 놀랄만한 일이 아니다. 혁신가들은 '교육이 사회 개선을 위한 원동력이 된다'는 미국인들의 믿음과 '기존의 학교는 그들의 높은 기대를 채울 수 없다'는 미국인들의 두려움에 호소했다. 실로, 미래의 황금기에 대한 꿈은 종종 현재의 교육을 다시 만들고자 하는 이상주의적인 계획의 중심 주제가 되었다.

개혁에서 목표를 높게 잡는 것은 필요한 과정이지만 '오늘날의 학교보다 몇 광년이나 앞서 있는 학교'를 통해서 이뤄질 수 있는 수준으로 사람들의 기대치를 높여 놓으면 얼마 지나지 않아 실망과 환멸감이 생길 수 있다. 교사들은 틀을 깨는 개혁을 실제로 수행할 사람들이라 여겨지기 때문에 웅장했던 혁신이 실패로 돌아갈 경우 대부분 비난을 받게 된다. 따라서 일반 대중보다 개혁을 위한 이상주의적 주장들을 더 질색하는 경향이 있다.

두려움과 희망은 강력한 촉진제가 될 수 있기에 경고와 장밋빛 약속을 담은 문구들은 단기적으로 대중의 지지를 받을지도 모른다. 그러나 과대광고는 불신을 조장하고 냉소주의라는 '산성비'를 내리게 할 수도 있다. 1991년에 학부모 대표들에게 "앞으로 9년 안에 〈미국 2000〉의 이상주의적인 목표 중 일부라도 실제로 이루어질 것이라고 보느냐"고 질문했다. 단 4%만이 '모든 학교에서 약물과 폭력이 사라질 것'이라고 생각했고, 14%는 '모든 미국 성인이 읽고 쓸 줄 알게 될 것'이라고 믿었으며, 19%는 '미국 학생들은 과학과 수학에서 세계 1위를 하게 될 것'이라는 데 동의했다. 만약 이런 불가능한 목표들이 새 천년을 여는 2000년에 이루어지지 않는다면 지도자들과 공립학교에 대한 대중의 신뢰는 어찌 될 것인가?[67]

최근 수십 년 동안 학교를 다시 만들자는 이상주의적인 충동들은 대게 깜박거리며 사라졌다. 천국을 약속했던 사람들 중 몇몇은 자신들의 물건을 팔기에 급급한 행상들이었다. 근본적인 변화를 확신하던 행동가들도 있었고 임박한 선거에 내몰린 정치가들도 있었다. 그러나 미리 만들어진 혁신적인 조치들을 가지고 처음부터 새로 시작하자는 개혁가들은 학교교육의 기본틀이 완강하다는 것과 지역의 상황과 필요에 변화를 맞춰야 한다는 것을 제대로 이해하지 못했다. 학교교육을 다시 만들자는 많은 정책 논의에 깔려 있던 기류는 기존의 교사들이 흐리멍덩하거나 자질이 부족해서 개혁에 방해가 된다는 것이다. 물론 일부 교사는 분명히 부적격하며, 단지 더 많은 일이 생기는 게 싫어서 변화에 저항한 교사들도 있다. 그러나 유행하는 혁신이 자신들의 학생들에게 필요로 하는 것에 반한다면 거부할 수 있으며, 대신에 자신들이 믿는 개혁을 자신들만의 방식으로 시도할 수 있는 지혜를 가진 교사들이 전국적으로 많이 있다.[68]

'등대 학교'의 대부분은 한동안 비길 데가 없이 서 있다가 평균

치로 퇴보했다. 모범학교들은 그다지 인기 없는 기관들처럼 동떨어진 작은 양품점 같은 학교가 되어 갔다. 1991년에 포드재단의 고위 관계자인 에드워드 미드(Edward J. Mede, Jr)는 "1960년대 포드재단의 학교발전종합계획과 1970년대에 연방정부의 실험학교계획처럼 '새로운 학교'를 개발하기 위한 과거의 노력들로부터 배울 수 있는 교훈이 있다. 모범학교들은 다른 학교들을 계몽하거나 가르치는 일을 거의 하지 않았다는 것이다"라고 말했다.[69]

우리가 보기에는 학교를 다시 만들기 위해 처음부터 새로 시작하기보다는 현재의 체계 가운데 건강한 부분에 사려 깊은 개혁들을 접목시키는 것이 가장 바람직하다. 학교교육은 언제나 다시 만들어지지만 대규모의 계획이 그려 놓은 방식으로만 되는 것은 아니다. 좋은 교사들은 수업을 통해 아이들에게 매일 새로운 세상을 만들어 준다. 아이다호 주 콜드웰(Caldwell)에 있는 뉴플리머스(New Plymouth) 초등학교의 5학년 담당 교사인 비키 매튜스 버웰(Vicki Mathews-Burwell)의 말을 들어 보자. "내 학생들은 〈목표 2000〉* 교육 개혁 법안에 대해 전혀 모른다. 이들에게 제1장은 도서관 옆의 한 방일 뿐이다. 그러나 이들은 모형으로 만든 테노치틀란**의 길 위에서 적들과 싸우고, 3백만 년이 된 스트로마톨라이트***와 매머드 이빨 화석을 만지며, 펜실베이니아 주에 있는 학교에 이메일을 보낼 줄 안다. 이상한 나라의 앨리스처럼 상상에 빠져서 자신의 재능을 실험하고 넓히는 날들을 보내고 있다."[70]

---

* Goal 2000: 1994년 클린턴 대통령 취임 후, 부시 전 대통령의 계획에 근거한 '목표 2000'이라는 새로운 계획을 제시함. 부시 정부가 내세운 국가 개혁목표 6가지에 '교사들의 교육 전문성 발전'과 '학부모 참여'를 포함시킨 총 8가지 목표를 제시함(옮긴이).

** Tenochitlan: 고대 아즈텍 문명의 수도, 현재의 멕시코시티(옮긴이).

*** Stromatolite: 층 모양의 줄무늬 형태로 성장하는 침전물. 선캄브리아시대 암석에서 가장 많이 발견되는 화석(옮긴이).

Tinkering Toward Utopia
: A Century of Public School Reform

미래를 기대하며

미래를 기대하며

처음에 우리는 미국 공립학교를 개선시키는 데 조심스러운 낙관론을 표시했었다. 우리는 현재 체계의 '폐허'에서 마술 같이 날아오르는 불사조를 기대한 것은 아니다. 우리는 교육적인 불사조를 믿지도 않을뿐더러 지금 체계가 폐허라고 생각하지도 않는다. 여기서 우리는 '이상향'과 '땜질'이라는 두 가지 주제를 통하여 개혁가들이 공교육을 선도하기 위해 좀 더 넓은 안목을 가져야 하며 상명하달식이 아니라 내부로부터 수업을 개선시킬 방법에 초점을 두어야 한다고 제안하는 것이다.

교육개혁에 대한 담론을 좌우하는 진보와 퇴보의 개념은 진취적인 교육정신의 실제적인 발달을 저해하여 왔다. 근래 대다수 개혁논의의 반역사적인 성향은 현재의 결함을 과거와 연관된 것이라고 과장하게 되었고 체계를 바꾸는 일을 가볍게 보는 경향을 낳게 되었다. 학교에 대한 정책 논의는 교육에 대한 우울한 평가와 자신만만한 해결책의 순환고리를 따라 움직이면서 실제로 개혁을 실행하는 데에 일관성 없는 제안만 할 뿐이다. 또한, 과장된 어법은 대개 대중의 냉소와 교사들 사이의 회의론만 낳게 했다.

교육개혁가들의 전형적인 이성적·기계적인 가정은 제도로서의 학교를 회복하기에 충분한 영향력을 주는 데 실패했다. 정책이 제도적으로 실행되는 데에 영향을 주기보다는 이런 제도적인 구조가 정책을 실행하는 데에 더 많은 영향을 준 것이다. 학교교육의 기본틀은 강력한 정치적인 지지자들과 교육자들, 대중이 학교교육에 갖는 사회적 기대라는 탄탄한 기초를 가지고 있었거나 지속되어 온 이전 개혁들의 결과이다. 교육의 핵심, 즉 학교교육의 기본틀에 의해 형성된 교실 수업을 개선하는 일은 가장 힘든 종류의 개혁이라는 것이 밝혀졌기에 앞으로는 외부에 있는 정책입안가들의 결정에 의해서가 아니라 교사들의 지식과 의견에 의한 내부적인 변화를 통해 더 많이 개선될 것이다.

학교교육은 과거에도 그랬고 지금도 그런 것처럼 미래에도 주로 학교에서 일하는 현직 교사들의 확고하면서도 반성적인 노력과(비난하면서도) 공교육을 지지하는 학부모들 및 시민들의 기여로 더 나아질 것이다. 이것이 기본적인 상식으로 보인다. 그러나 고위 정책가들은 최근 들어 개혁을 계획할 때에 종종 교사들을 무시하며 오늘날 학교가 어떤지에 대한 그들의 생각을 고려하지 않는다. 부시 대통령의 교육계획인 〈미국 2000〉에 있는 "누가 무엇을 하는가?"라는 부분을 살펴보자. 여기에는 연방정부와 주정부의 관료 및 사업체와 학부모를 주요 참가자로 나열한 반면, 교사들을 '지역 수준'에서 활동하는 많은 단체들 중의 하나로 격하시켜 버렸다.[1]

교사들이 학교개혁을 고안하고 채택하는 정책의 고리에서 배제된 상태이기에 이들이 개혁을 수행하는 데에 일부러 꾸물거린다고 해도 놀랄만한 일이 아니다. 교사들이 교육적인 분별력을 독점하고 있는 것은 물론 아니다. 그러나 이들의 학교에 대한 직접적인 전망과 공식적인 정책을 수행하는 책임감은 이들로 하여금 학교를 개혁하기 위한 노력의 주역이게끔 하는 것이다. '거리 수준의 관료'로서 교사들은 대체로 교실 문이 닫히고 나면 공식적인 규정이 무엇이건 간에 시간이 지남에 따라 수업에 대한 실질적인 정책이 되는, 학생들에 대한 결정을 내릴 수 있는 충분한 재량권을 가지게 된다. 그렇게 되면 교사들은 교육정책이 실행에 옮겨지는 과정에서 자신들의 족적을 남기게 되는 것이다.[2]

원격 조정에 의한 수업에서 개혁은 잘된 적이 거의 없다. 몇몇 개혁가들은 교사들이 거의 쳇바퀴 돌 듯 수업하기 때문에 '교사 없는 수업', 예를 들면 과학기술의 힘을 빌린 수업을 고안할 필요가 있다고 믿는다. 그러나 교사 없는 수업이라는 개념은 학생 없는 학습이라는 말처럼 바보 같은 것이다. 교육자들은 종종 밖으로부터 불어오며 대개는 그 철학과 프로그램에 일관성이 없는 개혁의 소용돌이에 쭈그리고 앉아서 이것도 곧 지나가리라고 자위하면서 응수하곤 했다. 우리는 이런 반응에 대한 몇 가지 제도적인 이유들을 살펴보았다. 교사와 학생에 대한 전통적인 관습의 영향력이 강해서이기도 하고, 무엇이 '진짜 학교'를 구성하는가에 대해 전통적인 문화적 신념을 대중이 공유하고 있기 때문이기도 하다.

개혁은 다양한 학생들과 지역사회에 대한 지식을 이용하여 함께 일하고 새로운 수업 방식을 지원하는 교육자들에 의해 섞이며 각색되어야 한다. 개혁이 '진짜 학교'가 어떤 것이어야 하고 무엇을 해야 하는지에 대한 문화적인 신념에 대항하게 될 때 학부모들과 대중의 이해와 지원을 받는 것이 특히 중요하다.[3]

교육개혁은 학교의 제도적인 성격에 대한 현실적인 이해로부터 출발해야 하지만 이것만으로는 부족하다. 학교개혁은 또한 미래 사회의 모습에 대한 토론의 주요 무대다. 이러한 토론은 모든 시민들의 이해관계가 얽힌 광범위하고 공공적이며 윤리적인 기획이다. 그러나 최근 들어 교육의 목적에 대한 담론은 국부와 관련지으려는 끊임없는 시도로 인해 빈곤해졌다. 최근 학교교육을 국제적·경제적 경쟁력의 수단으로 사용하려는 개혁의 밑바탕에 깔린 생각은 새로운 것이 아니지만 전례가 없을 정도로 정책 논의를 좌우하고 있다.

적절한 땜질—가치 있는 것을 보존하고 그렇지 않은 것은 수정하는—의 한 종류인 학교를 안으로부터 개선시키는 개혁은 어떻게 될 것인가? 또한, 그런 개혁의 주요 목표는 무엇인가?

우리는 사람들과 학교개혁에 대해 이야기를 할 때 종종 그들에게 공립학교의 학생으로서 가장 좋았던 경험을 떠올려 보라고 한다. 대다수의 사람들은 그들의 잠재력을 개발하도록 목표를 주고 특정 과목에 흥미를 갖게 해주었거나 스트레스를 받던 시기에 관심을 가지고 조언을 해주었던 교사들의 영향을 떠올린다. 이것은 교사들 스스로가 자신들이 일하면서 받게 되는 가장 큰 만족과 보상이 무엇인가 언급한 것, 즉 자신들의 학생들이 지적으로 성숙한 사람이 되는 것을 보는 것이라는 응답과 놀랄 만큼 일치한다.[4]

우리는 개혁의 주요 목표가 학생들과 교사들 사이의 이런 만남이 더 빈번하도록 만드는 것이 되어야 한다고 믿는다. 이것은 개혁의 주요 목적이 단지 인상적인 시험 성적이 아니라, 지적이고 공공적이며 사회적인 발전이라고까지 광범위하게 해석할 수 있는 학습을 개선시키는 것임을 의미한다. 엘모어와 맥러플린이 "정책이 효과적인 행정과 실천에 대해 조건을 제시할 수는 있지만 그런 결정이 어떻게 이루어져야 하는지 미리 정할 수는 없다고 말한 것처럼 학교 밖의 정책입안자들이 할 수 있는 것은 그 정도뿐이다.[5]

의원들과 관료들, 법관들은 학교 재정을 주 전체나 학군 전체에 걸쳐 공평하게 배분하고 인종차별이나 성차별이 없는 정책을 만들며 특별한 관리가 필요한 아이들을 위해 추가 지원을 하는 데에 큰 역할을 할 수 있다. 또한, 인지심리학과 교육과정, 다민족 문화의 전문가들은 새롭고 효과적인 수업 방법을 제안할 수 있다. 하지만 이런 것들은 수업을 개선하기 위해 필요하지만 충분한 단계는 되지 못한다. 문제를 정의하고 다양한 환경과 지역 사정에 맞도록 해결책을 고안하는 데에 현직 교사들을 참여시키지 못한다면 교실에서 지속될 수 있는 개선은 아마도 생겨나지 않을 것이다.

익숙한 제도적인 관습에 젖어 있는 교사들은 개혁에 대해 다양한 방법으로 반응해 왔다. 때때로 교사들은 자신들의 행동을 규제하려고 애쓰는 의원들과 재선되기 위해 빠른 결과를 원하는 정치가들, 새로운 프로그램을 설치하려는 지역 사업가들로부터 비롯된 원하지 않았던 개혁에 대하여, 자기 멋대로 사용하고 최소한의 요구 사항만 실행하거나 혹은 저항하는 데에 상당한 에너지를 썼다. 그러나 교사들은 자신들이 보기에 유용하고 흥미로운 생각과 관습들을 예상하지 못한 방식으로 혼합하여 자신들의 일상에 받아들였다. 이런 변종은 종종 지역 사정에 잘 맞게 받아들여졌다.

이러한 제도적인 개혁의 변종에 필적할 만한 건축에서의 한 예를 생각해 보자. 1990년대 초반, 뉴욕시에서 6개의 새로운 초등학교를 계획하던 일련의 건축가들은 교사들에게 부과된 혁신이 해결책이 아니라 더 큰 문제를 빈번하게 일으킨다는 것을 알게 되었다. 한 건축가가 설명하기를 "캘리포니아 주에서 유래되어 1960년대에

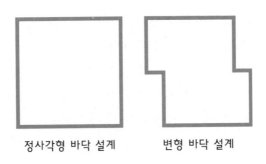

정사각형 바닥 설계   변형 바닥 설계

교육적인 디자인에 들어온 것은 '열린 교실'인데, 교육자들은 이것을 대단히 긍정적으로 보았다. 하지만 교육자들은 학교가 어떠해야 하고 어떻게 될 수 있는지 아무도 모른다"고 말했다. 열린 교실은 커다란 마룻바닥에 칸막이들을 만들어서 교사들로 하여금 자신들이 원하는 수업에 맞게 공간을 활용하도록 한 것이다. 이 건축가는 "글쎄 …… 이것은 뉴욕의 재앙이다. 때로는 3개의 수업을 동시에 진행할 수 있을 테지만 소란스럽고 불만이 있는 한 학생이 그 3개의 수업을 모두를 망칠 수도 있다"고 지적했다.[6]

이 건축가들은 몇몇의 틀을 깨는 디자인을 가지고 처음부터 새로 시작하는 대신에 공립학교 체계라 불리는 조직의 세포, 즉 교실을 가지고 시작했다. 이들은 그 학군이 지난 세기의 대부분 동안 전형적으로 사용해 왔던 정사각형 모양의 바닥 설계(왼쪽 그림)를 버리고 수업을 위해 변형한 바닥 설계(오른쪽 그림)를 만들었다. 내밀어진 창으로 더 많은 빛이 들어오게 되었고 벽감을 소그룹 모임이나 컴퓨터를 놓는 장소로 활용함으로써 새로운 방식으로 수업할 기회가 생긴 것이다. 그러나 건축가들이 이 디자인에서 무엇보다 중요하게 생각한 것은 교사들이 약간의 기능을 갖춘 사람으로서가 아니라 '교실의 중심'으로 남아 있어야 한다는 것이다. 이들은 교사들을 중심에 놓고 전통과 유연성을 혼합한 디자인으로 상명하달식

개혁이 아니라 안으로부터의 개혁을 조장한 것이다.[7]

우리가 앞에서 '성공적인 개혁이 어떤 의미를 지니는가'에 대해 이야기할 때 몇 가지 틀에 박힌 '이성적인 기준'에 대한 문제점을 지적했다. 계획에 대한 충실성은 개혁을 고안한 사람이 제일 잘 안다는 가정이 깔려 있고, 변화가 새로운 문제점을 야기한다면 지속성은 모호한 장점이 될 수 있으며, 미리 세운 목적의 달성 여부는 원래 개혁가들이 예상하지 못했던 긍정적이거나 부정적인 결과에 주목하지 못하게 만들 수 있다. 이런 기준들에 부족한 점이란 지역 사정에 맞게 적용시키지 않는다는 것이다.

수업 개혁의 본보기 중 혁신을 교사들이 수업을 개선하기 위해 활용할 수 있는 자원으로 여기는 변종에서는 '성공적인' 혁신이 실제로 학교에 따라 혹은 교실에 따라 다른 모습일 수 있다. 이런 접근에서 새로운 교육과정의 틀, 수업 방법, 과학기술, 진단평가, 소그룹을 통한 협동 학습의 전략 및 다른 혁신적인 조치들은 외부로부터 부과된 의무사항이 아니라 교사들 상호간 및 외부인의 도움을 받아 학생들이 잘 배우도록 교사들이 이용할 수 있는 자원으로 여겨진다.

교사들에 대한 시간 및 노력과 관심에 대한 제도적인 요구로 인해 교사들이 새로운 제도적인 실천을 적용하고 개발하기 위해서는 도움이 필요하다. 몇 가지 변화들은 홀로 만들기가 매우 힘들다. 예를 들어 매력적인 새로운 교육과정과 학습 양식을 개발해서 지역에 맞게 적용하는 것은 협력을 필요로 하는 대단히 어려운 작업이다. 협력을 통하여 참가자들은 활기가 넘치게 되며 새로운 의견에 노출되면서 우호적인 분위기에서 교수법의 위험을 기꺼이 감수할 정도로 고무될 수 있을 것이다.

그러나 교사들은 내부로부터 수업을 개선하는 데에 심각한 방해물에 직면해 있다. 금세기 초, 행정 진보주의자들이 학교에 도입한 '위계질서가 있는 명령 체계'의 잔재는 여전히 교사들의 자율권을 침식하고 있다. 기입해야 할 상당수의 양식을 접하면서 피곤해진 교육자들은 종종 자신들이 회계를 할 수 있는 전문가 집단이 아니라 전문적인 회계사들 같다고 생각하게 된다. 새로운 교육과정 자료나 직무연수를 위한 재정은 대개 보잘 것 없다. 교사들이 교육과정을 계획하기에 충분할 만큼의 시간이나 유인책을 주는 학교도 거의 없다. 또한, 교사들에게 '권한을 주기 위해' 계획된 회의에서 의제가 모호하거나 의제 간에 대립이 생기게 되면 교사들을 좌절시킬 수도 있다. 학교교육의 기본틀과 독립된 교실에서 혼자 수업을 하는 데에 익숙한 많은 교사들에게는 교실에서 수업을 잘하기 위해 필요한 지식과 기술뿐만 아니라 자신감과 새로운 수업에 관한 고안을 실험하기 위해 필요한 대학 수준의 지원 또한 부족했다.[8]

그럼에도 불구하고 많은 학군, 특히 자원이 풍부하고 유연성 있는 지도자들을 갖춘 학군에서는 교사들이 수업을 다시 만드는 일을 주도해왔다. 상명하달식 개혁이냐 아니면 교사들 개개인의 외로운 노력이냐 중에서 꼭 하나를 선택할 필요는 없다. 수업의 변화를 가져온 좋은 프로그램의 상당수는 공통의 목표를 가지고 있지만 그들의 지역 사정에 맞게 유연하게 적용한 현직 교사들 사이의 긴밀한 협력이 수반되었다. 전국적으로 보면 고등학교에서는 교과별 부서가 교사들에게 배움의 공간 역할을 해왔다. 수학교사협의회나 서부논술프로젝트 같은 교사들의 전문 조직은 자신들 영역에서 내용과 교수법을 변화시키는 데 함께 노력해 왔다. 지역을 기반으로 한 제임스 코머(James P. Comer)의 학교와 헨리 레빈(Henry Levin)의 속진학교, 시어도어 사이저(Theodore R. Sizer)의 필수학교연합 같은 개혁 프로그램에서는 공유된 일반적인 원리가 학교교육의 회복을 인도

하고 교사들 상호 간에 서로 협력하며 학부모들과도 협력하도록 도왔다. 이런 모든 노력은 학습과 더 평등한 학교교육을 증진시키기 위한 광범위한 사회적인 운동이라고 생각할 수 있다.[9]

안으로부터의 교육개혁을 위한 전략에는 유능한 사람들을 교직으로 영입하고 교사들에게 도전을 주며 교사들의 현실에 맞게 교사 교육 프로그램을 개정하는 것이 필요하다. 또한, 신임 교사들이 꼼꼼한 지원과 성공할 수 있는 기회를 가지고 확신하도록 유도하며, 부적격 교사들을 골라내고 효율적인 교사들을 존속시키기 위한 더 많은 노력이 필요하다. 이 모든 일에는 교사들을 가장 고무시키는 것이 무엇인지 가장 낙담시키는 것이 무엇인지에 대한 이해가 요구된다. 교사들에게 무엇이 그들을 가장 힘들게 하는지를 묻고 거기서부터 개혁을 시작하는 것이 하나의 출발점이 될 것이다.

우리는 여기서 묘사한 교사가 중심이 되는 '교실에서부터 밖으로의 개혁'이 수업을 개선하기 위한 만병통치약이라고 제안하고 싶은 것은 아니다. 하지만 이것이 대부분의 상명하달식이나 외부에서부터 들어온 혁신적인 조치들보다 수업을 더 개선시킬 것이라고 굳게 믿는다. 또한, 우리는 교사들이 자신들의 환경과 학생들에 맞는 새로운 아이디어를 적용하도록 교사들을 돕는다면 학생들이 성인이 되어서도 기억하고 가슴에 품게 될 건설적인 수업이 더 많아질 것이라고 확신한다.[10]

최근 들어 공립학교에 몸을 담고 있는 사람들은 특별한 결점에 대한 투덜거림뿐 아니라 학교 상황에 대하여 널리 퍼져 있는 막연한 불안감에도 맞설 필요가 있다는 것이 명백해지고 있다. 다른 많은 사람들처럼 우리도 공교육이 갖는 이상과 현실의 괴리를 비판하고 그것을 개혁하는 데에 전문적으로 많은 시간을 할애했다. 우리가 여객용 철도가 항공기나 자동차로 대체되어야 한다는 데 수긍할 몇몇 사람들을 찾기 위해서 더러운 객차와 형편없는 음식, 울퉁불퉁한 노면을 불평하는 철도 마니아처럼 느껴질 때가 있다. 그러나 우리는 공교육에 하자가 있으니 없애버리자는 생각을 품고 있는 것이 전혀 아니다.

공교육을 떠받치고 있는 신념 체계가 산산조각 났다는 전반적이며 막연한 불안감에 맞설 때가 되었다. 충분히 관대하고 강한 흥미가 있으며 그럴 듯하여 사람들로 하여금 공립학교 교육을 지지하도록 통일시켜줄 수 있는 공통적인 목표를 협의하는 것이 오늘날 절실히 필요하다. 우리는 커다란 기대에 뒤이은 환멸을 낳는 미국인들의 이상주의적 사고방식을 비판해 왔다. 그러나 한편으로는 교육에 대한 미국인들의 믿음이 공공의 선을 증진시키는 강력한 힘이 되어 온 것도 사실이다.

최근 세대들에게 공교육에 대한 담론의 폭은 급속도로 좁아졌다. 국제적인 경제적 경쟁력과 시험 점수, 학교를 고를 수 있는 개인의 '선택권'에만 초점을 맞추고 있기 때문이다. 그러나 이것은 시민의 복지에 가장 중요한 선택의 유형, 즉 시민들이 다음 세대에게 물려주기를 원하는 가치와 지식에 대해 민주적인 절차에 따라 이루어진 공동의 미래를 위한 '집단적인 선택'을 무시하는 것이다. 데보라 마이어(Deborah Meier)는 "공교육이 그저 유용한 하나의 산업 정책일 수도 있겠지만 건강한 민주주의를 위해서는 필수 불가결한 것이다"고 말했다.[11]

지하철에서부터 정신병원, 국립공원, 학교에 이르기까지 공공분야는 점점 쇠퇴하고 있다. 사람들은 자신들이 공통으로 유지하고 있는 것을 자랑스러워하는 것에 대해 결코 당연하게 생각해서는 안 된다. 탈제도화와 탈규제는 공립기관의 폐해에 대한 만병통치약이 되어 가고 있다. 또한, 광범위하게 공유된 정치적·사회적인 목적의 창설자이자 산물이기도 했던 공립학교는 제한된 목적을 위한 도구가 되어 가고 있다.

교육의 목적이 경제적인 이익을 위한 것으로 좁혀지고 성공을 가늠하는 주된 척도가 더 높은 시험 성적이 된다면 학교교육은 자연스레 공공선을 위한 것이 아니라 소비자의 만족을 위한 것으로 여겨질 것이다. 그렇게 되면 보편적인 학교에 대한 대안, 예를 들어 공립이든 사립이든 학부모가 바우처로 인해 자녀들을 위해 선택한 어떤 학교에도 보낼 수 있는 공개시장 체제 같은 대안을 제안하는 것이 지극히 논리적이다. 바우처 옹호론자들의 주장 중 하나는 시장 체제가 민주적인 관리의 비효율성이라고 추정되는 부분을 없애줄 것이라는 점이다. 비평가들은 학교교육의 쇠락 원인이 지역 민주주의 관리 기관인 교육위원회라고 추정하며 지역 교육위원회를 없애야 한다는 주장까지 펴고 있다.[12]

최근 몇 년 동안 빈약한 교육이 경제 하락의 원인으로 비난받아 왔고 더 강한 교육이 그 해결책으로 제안되었다. 이런 위기 위식은 학교교육에 더 많은 재정지원을 불러오기 때문에 단기적으로는 공립학교에 도움이 된다. 희생양이 되는 대가로 돈을 받고 무관심 대신에 비현실적인 기대를 받는 것은 잠시 동안은 그리 나쁜 거래가 아닌 듯 보인다. 그러나 이런 것들이 민주적인 학교교육의 견고한 토대가 될 수는 없다.

한 세기가 넘도록 미국인들은 공교육을 개인과 국가의 번영과 관련지어 왔다. 1909년에 엘우드 커벌리는 "우리가 좋든 싫든 지능과 기술의 거대한 전쟁터에서 세상과 맞붙어 싸우고 세계시장에 놓이게 되며 국민을 위해 일하고 위험의 대가로 내부적인 평화와 민족을 받게 된 것을 보기 시작했다"고 했는데, 이것은 나중에 《위기의 국가》에서 정확히 되풀이되었다. 그러나 교육을 공공의 선으로 보는 미국인의 생각은 전통적으로 단순히 개인이나 국가의 경제적인 이익보다는 훨씬 더 많은 것을 포함했다.[13]

미국인들의 약 1/4이 공립학교의 학생이거나 직원이다. '어린 시민들 모두 학습할 수 있다'는 사회적 약속의 상징인 학교 건물은 어디에서나 볼 수 있다. 학교는 학교를 다닌 적이 있었던 어른들에게는 아주 친근한 장소이자 대중이 의사결정에 참여할 수 있다는 점에서 다른 많은 기관들과는 다르다. 미국 성인들은 어린 시민들을 교육하는 일에 관한 대중적인 토론을 자신의 아이들과 지역사회를 위해서만이 아니라 국가를 위해서도 어떤 종류의 미래가 되어야 하는지를 논의하는 데에 사용해 왔다.

지난 세기의 대부분 동안 공립학교의 목적이 무엇이냐는 토론은 좁은 의미의 수단적인 목적보다는 주로 포괄적인 정치적·사회적 선을 강조해 왔다. 호러스 만이 있던 시대의 학교 십자군들은 학교교육의 주된 기능이 미국을 신의 나라로 만들고자 하는 천 년간의 희망을 완성하기 위해 교양 있는 도덕적인 시민을 길러내는 것이라고 믿었다. 아주 다양한 문화적 배경을 지닌 이민자들이 미국에 들어오자 시민들은 공립학교가 멀리서부터 오는 새로운 사람들을 어떻게 새로운 시민으로 만들 것인지를 토론하게 되었고, 이민자들은 교육을 통하여 문화적 민주주의에 대한 자신들만의 개념과 관습들을 발전시켰다. 존 듀이 같은 정치적인 철학자들은 민주주의와 교육의 관계를 이해하는 데에 아주 크게 기여했다. 1954년 브라운 판결 후 20년 동안 미국인들은 어떻게 하면 공교육이 인종 및 경제적인 평등을 증진시킬 수 있을 것인지 격렬하게 토론했다.

공교육의 목적에 대한 토론은 기껏해야 민주적인 사회를 만드는 데에 도움을 준 민주적인 기관을 만들고 개선하는 연속적인 과정이었을 뿐이다. 여기에는 정책을 토론하기보다는 그저 선포하기만을 원하는 지도층들이 있었다. 일부 관심 있는 집단을 교육의 정치학을 그저 승자와 패자가 있는 경기장이라고 여기면서 자신들의 좁은 목표에만 집중했다. 그러나 교육의 목적에 대한 담론이 공공의 선에 관한 것이라고 한다면 과거의 제일 좋은 부분은 보존하고 유지하며 현재에 가장 현명한 결정을 내려 미래를 위해 기획하는 일종의 *트러스티십*(trusteeship, *신탁*)이라고 이해할 수 있을 것이다.

이러한 공공의 선을 위한 *트러스티십*의 전통을 이어간다면 잠시 학교를 다니는 학생들과 그들의 학부모들뿐만 아니라 모든 시민들이 이해관계를 갖고 미래를 위한 토론에 참여하게 될 것이다. 그리고 이것이 바로 미국인들이 오래 전에 공교육을 만들어 이를 지속적으로 개혁하려고 애써 온 주된 이유이다.

미 주

프롤로그: 과거로부터의 학습

1 교육에 대한 품격 높은 논쟁은 David K. Cohen and Bella H. Rosenberg, "Functions and Fantasies: Understanding Schools in Capitalist America," *History of Education Quarterly* 17 (1977): 132, 113~137 참조.

2 Horace Mann, *Life and Works*(Boston: Walker, Fuller, and Co., 1865~1868), vol. 4, pp. 345, 354, 364~365; Robert H. Wiebe, "The Social Functions of American Education," *American Quarterly* 21(Summer1969) : 147~164; National Commission on Excellence in Education, *A Nation at Risk: The Imperative for Educational Reform*(Washington, D.C. : GPO, 1983); Thomas S. Popkewitz, "Educational Reform: Rheroric, Ritual, and Social Interest," *Educational Theory* 38(Winter 1988): 77~93.

3 Michael Sadler, "Impressions of American Education," *Educational Review* 25 (March 1903): 219; David Tyack, "Forming the National Character: Paradox in the Educational Thought of the Revolutionary Generation," *Harvard Educational Review* 35(Winter 1966): 29~41.

4 Hannah Arendt, "The Crisis in Education," *Partisan Review* 25(Fall 1958): 493~513; Bernard J. Weiss, ed., *American Education and the European Immigrant, 1840~1940*(Urbana: University of Illinois Press, 1982); Paula Fass, *Outside In: Minorities and the Transformation of*

American Education(New York: Oxford University Press, 1989).

5 Johnson에 대해서는 Henry Perkinson, *The Imperfect Panacea: American Faith in Education*, 1865~1965(New York: Random House, 1979), frontispiece에서 언급했다.

6 Richard C. Paddock, "Lobbyists Greet Class in Ethics with Yawns," *Los Angeles Times*, December 6, 1990, p. A3.

7 Jesse K. Flanders, *Legislative Control of the Elementary Curriculum* (New York: Teachers College Press, 1925) ; Jane Bernard Powers, *The "Girl Question" in Education: Vocational Education for Young Women in the Progressive Era*(Washington, D.C.: Falmer Press, 1992), ch. 2; David Tyack, Thomas James, and Aaron Benavot, *Law and the Shaping of Public Education*, 1785~1954(Madison: University of Wisconsin Press, 1987), ch. 6.

8 Paul R. Mort and Francis G. Cornell, *American Schools in Transition: How Our Schools Adapt Their Practices to Changing Needs*(New York: Teachers College Press, 1941), chs. 1~3.

9 Mort and Cornell, *American Schools in Transition* p. 53; Paul R. Mort, "Studies in Educational Innovation from the Institute of Administrative Research: An Overview," in Matthew B. Miles, ed., *Innovation in Education*(New York: Bureau of Publications, Teachers College, Columbia University, 1964) pp. 317~328.

10 읽고 쓰고 셈하기(3R)에 반하는 과목들(fads and frills)에 대한 공격을 보려면 George Strayer, "Educational Economy and Frontier Needs," in Department of Superintendence, *Official Report*, 1933(Washington, D.C.: NEA, 1933), pp. 138~146; David Tyack, Michael Kirst, and Elisabeth Hansot, "Educational Reform: Retrospect and Prospect," *Teachers College Record* 81(Spring 1980): 253~269 참조.

11 Diane Ravitch, *The Troubled Crusade: American Education*, 1945 ~1980 (New York: Basic Books, 1983).

12 역사적으로 교육개혁을 탐구하는 여러 가지 방법이 있다. 예를 들면, 학자들은 직업교육 같은 개별 개혁을 연구하거나 존 듀이 같은 개별 개혁가를 연구할 수 있다. 이 둘 모두 정치경제학적 변환을 학교에서의 변화로 연결시켰다. 이 분야의 학자들은 진보적 교육운동이나 민권운동같은 사회정치적 개혁을 연구하며, 한 학군이나 한 학교에서 일어나는 개혁에 대한 논문을 쓴다. 저자들은 이러한 연구들로부터 큰 도움을 받았지만, 이 책은 논문이 지향하는 전문가들보다는 많은 일반 독자들을 겨냥하여

썼다.

13 Richard E. Neustadt와 Ernest R. May가 관찰한 것처럼 미래는 근원을 알 수 없고, 과거만이 예측할 수 있는 가치이다. *Thinking In Time: The Uses of Histon for Decision Makers*(New York: The Free Press, 1986), p. 251 참조.

14 Margaret O'Brien Steinfels, *Who's Minding the Children? The History and Politics of Child Care in America*(New York: Simon and Schuster, 1973).

15 Harold Silver and Pamcia Silver, *An Educational War on Poverty: American and British Policy—Making*(Cambridge: Cambridge University Press, 1991), pp. 119, 266~268.

16 '진짜 학교'와 학교교육에 대한 문화적 구성에 대한 개념을 보려면 Mary Hayward Metz, "Real School: A Universal Drama amid Disparate Experience," in Douglas E. Mitchell and Margaret E. Goertz, eds., *Educalion Politics for the New Century*(New York: Falmer Press, 1990), pp. 75~91; John W. Meyer and Brian Rowan, "Institutionalized Organizations: Formal Structure as Myth and Ceremony," *American Journal of Sociology* 83(September 1977): 340~363; John W. Meyer and Brian Rowan, "The Structure of Educational Organizations," in Marshall W. Meyer, ed., *Environments and Organizations*(San Francisco: Jossey—Bass, 1978), pp. 78~109.

17 Ira Katznelson and Margaret Weir, *Schooling for All Class, Race, and the Decline of the Democratic Ideal*(New York: Basic Books, 1985); W. Lloyd Warner, Robert J. Havighurst, and Martin B. Loeb, *Who Shall Be Educated? The Challenge of Unequal Opportunities*(New York: Harper and Brothers, 1944).

18 Diane Ravitch, *The Great School Wars: New York City, 1805~1973* (New York: Basic Books, 1974); Herbert M. Kliebard, *The Struggle for the American Curriculum, 1893~1958*(New York: Routledge & Kegan Paul, 1987); Michael W. Apple, *Ideology and Curriculum*(London: Routledge & Kegan Paul, 1979); David Tyack, "Constructing Difference: Historical Reflections on Schooling and Social Diversity," *Teachers College Record* 95(Fall 1993): 9~34.

19 *Public Schools and Their Administration: Addresses Delivered at the Fifty—Ninth Meeting of the Merchants'Club of Chicago, Saturday December 8, 1906*(Chicago: The Merchants' Club, 1906); Corinne Gilb,

Hidden Hierarchies: The Profession and Government (New York: Harper & Row, 1966); David Tyack and Elisabeth Hansot, *Managers of Virtue: Public School Leadership in America*, 1820~1980(New York: Basic Books, 1982), pt. 2.

20 Willard Waller, *The Sociology of Teaching*(New York: Russell and Russell, 1961).

21 Metz, "Real School"; Meyer and Rowan, "Institutionalized Organizations.

1장 진보인가 퇴보인가

1 W. W. Carpenter, "Is the Educational Utopia in Sight?" *The Nation's Schools* 8 (September 1931): 71, 72, 71~73.

2 Henry Perkinson, *The Imperfect Panacea: American Faith in Education, 1865~1965*(New York: Random House, 1968); 진보라는 개념들은 과거와 현재 모두 교육 관련 저술에서 만연된 주제이다. Ellwood P. Cubberley, *Readings in Public Education in the United States: A Collection of Sources and Readings to Illustrate the History of Educational Practice and Progress in the United States*(Boston: Houghton Mifflin, 1934), 또는 U.S. Department of Education, *Progress of Education in the United States of America, 1980~1981 through 1982~1983: Report for the Thirty–Ninth International Conference of Education, Sponsored by UNESCO* (Washington, D.C.: U.S. Department of Education, 1983). 1970년대 후반 이후 연방정부의 후원 아래 학업성취도를 측정하는 프로그램을 국가학업성취도(National Assessment of Educational Progress)라고 부른다.

3 Harlan Logan, "The Failure of American Education," *Look*, May 28, 1946, pp. 28~32, 34; "How Good Is Your School? 'Life' Test Will Tell You," *Life*, October 16, 1950, pp. 54~55; David K. Cohen, "Willard Waller: on Hating School and Loving Education," in Donald J. Willower and William Lowe Boyd, eds., *Willard Waller on Education and Schools: A Critical* Appraisal(Berkeley: McCutchan, 1989), ch. 5. 과거가 교육의 황금시대라는 개념에 대한 비평을 보려면 Patricia *Albjerg* Graham, S.O.S.: *Sustain Our Schools*(New York: Hill and Wang, 1992) 참조.

4 *What People Think about Youth and Education*, National Education Association(NEA) Research Bulletin no. 5, November 1940(Washington,

D.C.: NEA, 1940), pp. 195~196; George H. Gallup, *The Gallup Poll: Public Opinion*, 1935~1971(New York: Random House, 1972), vol. 1, p. 597; Hadley Cantril and Mildred Strunk, *Public Opinion*, 1935 ~1946 (Princeton: Princeton University Press, 1951), p. 178.

5 Gallup, *Gallup Poll*, vol. 1, pp. 598; vol. 2. pp. 1366, 1513.

6 같은 책, vol. 1, p. 597; Cantril and Strunk, *Public Opinion*, p. 178.

7 Stanley M. Elam, ed., *A Decade of Gallup Polls of Attitudes toward Education, 1969~1978*(Bloomington, Ind.: Phi Delta Kappa, 1978); Stanley Elam, ed., *The Gallup / Phi Delta Kappa Polls of Attitudes toward Public Schools, 1969~1988: A Twenty. Year Compilation and Educational History*(Bloomington, Ind.: Phi Delta 147 Kappa Educational Foundation, 1989), p. 5; Hans N. Weiler, "Education, Public Confidence, and the Legitimacy of the Modern State: Do We Have a Crisis?" *Phi Delta Kappan* 64(September 1982): 9; *New York Times*, April 11, 1983, p. A18.

8 National Commission on Excellence in Education, *A Nation at Risk: The Imperative for Educational Reform*(Washington, D.C.: GPO, 1983), p. 11, passim.

9 같은 책; John Chubb and Terry Moe, *Politics, Markets and America's Schools*(Washington, D.C.: Brookings Institution, 1990).

10 David K. Cohen and Barbara Neufeld, "The Failure of High Schools and the Progress of Education," *Daedalus* 110(Summer 1981): 69~90; 미국의 진보라는 개념에 대한 포괄적인 분석을 보려면 Rush Welter, "The Idea of Progress in America," *Journal of the History of Ideas* 16(June 1955): 401~415 참조. 진보라는 개념에 대한 비평을 보려면 Christopher Lasch. *The True and only Heaven: Progress and Its ritics*(New York: W. W. Norton, 1991) 참조.

11 Weiler, "Public Confidence"; Arthur Alphonse Ekirch, Jr., *The Idea of Progress in America, 1815~1860*(New York: Columbia University Press, 1944).

12 Ernest Tuveson, Redeemer Nation: *The Idea of America's Millennial Role* (Chicago: University of Chicago Press, 1968).

13 Fletcher B. Dresslar, *American School Buildings*, U.S. Bureau of Education Bulletin no. 17, 1924(Washington, D.C.: GPO, 1924), pp. 11~14, 66~67, 89~90, 32; 19세기에 이루어진 진보에 대한 요약을 보려면 William T. Harris's report to the Paris Exposition of

1900—*Elementary Education*(Albany: J. B. Lyon Co., 1900) 참조. 개
신교적 공화주의자의 천년의 진보와 교육 '과학' 사이의 일치를 보려면
David Tyack and ElisabethHansot, *Managers of Virtue: Public School
Leadership in America, 1820~1980*(New York: Basic Books, 1982),
pts. 1 and 2 참조.

14 Otis W. Caldwell and Stuart A. Courtis, *Then and Now in Education,
1845~1923: A Message of Encouragement from the Past to the Present*
(Yonkers—on—Hudson: World Book Co., 1925), pp. vi, 118, 47.

15 진보에 대한 한 시각으로는 David Snedden, "The High School of
Tomorrow," *The School Review* 25(January 1917): 1~15 참조. 학교의
의사결정에 대한 대중의 참여 감소에 대해서는 Ronald E. Butchart,
"The Growth of an American School System: The Coconino Couney,
Arizona, Experience"(M.A. thesis, Northern Arizona University, 1973)
참조. 진보에 필연적인 혁신과 그 점진적인 실행에 대한 연구로는 Paul
R. Mort and Francis G. Cornell, *American Schools in Transition: How
Our Schools Adopt Their Practices to Changing Needs*(New York:
TeachersCollege Press, 1941), chs. 1~3 참조.

16 William Bullough, "'It Is Better to Be a Country Boy': The Lure of the
Country in Urban Education in the Gilded Age," *The Historian* 35
(February 1973): 183~195; 선도적인 교육개혁가인 시카고 대학의
Charles H. Judd가 20세기 초반의 30년 동안 교육 경향에 대하여 저술한
책을 보면 '문제'라고 불리는 것들을 중심으로 장을 나누었지만, 명백하
게도 진보가 이루어지고 있는 중이었다. *Problems of Education in the
United States*(New York: McGraw—Hill, 1933).

17 Ellwood P. Cubberley, *Changing Conceptions of Education*(Boston:
Houghton Mifflin, 1909); James Russell, *Founding Teachers College:
Reminiscences of the Dean Emeritus*(New York: Teachers College Press,
1937); George D. Strayer, "Progress in City School Administration
during the Past Twenty—Five Years," *School and Society*
32(September 1930): 375~378.

18 "Shall Education Be Rockefellerized?" *American Federationist* 24(March
1917): 206~209; Institute for Public Service, *Rainbow Promises of
Progress in Education*(New York: Institute for Public Service, 1917);
Robert Rose, "Career Sponsorship in the School Superintendency"
(Ph.D. diss., University of Oregon, 1969); Henry Pritchett, "Educational
Surveys," in Carnegie Foundation for the Advancement of Teaching,

Ninth Annual Report of the President and Treasurer(New York: Merrymount Press, 1914). pp. 118~123; Hollis L. Caswell, *City School Surveys: An Interpretation and Appraisal*(New York: Teachers College Press, 1929).

19 William G. Carr, "Legislation as a Factor in Produci.ng Good Schools," *American School Board Journal* 81(December 1930): 37~38

20 Charles H. Judd, "School Boards as an Obstruction to Good Administration," *The Nation's Schools* 13(February 1934): 13~15.

21 Ellwood P. Cubberley, *Public School Administration: A Statement of the Fundamental Principles Underlying the Organization and Administration of Public Education*(Boston: Houghton Mifflin, 1916); David B. Tyack, *The One Best System: A History of American Urban Education*(Cambridge: Harvard University Press. 1974), pt. 4.

22 National Center for Educational Statistics(NCES), *Digest of Educational Statistics*, 1974(Washington, D.C.: GPO, 1975) p. 53(hereafter cited as NCES, *Digest*, by date); NCES, *Digest, 1988*, table 67. 시골 학교의 통합에 대한 논거와 그 학교들에 대한 전문적인 관리에 대한 내용을 보려면 Ellwood P. Cubberley, *Rural Lie and Education: A Study of the Rural−School Problem*(Boston: Houghton Mifflin, 1914), William B. McElhenny, "Where Do We Stand on School District Reorganization?" *Journal of the Kansas Law Association* 16(November 1947): 245~251 참조.

23 Lynn Dumenil, "The Insatiable Maw of Bureaucracy: Antistatism and Education Reform in the 1920s," *The Journal of American History* 77 (September 1990): 499~524; U.S. Bureau of Education, *A Manual of Educational Legislation for the Guidance of Committees on Education in the State Legislatures*, Bulletin no. 4, 1919 (Washington, D.C.: GPO, 1919); The National Institute of Education, *State Legal Standards for the Provision of Public Education: An Overview* (Washington, D.C.: GPO, 1978); Judd, *Problems*, p. 116.

24 NCES, *Digest, 1988*, table 61; John W. Meyer et al., *Bureaucratization Without Centralization: Changes in the Organizational System of merican Public Education, 1940~1980*, Project Report no. 85~All, Institute for Research on Educational Finance and Governance, Stanford University, 1985, table 1; 저자들은 Jane Hannaway에게 도움을 받아 캘리포니아 교육법률을 살펴보았다.

25 Edith A. Lathrop, *The Improvement of Rural Schools by State*

Standardization(Washington, D.C.: GPO, 1925), pp. 10~13, 34; George J. Collins, *The Constitutional and Legal Bases for State Action in Education, 1900~1968*(Boston: Massachusetts Department of Education, 1968); 시골 학교의 필요에 대해서는 Newton Edwards and Herman G. Richey, *The School in the American Social Order: The Dynamics of American Education*(Boston: Houghton Miffinm, 1947), p. 689 참조. 도시와 시골 학교의 차이에 대해서는 Harlan Updegraff and William R. Hood, *A Comparison of Urban and Rural Common—School Statistics*, U.S. Bureau of Education Bulletin no. 21, 1912(Washington, D.C.: GPO, 1912) 참조. 학교법에 대해서는 National Education Association, Educational Research Service, *State School LegisLation, 1934*, Circular no. 3, March 1935 (Washington, D.C.: 1935) 참조.

26 Caswell, *Surveys.*

27 Larry Cuban and David Tyack, "Match and Mismatch—Schools and Children Who Don't Fit Them," in Henry M. Levin, ed., *Accelerated Schools*, forthcoming; Strayer. "Progress"; Lewis M. Terman, ed., *Intelligence Tests and School Reorganizalion*(Yonkers—on—Hudson: World Book Co., 1922); Charles H. Judd. "Education," in *Recent Social Trends in the United States: Report of the President's Research Committee on Social Trends*(New York: McGraw—Hill. 1933). pp. 330, 338.

28 Judd, "Education." pp. 345~346; Lewis Terman, *The Hygiene of the School Child*(Boston: Houghton Miffin, 1929); Robert W. Kunzig, *Public School Education of Atypical Children*, U.S. Bureau of Education Bulletin no. 10, 1931(Washington. D.C: GPO, 1931), p. 74; NCES, *Digest, 1990*, p. 63.

29 NCES, *Digest, 1988*, table 67.

30 National Center for Educational Statistics, *120 Years of American Education: A Statistical Portrait*(Washington, D.C: GPO, 1993), pp. 14, 21, 34~35(hereafter cited as NCES, *120 Years*); NCES, *Digest, 1990* p. 66.

31 American Association of School Administrators. *The Amertcan School Superintendency*(Washington, D.C: American Association of School Administrators, 1952), p. 444; NCES. *Digest, 1990* p. 48.

32 진보적 행정가 시대에 대한 매력적인 '천덕꾸러기'의 의견을 보려면

Margaret Haley, "Why Teachers Should Organize," NEA, *Addresses and Proceedings, 1904*(Washington. D.C: NEA, 1905). pp. 145~152 (hereafter cited as NEA, *Addresses and Proceedings*, by date) 참조. 물론 진보적 행정가가 법률 제정과 교육 제정에 영향을 미치는 유일한 이익 집단은 아니었다. Jesse H. Newlon, *Educational Administration as Social Policy*(New York: Charles Scribner's Sons, 1934) 참조.

33 교육에서 흑인들의 자조(self‒help)를 보려면 James D. Anderson, *The Education of Blacks in the South, 1860~1935*(Chapel Hill: University of North Carolina Press, 1988); Michael B. Katz. *Reconstructing American Education*(Cambridge: Harvard University Press, 1987); W. Lloyd Warner, Robert J. Havighurst. and Martin B. Loeb, *who Shall Be Educated? The Challenge of Unequal Opportunities* (New York: Harper and Brothers, 1944) 참조.

34 George S. Counts, *The Social Composition of Boards of Education* (Chicago: University of Chicago Press, 1927); David Tyack, Robert Lowe, and Elisabeth Hansot. *Public Schools in Hard Times: The Great Depression and Recent Years*(Cambridge: Harvard University Press. 1984), chs. 3~4; 불평등에 관심을 가진 교육자들에 대한 바람직한 예로는 Leonard Covello, *The Heart Is the Teacher*(New York: McGraw‒Hill, 1958) 참조.

35 Edwards and Ritchey, *Social Order*, pp. 635. 688~699; Jonathan Kozol 이*Savage Inequalities: Children in American Schools*(New York: Crown, 1991)에서 언급한 것처럼, 부의 지역별 격차는 교육의 평등에 여전히 심각한 영향을 끼친다.

36 Henry S. Shryock, Jr., "1940 Census Data on Numbers of Years of School Completed," *Milbank Memorial Fund Quarterly 20*(October 1942): 372; Paul R. Mort, *Federal Support for Public Education: A Report of an Investigation of Educational Need and Relative Ability of States to Support Education as They Bear on Federal Aid to Education*(New York: Teachers College, Bureau of Publications, 1936); 교육가들에 의해서 자주 평가절하되었던 시골 학교의 좋은 점을 보려면 Wayne E. Fuller, *The Old Country School: The Story of Rural Education in the Middle West*(Chicago: University of Chicago Press, 1982) 참조.

37 텍사스의 학교를 방문한 사람의 말은 Doxey Wilkerson, *Special Problems of Negro Education*(Washington, D.C: GPO, 1939), p. 99와 pp. 15~49

에서 언급했다. Horace Mann Bond, *The Education of the Negro in the Amenrican Social Order*(New York: Prentice Hall, 1934); Charles S. Johnson, *Shadow of the Plantation*(Chicago: University of Chicago Press, 1934); Harvey Kantor and Barbara Brenzel, "Urban Education and the 'Truly Disadvantaged': The Historical Roots of the Contemporary Crisis, 1945~1990," in Michael B. Katz, ed., *The "Underclass" Debate: Views from History*(Princeton: Princeton University Press, 1993), pp. 366~402.

38 Edwards and Ritchey, *Social Order*, p. 703; Howard M. Bell, *Youth Tell Their Story: A Study of the Conditions and Attitudes of Young People in Maryland between the Ages of Sixteen and Twenty—Four* (Washington, D.C.: American Council on Education, 1938), pp. 59~60.

39 August Hollingshead, *Elmtown's Youth: The Impact of Social Classes on Adolescents*(New York: John Wiley, 1949), chs. 6, 8; "What People Think about Youth and Education," *NEA Research Bulletin* 18(November 1940): 215; Bernard D. Karpinos and Herbert J. Sommers, "Educational Attainment of Urban Youth in Various Income Classes," *Elementary School Journal* 42(May 1942): 677~687; Jeannie Oakes, *Keeping Track*(New Haven: Yale University Press, 1985),

40 David Tyack and Elisabeth Hansot, *Learning Together: A History of Coeducation in American Public Schools*(New Haven: Yale University Press and the Russell Sage Foundation, 1990), ch. 7.

41 Naomi J. White, "Let Them Eat Cake! A Plea for Married Teachers," *Clearing House* 13(September 1938): 135~139; 더 많은 남자들을 교사로 채용하려는 의도적인 프로그램이 있었다. "Teaching: A Man's Job," *Phi Delta Kappan* 20(March 1938): 215; Elisabeth Hansot and David Tyack, "The Dream Deferred: A Golden Age for Women Administrators?" (Stanford, Calif.: Institute for Research on Educational Finance and Governance, 1981); Tyack and Hansot, *Learning Together*, chs. 7~9 참조.

42 John G. Richardson, "Historical Expansion of Special Education," in Bruce Fuller and Richard Rubinson, eds., *The Political Construction of Education: The State, School Expansion, and Economic Change* (Westport, Conn.: Praeger, 1992), pp. 207~221; Kunzig, "Atypical Children"; Frank M. Phillips, *Schools and Classes for Feeble—Minded and Subnormal Children*, 1926~1927, U.S. Bureau of Education Bulletin no. 5, 1928(Washington, D.C: GPO, 1928); James H. Van

Sickle, James H. Witmer, and Leonard P. Ayres, *Provision for Exceptional Children in Public Schools*, U.S. Bureau of Education Bulletin no. 14, 1911 (Washington, D.C: GPO, 1911); NCES, *120 Years*, p. 44.

43 Joseph L. Tropea, "Bureaucratic Order and Special Children: Urban Schools, 1890s~1940s," *History of Education Quarterly* 27(Spring 1987): 29~53; Barry M. Franklin, "Progressivism and Curriculum Differentiation: Special Classes in the Atlanta Public Schools, 1898~ 1923," *History of Education Quarterly* 29(Winter 1989): 571~593.

44 Gunnar Myrdal, *An American Dilemma: The Negro Problem and American Democracy*(New York: Harper and Brothers, 1944), pp. xlvixlviii.

45 Frances Piven and Richard Cloward, *Poor Peoples' Movements: Why They Succeed,How They Fail*(New York: Pantheon, 1977).

46 Brown v. Board of Education, 347 U.S. 493(1954); Richard Kluger, *Simple Justice: The History of Brown v. Board of Education and Black America's Struggle for Equality*(New York: Vintage Books, 1977); Kantor and Brenzel, "Urban Education"; David Neal and David L. Kirp, *The Allure of Legalization Reconsidered: The Case of Special Education* (Stanford, Calif.: Institute for Research on Educational Finance and Governance, 1983).

47 Joseph Gusfield, ed., *Protest, Reform, and Revolt: A Reader in Social Movements*(New York: John Wiley, 1970); Anthony Obershall, *Social Conflict and Social Movements*(Englewood Cliffs, N.J.: Prentice Hall, 1973).

48 Robert Newby and David Tyack, "Victims without 'Crimes': Some Historical Perspectives on Black Education," *Journal of Negro Education* 40(Summer 1971): 192~206; Lawrence A. Cremin, *Popular Education and Its Discontents*(New York: Harper & Row, 1990), ch. 3; Nancy Frazier and Myra Sadker, *Sexism in School and Society*(New York: Harper & Row, i973); Susan S. Klein, ed., *Handbook for Achieving Sex Equity through Education*(Baltimore: Johns Hopkins University Press, 1985).

49 Gary Orfield, *Public School Desegregation in the United States, 1968~1980*(Washington, D.C.: Joint Center for Policy Studies, 1983), pp. 12, 15~19; NCES, *Digest, 1991*, pp. 110, 181; Harold

Hodgkinson, "What's Right with Education," *Phi Delta Kappan* 61(November 1979): 160~162; Jennifer O'Day and Marshall S. Smith,"Systemic School Reform and Educational Opportunity," in Susan Fuhrman, ed., *Designing Coherent Education Policy: Improving the System*(San Francisco: Jossey— Bass, 1993), pp. 233~267.

50 Jonathan Kozol, *Savage Inequalities: Children in America's Schools*(New York: Crown, 1991); Nat Hentoff, *Our Children Are Dying*(New York: Viking, 1966); Jonathan Kozol, *Death at an Early Age: The Destruction of the Hearts and Minds of Negro Children in the Boston Public Schools* (Boston: Houghton Mifflin, 1972).

51 Henry M. Levin, ed., *Community Control of Schools*(Washington, D.C.: Brookings Institution, 1970); Madeline Arnot, "A Cloud over Coeducation: An Analysis of the Forms of Transmission of Class and Gender Relations," in Stephen Walker and Len Barton, eds., *Gender, Class, and Education*(New York: Falmer Press, 1983), pp. 69~92.

52 학교에 대한 대중의 우려에 대해서는 Elam, *Gallup Polls*, 1969~1988, George R. Kaplan, *Images of Education: The Mass Media's Version of Amenca's Schools*(Washmgton, D.C.: National School Public Relations Association and the Institute for Educational Leadership, 1992) 참조.

53 Cohen and Neufeld, "Failure," p. 70.

54 James S. Coleman et al., *Equality of Educational Opportunity* (Washington, D.C.: GPO, 1966); Christopher Jencks et al., *Inequality: A Reassessment of the Effect of Family and Schooling in America*(New York: Basic Books, 1972); Donald M. Levine and Mary Jo Bane, eds., *The "Inequality Controversy,": Schooling and Distribulive Justice*(New York: Basic Books, 1975).

55 Elam, *Gallup Polls*, 1969~1988, p. 9; Weiler, "Public Confidence"; Daniel E. Griffiths, "The Crisis in American Education," *New York University Education Quarterly* 14(Fall 1982): 1~10.

56 Weiler, "Public Confidence"; Elam, *Gallup Polls*, 1969~1988, p. 9; Griffiths, "Crisis."

57 Elam, *Gallup Polls*, 1969~1988, pp. 220, 221, 5; Stanley M. Elam, Lowell C. Rose, and Alex M. Gallup, "The Twenty—Fourth Gallup/Phi Delta Kappa Poll of the Public's Attitudes toward the Public Schools," *Phi Delta Kappan* 74(September 1992): 45.

58 Stanley M. Elam, Lowell C. Rose, and Alec M. Gallup, "The

Twenty—Third Annual Gallup Poll of the Public's Attitudes toward the Public Schools," *Phi Delta Kappan* 73(September 1991): 55; Stanley M. Elam and Alec M. Gallup, "The Twenty—First Annual Gallup Poll of the Public's Attitudes toward the Public Schools," *Phi Delta Kappan* 71 (September 1989): 49.

59 Elam, *Gallup Polls, 1969~1988*, pp. 172~173, 186.

60 같은 책, p. 5.

61 같은 책, pp. 3~5.

62 같은 책, p. 3; Gene Maeroff, "Reform Comes Home: Policies to Encourage Parental Involvement in Children's Education," in Chester E. Finn and Theodor Rebarber, eds., *Education Reform in Nineties*(New York: Macmillan, 1992). pp. 158~159: Susan Chira, "What Do Teachers Want Most? Help from Parents," *New York Times*, June 23, 1993, p. B6.

63 "Teachers Are Better Educated, More Experienced, But Less Satisfied than in the Past: NEA Survey," *Phi Delta Kappan* 62 (May 1982): 579; National Center for Educational Statistics, *Condition of Education, 1982* (Washington, D.C.:GPO, 1983), pp. 104~105.

64 Elam, Rose, and Gallup, "Twenty—Fourth Gallup Poll," p. 46.

65 Elam, Rose, and Gallup, "Twenty—Third Gallup Poll," pp. 43~44.

66 Elam, *Gallup Polls, 1969~1988*, pp. 187~188; Elam and Gallup, "Twenty—First Gallup Poll," pp. 45, 49.

67 National Commission on Excellence in Education, *A Nation at Risk*, p. 5; 학교 성취도 자료에 대한 의례적인 해석과 그에 근거한 개혁에 대한 비판을 보려면 Daniel Koretz, "Educational Practices, Trends in Achievement, and the Potential of the Reform Movement," *Educational Administration Quarterly* 24(August 1988): 350~359 참조.

68 Cremin, *Popular Education*, p. 103; The Carnegie Foundation for the Advancement of Teaching, *An Imperiled Generation: Saving Urban Schools*(Princeton: Carnegie Foundation for the Advancement of Teaching, 1988).

69 Lawrence C. Stedman and Marshall S. Smith, "Recent Reform Proposals for American Education," *Contemporary Educalion Review* 2(Fall 1983): 85~104; Lawrence C. Stedman and Carl F. Kaestle, "Literacy and Reading Performance in the United States, from 1880 to the Present," *Reading Research Quarterly* 27(Winter 1987): 8~46;

Carl F. Kaestle, "The Decline of American Education: Myth or Reality?"(Ms., University of Wisconsin, November 1992); Gerald W. Bracey, "Why Can't They Be like We Were?" *Phi Delta Kappan* 73(October 1991): 104~117.

70 David C. Berliner, "Educational Reform in an Era of Disinformation," 미국 교원양성대학협의회의 발표 자료로 준비된 보고서, San Antonio, Texas, February 1992, pp. 7~15; Bracey, "Why?" pp. 108~110.

71 Carl F. Kaestle et al., *Literacy in the United States: Readers and Reading since 1880*(New Haven: Yale University Press, 1991), p. 130. chs. 3~4.

72 Kaestle, *Literacy*, 75~76; William Celis III, "Study Says Half of Adults in U.S. Can't Read or Handle Arithmetic," *New York Times*, September 9, 1993, pp. A1, A16; Paul Copperman, *The Literacy Hoax: The Decline of Reading, Writing, and Learning in the Public Schools and What We Can Do about It*(New York: Willam Morrow, 1978); Frank E. Armbruster, *Our Children's Crippled Future: How American Education Has Failed* (New York: Quadrangle Books, 1977).

73 Daniel P. Resnick and Lauren B. Resnick, "The Nature of Literacy: An Historical Exploration," *Harvard Educational Review* 47(August 1977): 370~385.

74 E. D. Hirsch, Jr., *Cultural Literacy: What Every American Needs to Know* (Boston: Houghton Mifflin, 1987), p. 8; 또한, Allan Bloom, *The Closing of the American Mind: How Higher Education Has Failed Democracy and Impoverished the Souls of Today's Students*(New York: Simon and Schuster, 1987) 참조.

75 *New York Times*, June 21, 1942, p. 1; *New York Times*, May 2,3,4, 1976; Allan Nevins, "American History for Americans," *New York Times Magazine*, May 3. 1942, pp. 6. 28; Dale Whittington, "What Have Seventeen－Year－Olds Known in the Past?" *American Educational Research Journal* 28(Winter 1992): 759~783; Chester E. Finn, Jr., and Diane Ravitch, "Survey Results: U.S. Seventeen－Year－Olds Know Shockingly Little about History and Literature, "*American School Board Journal* 174(October 1987): 31~33. In Kaestle, *Literacy*, pp. 80~89, Lawrence C. stedman과 Carl F. Kaestle은 사전－사후 연구의 개념적·기술적 문제를 토론하여 "우리의 지적인 추측은 같은 연령 및 사회경제적 지위의 아이들이 20세기 내내 비슷한 학업성취도를 보인다는 것이다"고

말했다(p. 89).

76 Berliner, "Disinformation." pp. 37~43.

77 Iris C. Rotberg, "I Never Promised You First Place," *Phi Delta Kappan* 72 (December 1990): 297, 296~303; Ian Westbury, "Comparing American and Japanese Achievement: Is the United States Really a Low Achiever?" *Educational Researcher*(June/July 1992): 18~24; Gerald W. Bracey, "The Second Bracey Report on the Condition of Public Education," *Phi Delta Kappan* 74(October 1992): 108.

78 National Assessment of Educational Progress, *Accelerating Academic Achievement*(Princeton; Educational Testing Service. 1990); Bracey, "Condition"; Stedman and Smith, "Proposals"; O'Day and Smith, "Systemic Reform."

79 Bracey, "Why Can't They Be like We Were?" p. 112; Berliner, "Disinformation," p. 28. Bracey와 Berliner는 학생 1인당 비용 증가에 의문을 제기했다. 공립학교는 법률적으로나 도덕적으로 학교에 다니는 모든 학생들에게 적절한 교육을 제공해야 하기 때문에, 교육비의 증가를 계산해 보면 특수교육에 지출되는 비용이 급상승하는 부분을 포함하고 있다는 것이다. 1985년에 미국에서 유치원 및 초·중·고등학교에 1인당 지출되는 비용에 대한 비율은 선진 산업국 16개 나라 중 14위였다.

80 Office of Educational Research and Improvement, *Youth Indicators, 1988: Trends in the Well−Being of Youth*(Washington, D.C.: GPO, 1988); "Social Well−Being," *Education Week*, October 21, 1992, p. 3.

81 Berliner, "Disinformation," p. 21; Bracey, "Second Bracey Report," pp. 112~113.

82 Robert Rothman, "Revisionists Take Aim at Gloomy View of Schools," *Education Week*, November 13, 1991, pp. 1, 12~13.

83 Cremin, *Popular Education*, p. 103; Clark Kerr. "Is Education Really All That Guilty?" Education Week, February 27, 1991, p. 30; Henry M. Levin and Russell W. Rumberger, "The Low Skill Future in High Tech," *Stanford Educator*, Summer 1983, pp. 2~3; Peter T. Kilborn, "Job Security Hinges on Skills, Not on an Employer for Life," *New York Times*, March 12, 1994, pp. A1, A7.

84 Robert Kuttner, "Training Programs Alone Can't Produce $20−an−Hour Workers," *Business Week*, March 8, 1993, p. 16; Reich 에 대해 Peter T. Kilborn, "New Jobs Lack the Old Security in Time of 'Disposable Workers,'" *New York Times*, March 3, 1993, pp. A1, A6에

서 언급했다.

85 Elam, *Gallup Polls, 1969~1988*, pp. 9, 222.

2장 정책 순환과 제도적인 경향

1 Carl F. Kaestle은 역사학자들의 주요 업무는 순환적인 발전과 직선적인 발전을 구별하는 것이라고 지적했다.—"Social Reform and the Urban School," *History of Education Quarterly* 12(Summer 1972): 218, 211~228. 저자들은 4장에서 3번째 논제에 대해 논의했다. 즉, 정책논의가 순환되고 학교의 제도적인 구조를 다양하게 하려는 경향이 있음에도 불구하고 왜 수업의 구조는 상대적으로 변함없는지에 대한 것이다.

2 Susan Fuhrman, William H. Clune, and Richard F. Elmore, "Research on Education Reform: Lessons on the Implementation of Policy," *Teachers College* Record 90(Wimer 1988): 237~257; Larry Cuban, "Reforming Again, and Again, and Again," *Educational Researcher* 19 January—February 1990): 3~13.

3 Robert J. Taggart, *Private Philanthropy and Public Education: Pierre S. DuPont and the Delaware Schools, 1890~1940*(Newark: University of Delaware Press, 1988), ch.4.

4 Julius Gordon, "School Reform Again?(Sigh)," *New York Times*, January 29, 1990, p. A19; James W. Guthrie and Julia Koppich, "Exploring the Political Economy of National Education Reform," in William Boyd and Charles Kershner, eds., *The Politics of Excellence and Choice in Education* (Philadelphia: Falmer Press, 1987), p. 26; David N. Plank, "Why School Reform Doesn't Change Schools: Political and Organizational Perspectives," in Boyd and Kershner, eds., *Politics*, pp. 143~152.

5 Robert Slavin, "Pet and the Pendulum: Faddism in Education and How to Stop It," *Phi Delta Kappan* 90(June 1989): 750~758; Richard E. Elmore and Milbrey W. McLaughlin, *Steady Work: Policy, Practice, and the Reform of American Education*(Santa Monica: Rand Corporation, 1988), p. v.

6 Carl F. Kaestle, "The Public Schools and the Public Mood," *American Heritage* 41(February 1990): 68, 66~81.

7 David K. Cohen and Bella H. Rosenberg, "Functions and Fantasies:

Understanding Schools in Capitalist America," *History of Education Quarterly* 17(Spring 1977): 113~137.

8 Amy Gutmann, *Democratic Education*(Princeton: Princeton University Press, 1987).

9 Herbert H. Kliebard, *Success and Failure in Educational Reform. Are There Historical Lessons?*(East Lansing, Mich.: The Holmes Group, 1989); David Tyack, Michael W. Kirst, and Elisabeth Hansot, "Educational Reform: Retrospect and Prospect," *Teachers College Record* 81(Spring 1980): 253~269.

10 David Tyack and Elisabeth Hansot, "Conflict and Consensus in American Public Education," *Daedalus* 110(Summer 1981), 1~25.

11 William J. Reese, *Power and the Promise of School Reform*(Boston: Routledge & Kegan Paul, 1986).

12 Arthur M. Schlesinger, Jr., *The Cycles of American History*(Boston: Houghton Mifflin, 1986).

13 교육의 '위기'에 대한 인기 있는 기사로는 U.S. *News and World Report*, November 30, 1956, pp. 68~69; *Time*, September 7, 1953, p. 68; and *Life*, March 24, 1958, pp. 25~33; see also Thomas James and David Tyack, "Learning from Past Efforts to Reform the High School," *Phi Delta Kappan*, 64(February 1983): 400~406, and Michael W. Kirst, *The Progress of Reform: An Appraisal of State Education Initiatives*(New Brunswick, N.J.: Center for Policy Research in Education, 1989), pp. 10, 13 참조.

14 Tyack and Hansot, "Conflict and Consensus"; David Tyack, Robert Lowe, and Elisabeth Hansot, *Public Schools in Hard Times: The Great Depression and Recent Years*(Cambridge, Mass.: Harvard University Press, 1984), ch. 3; William Lowe Boyd, "How to Reform Schools without Hall Trying," *Educational Administration Quarterly* 24(August 1988): 299~309.

15 Chester E. Finn, Jr., and Theodor Rebarber, "The Changing Politics of Education Reform," in Finn and Rebarber, eds., *Education Reform in the Nineties*(New York: Macmillan, 1992), pp. 190~191; Kirst, *Progress of Reform*

16 Rick Ginsberg and Robert Wimpelberg, "Educational Change by Commission: Attempting 'Trickle Down' Reform," *Educational Evaluation and Policy Analysis* 9(Winter 1987): 344~360; 이들 위원회

의 최근 보고서에 대한 통찰력 있는 비평은 Paul E. Peterson, "Did the Education Commissions Say Anything?" *The Brookings Review* 2(Winter 1983): 3~11 참조.

17 Jeffrey E. Mirel, "Progressive School Reform in ComparativePerspective," in David N. Plank and Rick Ginsberg, eds., *Southern Cities, Southern Schools: Public Education in the Urban South*(New York: Greenwood Press, 1990), pp. 151~174; Paul E. Peterson, *The Politics of School Reform, 1870~1940*(Chicago: University of Chicago Press, 1985); John Dewey, "An Undemocratic Proposal," *Vocational Education* 2 (March 1913): 374~377; David Tyack, "Constructing Difference: Historical Reflections on Schooling and Social Diversity," *Teachers College Record* 95(Fall 1993): 8~31. 역사학자들은 주로 특정 기간의 의미에 대해 논할 뿐, 그러한 기간이 정말 존재했는지에 대해서는 별로 의문을 제기하지 않았다. Peter F. Filene은 일관성 있는 '진보적' 프로그램이나 '진보적' 운동이 정말 있었는지를 물었다.—Peter F. Filene, "An Obituary for the 'Progressive Movement,'" *American Quarterly* 22(Spring 1970): 20~34.

18 NCES, *Digest, 1990*, p. 48; J. Harvie Wilkerson III, *From Brown to Bakke: The Supreme Court and School Integration, 1954~1978*(New York: Oxford University Press, 1979).

19 Kaestle, "Public Schools," pp. 78~80; Arthur G. Powell, Eleanor Farrar, and David K. Cohen, *The Shopping Mall High School: Winners and Losers in the Educational Marketplace*(Boston: Houghton Mifflin, 1985), pp. 281~283; David K. Cohen, "Educational Technology and School Organization," in R. Nickerson and P. Zodhiates, eds., *Technology and Education in the Year 2020*(Hillsdale, N.J.: Lawrence Erlbaum Associates, 1988), ch. 11.

20 NCES, *120 Years*, p. 55; 이 부분은 James와 Tyack의 "Learning from Past Efforts"를 개작한 것이다.

21 Edward L. Thorndike, "A Neglected Aspect of the American High School," *Educational Review* 33(1907): 254; Robert Hampel, *The Last Little Citadel: American High Schools since 1940*(Boston: Houghton Miffiln, 1986).

22 NCES, *120 Years*, p. 50; Logan C. Osterndorf and Paul J. Horn, *Course Offerings, Enrollment, and Curriculum Practices in Public Secondaty Schools, 1972~1973*(Washington, D.C.: GPO, 1976), pp. 5, 6, 13, 11, 4~21; NCES, *120 Years*, p. 50.

23 Stanley M. Elam, ed., *A Decade of Gallup Polls of Attitudes toward Education 1969~1978*(Bloomington, Ind.: Phi Delta Kappa, 1978), p. 121; Edward A. Krug, *The Shaping of the American High School, 1920~1941*(Madison: University of Wisconsin Press, 1972); Charles Burgess and Merle L. Borrowman, *What Doctrines to Embrace:.. Studies in the History of American Education*(Glenview, Ill.: Scott, Foresman, 1969), ch. 5; Harvey Kantor and David Tyack, eds., *Work, Youth, and Schooling: Historical Perspectives on Vocationalism in American Education*(Stanford: Stanford University Press, 1982).

24 Herbert M. Kliebard는 1890년부터 1958년 사이에 중·고등학교의 교육철학으로 지배적이었던 4가지 교육사조에 대해서 다음과 같이 규정했다. 첫째, 인문학 그룹은 전통적 교과목에 근거한 높은 수준의 지적·문화적 기준을 강조했다. 둘째, 아동발달 그룹은 아이들의 흥미와 발달 능력에 근거한 아동 중심교육과정을 제안했다. 셋째, 사회적 효율성 그룹은 성인과 다른 학생들의 역할을 구별하고 훈련시키기를 원했다. 넷째, 사회 재건주의자 그룹은 학교를 평등하고 정의로운 사회구조의 도구로 사용하려 했다.—*The Struggles for the American Curriculum, 1890~1958* (Boston: Routledge & Kegan Paul, 1986).

25 변화로부터 다른 교훈을 도출해 낸 두 교육자의 관점으로는 John Dewey, *The School and Society*(Chicago: University of Chicago Press, 1899)와 Ellwood P. Cubberley, *Changing Conceptions of Education* (Boston: Houghton Mifflin, 1909) 참조.

26 Powell, Farrar, and Cohen, *Shopping Mall High School* p. 240.

27 Theodore R. Sizer, *Secondary Schools at the Turn of the Century*(New Haven: Yale University Press, 1964).

28 Charles W. Eliot, "The Gap between the Elementary Schools and the Colleges," NEA, *Addresses and Proceedings*, 1890, pp. 22~33; Edward A. Krug, *The Shaping of the American High School*(New York: Harper & Row, 1964), chs. 1~3.

29 NEA, *Report of the Committee of Ten on Secondary School Studies*(New York: American Book Co., 1894), pp. 41, 46~47.

30 John Dewey, "The Influence of the High School upon Educational Methods," in *The Early Works of John Dewey, 1882~1898*(Carbondale: University of Illinois Press, 1972), pp. 270~271.

31 Commission on the Reorganization of Secondary Education, *Cardinal Principles of Secondary Education*, U.S. Bureau of Education, Bulletin

no. 35, 1918(Washington, D.C.:GPO, 1918); Krug, *Shaping*, chs. 13~15.

32 Commission on the Reorganization of Secondary Education, *Cardinal Principles*, pp. 7~8.

33 Powell, Farrar, and Cohen. *Shopping Mall High School*, pp. 275, 260~273.

34 Michael B. Katz, *Reconstructing American Education*(Cambridge: Harvard University Press, 1987); Tyack. "Constructing Difference."

35 Arthur Bestor, *Educational Wastelands: The Retreat from Learnig in Our Schools*(Urbana: University of Illinois Press, 1953); Diane Ravitch, *The Troubled Crusade: American Education, 1945~1980*(New York: Basic Books. 1983), ch. 3, pp. 228~232.

36 Albert Lynd, *Quackery in the Public Schools*(Boston: Little, Brown, 1953); Hyman G. Rickover, *Education and Freedom*(New York: E. P. Dutton, 1959).

37 Ira Katznelson and Margaret Weir, *Schooling for All: Class, Race, and the Decline of the Democratic Ideal*(New York: Basic Books, 1985), chs. 7~8; David Tyack and Elisabeth Hansot, *Managers of Virtue: Public School Leadership in America, 1820~1980*(New York: Basic Books, 1982), pt. 3.

38 Joseph Murphy, *The Educational Reform Movement of the 1980s: Perspectives and Cases*(Berkeley: McCutchan Publishing Co., 1990).

39 David F. Labaree, "Politics, Markets, and the Compromised Curriculum," *Harvard Educational Review* 57(November 1987): 489, 491, 483~494.

40 Susan Moore Johnson, "Redesigning Teachers' Work," in Richard Elmore et al., *Restructuring Schools: The Next Generation of Educational Reform* (San Francisco: Jossey—Bass, 1990), pp. 127, 125~151.

41 David Tyack and Elisabeth Hansot, *Learning Together: A History of Coeducation in American Schools*(New Haven: Yale University Press, 1990), chs. 3, 6.

42 Fletcher B. Dressler, *American School Buildings*, (U.S. Bureau of Education Bulletin no. 17, 1924(Washington, D.C.: GPO, 1924).

43 Jane Bernard Powers, *The "Girl Question" in Edudation: Vocational Education for Young Women in the Progressive Era*(London: Falmer Press, 1992), ch. 2; Michael Imber, "Toward a Theory of Educational

Origins: The Genesis of Sex Education," *Educational Theory* 34 (Summer 1984): 275~286.

44 Paul Saettler, *A History of Instructional Technology*(New York: McGraw–Hill, 1968).

45 Paul R. Mort and Francis G. Cornell, *American Schools in Transition: How Our Schools Adapt Their Practices to Changing Needs*(New York: Teachers College Press, 1941), chs. 1~3.

46 Tyack, Lowe, and Hansot, *Public Schools in Hard Times.* p. 3.

47 Horace Mann Bond, *The Education of the Negro in the American Social Order*(New York: Prentice Hall, 1934); Louis Harlan, *Separate and Unequal Public School Campaigns and Racism in the Southern Seaboard States, 1901~1915*(1958; reprint ed., New York: Athenaeum, 1968).

48 Donald Orlosky and B. Othanel Smith, "Educational Change: Its Origins and Characteristics," *Phi Delta Kappan* 53(March 1972): 412~414.

49 Tyack, Kirst, and Hansot, "Educational Reform: Retrospect and Prospet"; Michael W. Kirst and Gail R. Meister, "Turbulence in American Secondary Education: What Reforms Last?" *Curriculum Inquiry* 15, no. 2 (1985): 169~185.

50 Larry Cuban, "Enduring Resiliency: Enacting and Implementing Federal Vocational Education Legislation", in Kantor and Tyack, eds., *Work, Youth, and Schooling*, pp. 45~78.

51 Ellwood P. Cubberley, *Public School Administration: A Statement of the Fundamental Prineciples Underlying the Organization and Administratiom of Public Education*(Boston: Houghton Mifflin, 1916).

52 Paul Chapman, *Schools as Sorters: Lewis M. Terman, Applied Psychology, and the Intelligence Testing Movement, 1890~1939*(New York: New York University Press, 1988).

3장 어떻게 학교가 개혁을 바꿨는가

1 Milbrey Wallin McLaughlin, "Learning from Experience: Lessons from Policy Implementation," *Educational Evaluation and Policy Analysis* 9 (Summer 1987): 171~178; Thomas B. Timar, "A Theoretical

Framework for Local Responses to Policy: Implementing Utah's Career Ladder Program," *Educational Evaluation and Policy Analysis* 11(Winter 1989): 329~341.

2 Vicki Eaton Baier와 James G. March, Harald Saetren은 "정책 개발자들은 정책 목적과 방향이 명백하다고 해서 자신들이 무엇을 원하는지를 파악하여 이를 일관되고 안정적이며 확신한다고 가정하는 것은 실수이다"라고 말했다.—"Implementation and Ambiguity," in James G. March, *Decisions and Organizations* (Oxford: Basil Blackwell, 1988), pp. 157, 150~164; March는 "정책 목적을 가설로 취급할 수 있다"고 제안했다.—"The Technology of Foolishness," ibid., pp. 262, 253~265; Carl D. Glickman, "Unlocking School Reform: Uncertainty as a Condition of Professionalism," *Phi DeltaKappan* 69 (October 1987): 120~122.

3 Stephen Brint와 Jerome Karabel은 학교를 다른 조직들과 마찬가지로 중립적인 기관이라기보다 그들 자체의 이해관계로 움직이는 '권력관계의 장'이라고 주장했다.—"Institutional Origins and Transformations," in Walter W. Powell and Paul J. Dimaggio, eds., *The New Institutionalism in Organizational Analysis*(Chicago: University of Chicago Press, 1991), pp. 355, 337~360.

4 개혁에 대한 교사들의 반응은 Larry Cuban, *How Teachers Taught: Constancy and Change in American Classrooms, 1890~1980*, 2nd ed. (New York: Teachers College Press, 1993); David K. Cohen and Bella H. Rosenberg,"Functions and Fantasies: Understanding Schools in Capitalist America," *History of Education Quarterly* 17(Spring 1977): 132 참조.

5 Jane Bernard Powers, *The "Girl Question" in Education: Vocational Education for Young Women in the Progressive Era*(London: Falmer Press, 1992), ch. 2.

6 Paul Lindsay, "The Effect of High School Size on Student Participation, Satisfaction, and Attendance." *Educational Evaluation and Policy Analysis* 4(Spring 1982): 57~65.

7 Dale Mann, "For the Record," *Teachers College Record* 77(February 1976): 320.

8 Albert O. Hirschman, *The Rhetoric of Reaction: Perversity, Futility, Jeopardy*(Cambridge: Harvard University Press, 1991), pp. 12, 38; Bruce L. Wison and H. Dickson Corbett, "Statewide Testing and Local Improvement: An Oxymoron?" in Joseph Murphy, ed., *The*

Educational Reform Movement of the 1980s: Perspecties and Cases(Berkeley: McCutchan, 1990), pp. 215~242.

9 David Tyack and Elisabeth Hansot, *Learning Together: A History of Coeducation in American Public Schools*(New Haven: Yale University Press, 1990), pp. 291~292.

10 Deirdre Kelly, *Last Chance High*(New Haven: Yale University Press, 1993).

11 Jeannie Oakes, *Keeping Track*(New Haven: Yale University Press, 1985); Paul Chapman, *Schools as Sorters: Lewis M. Terman, Applied Psychdogy, and the Intelligence Testing Movement, 1890~1939*(New York: New York University Press, 1988).

12 John Dewey, *Experience and Education*(1938; reprint ed., New York: Collier, 1963).

13 David K. Cohen and James P. Spillane, "Policy and Practice: The Relations between Governance and Instruction," in Gerald Grant, ed., *Review of Research in Education*, vol. 18, 1992(Washington, D.C.: American Educational Research Association, 1992), pp. 3~50; Murphy, *Reform Movement of the 1980s.*

14 Lee S. Shulman, "Knowledge and Teaching: Foundations of the New Reform," *Harvard Educational Review* 57(1987): 1~22; McLaughlin, "Learning from Experience."

15 Barbara Bearty, "Child Gardening: The Teaching of Young Children in American Schools." in Donald Warren, ed., *American Teachers: Histories of a Profession at Work*(New York: Macmillan, 1989), pp. 65, 70, 65~97; Elizabeth Peabody, *Guide to the Kindergarten and Intermediate Class* (New York: E. Steiger, 1877), p. 35; 도시의 초등교육에 대한 매정한 묘사는 Joseph Mayer Rice, *The Public School System of the United States*(New York: Cenrury, 1983) 참조.

16 '예방적 자선'이라는 문구는 John Taylor가 언급한 Felix Adler의 연설에서 유래했다. *Twentieth─Sixth Annual Report of the Superintendent of Schools* (San Francisco: Department of Public Schools, 1879), p. 361; Nina Vandewalker, *The Kindergarten in American Education*(New York: Macmillan, 1908).

17 교사에 대해 John Swett, *Annual Report of the Public Schools of the City and County of San Francisco*(San Francisco: San Francisco Public Schools, 1892), p. 71에서 언급했다. Beatty, "Child Gardening," pp.

70~80; Michael S. Shapiro. *Child's Garden The Kindergarten Movement from Froebel to Dewey*(University Park: Pennsylvania State University Press, 1983).

18 Marvin Lazerson, "Urban Reform and the Schools: Kindergartens in Massachusetts, 1870~1915," *History of Education Quarterly* 11(Summer 1971): 130~132, 115~142; Larry Cuban, "Why Some Reforms Last: The Case of the Kindergarten," *American Journal of Education* 100 (February 1992): 173~176, 166~194.

19 William T. Harris, "The Kindergarten as a Preparation for the Highest Civilization," *Kindergarten Review* 12(1903): 731; Selwyn K. Troen, *The Public and the Schools: Shaping the St. Louis System, 1838~1920* (Columbia: University of Missouri Press, 1976).

20 Cuban, "Kindergarten," p. 177; 아프리카계 미국인(흑인) 아이들의 유치원에 대해 Alice D. Cary, "Kindergartens for Negro Children," *Southern Workman* 29(1900): 461~463 참조.

21 교사에 대해 Beatty가 "Child Gardening", p. 85에서 언급했다. Lazerson. "Urban Reform," pp. 130~135; Michael W. Sedlak and Steven Schlossman, "The Public School and Social Services: Reassessing the Progressive Legacy," *Educational Theory* 35(Fall 1985): 436~467; 여러 도시에서의 가정 방문은 신규 전문가인 '방문 교사'(또는 학교 사회사업가들)의 과제가 되었다.

22 Lazerson, "Urban Reform."

23 Almira M. Winchester, *Kindergarten Supervision in City Schools*, U.S. Bureau of Education Bulletin no. 38, 1918(Washington, D.C.: GPO, 1918), pp. 37~38; Beatty, "Child Gardening," p. 67.

24 Alice Temple, *Survey of the Kindergartens of Richmond, Indiana* (Chicago: University of Chicago Press, 1917), p. 24; '무기력한 유치원의 지적 능력'에 대한 교사들의 논평은 Shapiro, *Child's Garden*, p. 150 에서 언급했다. Beatty, "Child Garderning," p. 86.

25 Mary Dabney Davis, *General Practice in Kindergarten Education in the United States*(Washington, D.C.: NEA, 1925) p. 16, passim; Grace Parsons, *Cooperation between Kindergarten and Primary Education* (Baltimore: International Kindergarten Union, 1919); Winchester, *Supervision*; Marianne N. Bloch, "Becoming Scientific and Professional: An Historical Perspective on the Aims and Effects of Early Education," in Thomas S. Popkewitz, ed., *The Formation of the*

School Subjects: The Struggle for Creating an American Institution (New York: Falmer Press, 1987), pp. 41~49; Cuban, "Kindergarten," pp. 176~190.

26 Bloch, "Scientific and Professional," pp. 47, 51~52; Evelyn Weber, Ide as Influencing Early Childhood Education: A Theoretical Analysis(New York: Teachers College Press, 1984); Dominic Cavallo, "From Perfection to Habit: Moral Training in the American Kindergarten," History of Education Quarterly 16(Summer 1976): 147~161; Margaret Holmes, Mental Testing Carried on in the New York Public School Kindergartens by Ten Kindergartners(Louisville: International Kindergarten Union, 1922).

27 유치원과 초등학교 저학년 사이의 상호작용에 대한 균형 잡힌 평가로는 Barbara Beatty, The Culture of Young Children: A History of Policy and Pedagogy in American Preschool Education(New Haven: Yale University Press, 1994), ch. 6 참조.

28 Vandewalker, Kindergarten; Beatty, "Child Gardening," p. 86; Lawrence A. Cremin, The Transformation of the School(New York: Vintage Books, 1961); Cuban, "Kindergarten," p. 188; Grace Langdon, A Study of the Similarities and Differences in Teaching in Nursery School, Kindergarten, and First Grade(New York: Day, 1933).

29 Leonard P. Ayres, Laggards in Our Schools: A Study of Retardation and Elimination in City School Systems(New York: Charities Publication Committee, 1909), p. 4.

30 William F Book, "Why Pupils Drop Out of School," Pedagogical Seminary 12 (June 1904): 209~231; Joseph King Van Denburg. Causes of the Elimination of Students in Public Secondary Schools of New York (New York: Teachers College, 1911); Selwyn K. Troen, "The Discovery of the Adolescent by American Educational Reformers, 1900~1920: An Economic Perspective," in Lawrence Stone, ed., Schooling and Society: Studies in the History of Education(Baltimore: Johns Hopkins University Press, 1976), ch. 10; Harvey Kantor, Learning to Earn: School, Work, and Vocational Reform in California, 1880~1930(Madison: University of Wisconsin Press, 1988).

31 Aubrey Douglass, The Junior High School, Fifteenth Yearbook of the National Society for the Study of Education(Bloomington, Ind.: The

Public School Publishing Co., 1916); Carole Ford, "The Origins of the Junior High School, 1890~1920"(Ed.D diss., Teachers College, Columbia University, 1982); Daielel Perlstein and William Tobin, "The History of the High School: A Study of Conflicting Aims and Institutional Patterns," 뉴욕 카네기재단의 보고서. 1988; Marvin Lazerson and Norton Grubb, *American Education and Vocationalism: A Documentary History" 1870~1970*(New York: Teachers College Press, 1974), introduction; Sol Cohen, "The Industrial Education Movement, 1906~1917," *American Quarterly* 20(Spring 1968): 95~110.

32 Charles H. Judd, "Recent Articles and Books on the Junior High School," *The Elementary School Journal 17*(1917): 679~680; David Snedden, "Reorganization of Education for Children from Twelve to Fourteen Years of Age," *Educational Administraion and Supervision* 2 (September 1916): 425~432; Edward V. Robinson, "The Reorganization of the Grades and the High School," *The School Review* 20(January 1912): 665~687; Herbert Weet, "A Junior High School," *The School Review* 24(1916): 142~151; Commission on the Reorganization of Secondary Education, *Cardinal Principle of Secondary Education*, U.S. Bureau of Education Bulletin no. 35, 1918(Washington, D.C.: GPO, 1918); Lawrence A. Cremin, *American Education The Metropolitan Experience*(New York: Harper & Row, 1988), pp. 305~307.

33 Charles Johnson, "The Junior High School," NEA, Addresses and Proceedings, *1916*, pp. 145~146; Leonard Koos, "The Peculiar Functions of the Junior High School: Their Relative Importance," *School Review* 28 (November 1920): 673~681; H. N. McClellan, "The Origins of the Junior High School," *California Journal of Secondary Education* 10(February 1935): 165~170; 특히, 노조는 예비고등학교가 학생들을 구분하는 역할을 하게 되어 자녀들이 적절한 교육을 받지 못할 것이라는 두려움이 있었기 때문에 예비고등학교에 대해 정치적으로 반대 했다.─Mary E. Finn, "'Democratic Reform,' Progressivism, and the Junior High Controversy in Buffalo(1918~1923)," *Urban Education* 18(January 1984): 477~489.

34 NCES, *120 Years*, pp. 36~37; NCES, *Digest, 1975*, p. 54.

35 David L. Angus, Jeffrey E. Mirel, and Maris A. Vinovskis, "Historical Development of Age Stratification in Schooling," *Teachers College Record* 90(Winter 1988): 211~236; NCES, *120 Years*, pp. 26~27;

Harvey Kantor and David B. Tyack, eds., *Work, Youth, and Schooling: Historical Perspectives on Vocationalism in American Education*(Stanford: Stanford University Press, 1982).

36 Thomas Briggs, *The Junior High School*(Boston: Houghton Mifflin, 1922), pp. v－vi, and Briggs, "Possibilities of the Junior High School," *Education* 37(January 1917): 289.

37 Aubrey Douglass, "The Persistent Problems of the Junior High School," *California Journal of Secondary Education* 20(February 1945): 117.

38 Task Force on the Education of Young Adolescents, *Turning Points: Preparing American Youth for the Twenty－First Century*(Washington, D.C.: Carnegie Corporation of New York, 1989), p. 32; Kenneth Tye, *The Junior High School in Search of a Mission*(Lanham, Md.: University Press of America, 1985), pp. 8~10, 320~325, 338~339; John Lounsbury and Harlan Douglass, "Recent Trends in Junior High School Practices," in M. Brough and R. Hamm, eds., *The American Intermediate School* (Danville, Ill.: The Interstate Printers and Publishers, 1974), pp. 171~175 Larry Cuban, "Why Reforms Last: The Case of the Junior High School," *American Educational Research Journal* 29(Summer 1992): 227~251.

39 John Meyer, "Organizational Structure as Signalling," *Pacific Sociological Review* 22(1980): 481~500; Mary Hayward Metz, "Real School: A Universal Drama amid Disparate Experience," in Douglas E. Mitchell and Margaret E. Goertz, eds., *Education Politics for the New Century*(New York: Falmer Press, 1990), pp. 75~91; Paul J. DiMaggio and Walter W. Powell, "The Iron Cage Revisited: Institutional Isomorphism and Collective Rationality in Organizational Fields," *American Sociological Review* 48(April 1983): 147~160.

40 Geraldine Jonçich Clifford, "Man/Woman/Teacher: Gender, Family, and Career in American Educational History," in Donald R. Warren, ed., *American Teachers: Histories of a Profession at Work*(New York: Macmillan, 1989), pp. 293~343; David Tyack and Elisabeth Hansot, *Learning Together: A History of Coeducation in American Public Schools* (New Haven: Yale University Press, 1990), ch. 7.

41 저자 David Tyack은 이 당시에 중고등학교를 다녔다.

42 A. K. Loomis, Edwin Johnson, and B. Lamar, *The Program of Studies*

(Washington, D.C.: U.S. Office of Education, 1932), pp. 7~8, 51~54, 58~60, 266~271; Warren Coxe, "When Is a School a Junior High School?" *Junior—Senior High School Clearing House* 5(October 1930): 72~79.

43 Fred M. Hechinger, "Schools for Teenagers: A Historic Dilemma," *Teachers College Record* 94(Spring 1993): 522~539; Task Force on the Education of Young Adolescents, *Turning Points*, pp. 9~10.

44 David L. Kirp and Donald N. Jensen, eds., *School Days, Rule Days: The Legalization and Regulation of Education*(Philadelphia: Falmer Press, 1986); Cohen and Spillane, "Governance and Instruction."

45 Diane Ravitch, *The Great School Wars*(New York: Basic Books, 1974).

46 David C. Hammack, "The Centralization of New York City's Public School System, 1896: A Social Analysis of a Decision"(M.A. thesis, Columbia University, 1969); Joseph M. Cronin, *The Control of Urban Schools: Perspectives on the Power of Educational Reformers*(New York: The Free Press, 1973).

47 Nicholas Murray Butler, "Editorial," *Educational Review* 12(September 1896): 196~207; Selma Berrol, "William Henry Maxwell and a New Educational New York," *History of Education Quarterly* 8(Summer 1968): 215~228.

48 비평가의 말은 Donald H. Ross, *Administration for Adaptability: A Source Book Drawing Together the Results of More Than 150 Individual Studies Relating to the Question of Why and How Schools Improve*(New York: Metropolitan School Study council, 1958), p. 205 에서 언급했다. David Rogers, *110 Livingston Street* (New York: Random House, 1968).

49 Melvin Zimet, *Decentralization and School Effectiveness*(New York: Teachers College Press, 1973); Boulton H. Demas, *The School Elections: A Critique of the 1969 New York City School Decentralization*, a report of the Institute for Community Studies(New York: Queens College, City University of New York, 1971).

50 John W. Meyer, W. Richard Scott, David Strang, and Andrew Creighton, *Bureaucratization without Centralization: Changes in the Organizational System of American Public Education, 1940~1980*, Project Report no. 85—A11. Institute for Research on Educational Finance and Governance, Stanford University, 1985.

51 *New York Times,* January 6, 1990, pp. A1, 16; January 19, 1990, p. A16; March 9, 1990, pp. A－1, 16; Fernandez의 저술에서 마이애미 학교들의 분권화에 대한 토론은 Jane L. David, "Restructuring in Progress: Lessons from Pioneering Districts," in Richard F. Elmore et al. *Restructuring Schools: The Next Generation of Educational Reform*(San Francisco: Jossey－Bass, 1990), pp. 212~215, 209~250 참조.

52 John W. Meyer, *The Impact of the Centralization of Educational Funding and Control of State and Local Educational Governance,* Institute for Research on Educational Finance and Governance, Stanford University, 1980; 통치구조의 점증적이며 누적된 변화로 인한 문제들에 대해서는 David K. Cohen, "Governance and Instruction: The Promise of Decentralization and Choice," in William H. Clune and John F. Witte, eds., *Choice and Control in American Education: The Theory of Choice and Control in Education*(Philadelphia: Falmer Press, 1990), pp. 337~386.

53 관리자의 말은 Jane L. David와 Paul D. Goren, *Transforming Education: Overcoming Barriers*(Washington, D.C.: National Governors' Association, 1993), p. 27에서 언급했다. "Ten Lessons about Regulation and Schooling," *CPRE Policy Briefs*(New Brunswick, N.J.: Rutgers University, 1992); 교수법의 변화와 통치구조의 개혁 사이에 발생한 모호한 관계에 대해서는 Cohen, "Governance and Instruction."

54 Elmore et al., *Restructuring,* pp. 290~292; Milbrey W. McLaughlin, Scott Pfeiffer, Deborah Swanson－Owens, and Sylvia Yee, *State Policy and Teaching Excellence*(Stanford, Calif.: Institute for the Study of Educational Finance and Governance, 1985).

55 Marshall S. Smith and Jennifer O'Day, "Systemic School Reform," in Susan Fuhrman and Betty Malen, eds., *The Politics of Curriculum and Testing*(Philadelphia:Falmer Press, 1991), pp. 233~267; U.S. Congress, Office of Technology Assessment, *Testing in American Schools: Asking the Right Questions,*(Washington, D.C.: GPO, 1992), ch. 3.

56 Bruce L. Wilson and H. Dickson Corbett. "Statewide Testing and Local Improvement: An Oxymoron?" in Joseph Murphey, ed., *The Educational Reform Movement of the 1980s: Perspectives and Cases* (Berkeley: McCutchan, 1990), pp. 261~262, 243~264.

57 Thomas R. Timar and David L. Kirp, "Educational Reform and Institutional Compliance," *Harvard Educational Reuiew* 57(August

1987): 319~326, 308~330; Thomas B. Timar and David L. Kirp, *Managing Educational Excellence*(New York: Falmer Press, 1988).

58 "Cavazos Issues 'Terrible' Report on U.S. Schools," *Los Angeles Times*, May 3, 1990, p. A3; Alan L. Ginsburg, jay Noell, and Valena White Plisco, "Lessons from the Wall Chart," *Educational Evaluation and Policy Analysis* 10(Spring 1988): 1~12.

59 Timar and Kirp, *Excellence;* Toch, *Excellence;* McLaughlin, "Learning from Experience."

60 개혁전문가인 John Goodlad는 "학교개혁에 대해 이야기할 때마다 '구조조정'이라는 단어를 쓰는 쪽으로 재빨리 바뀌게 되었다. 이와 관련된 회의를 여러 차례 개최하면, 학교가 이미 구조조정되었다고 가정할 것이다"라고 생각했다. 그런데, 이것이 중요한 것일까? Goodlad에 대해 Lynn Olson, "The 'Restructuring' Puzzle: Ideas for Revamping 'Egg − Crate' Schools Abound, But to What Ends?" *Education Week*, November 2, 1988, pp. 7, 7~11에서 언급했다.

61 Elmore et al., *Restructuring* p. 4; William A. Firestone, Susan H. Fuhrman, and Michael W. Kirst, *The Progress of Reform: An Appraisal of State Education Initiatives*(New Brunswick, N.J.: Center for Policy Research in Education, 1989), pp. 10, 13. Michael Kirst는 "구조조정은 로샤검사(Rorschach Test)와 흡사하다. 보는 사람의 눈에 따라 전적으로 다르다"고 했다.(Olson, p. 7에서 인용)

62 *New York Times*, October 1, 1989, sect. 4, pp. 1, 22(emphasis added to *radical*).

63 Michael W. Kirst, "Who Should Control Our Schools: Reassessing Current Policies," Center for Educational Research at Stanford, School of Education, Stanford University, 1988; *New York Times*, March 23, 1990, p. A9.

64 David and Goren, *Barriers.*

65 Elmore et al., *Restructuring*, pp. 290~292.

66 Joan E. Talbert, Milbrey W. McLaughlin. and Brian Rowan, "Understanding Context Effects on Secondary School Teaching," *Teachers College Record* 95(Fall 1993): 45~68.

67 David K. Cohen and Deborah Loewenberg Ball, "Relations between Policy and Practice: A Commentary," *Educational Evaluation and Policy Analysis* 12(Fall 1990): 251~252.

68 같은 책, pp. 252~253.

69 Milbrey W. McLaughlin and Joan E. Talbert, *Contexts That Matter for Teaching and Learning: Strategic Opportunities for Meeting the Nation's Educational Goals* (Stanford, Calif.: Center for Research on the Context of Secondary School Teaching, 1993), p. 21.

4장 왜 학교교육의 기본틀은 변하지 않는가

1 John Dewey, *The Educational Situation* (Chicago: University of Chicago Press, 1902), pp. 22~23; 기관으로서 학교에 부과된 '규제'에 대해서는 Seymour B. Sarason, *The Predictable Failure of Educational Reform*(San Francisco: Jossey−Bass, 1990), pp. 173~175; 교수법 변화의 어려움에 대해서는 David K. Cohen, "Teaching Practice: Plus Ça Change..." in Philip Jackson, ed., *Contributing to Educational Practice: Perspectives on Research and Practice*(Berkeley: McCutchan, 1988), pp. 27~84.

2 물론 새로운 용어와 조직적 특성들이 더해지면, 학교와 언어 모두 변하게 된다. 그러나 저자들은 기본 구조와 규칙의 변화는 매우 서서히 일어나 거의 잡음을 일으키지 않는다고 주장한다. 이런 의미에서 '기본틀'은 기술적(실제의 모습)이기도 처방적(규범적 모습)이기도 하다. 저자들은 이러한 유사점을 생각하게 해준 언어학자 Shirley Brice Heath의 조언에 감사한다.

3 Larry Cuban, *How Teachers Taught: Constancy and Change in American Classrooms, 1890~1980*(New York: Longman, 1984); Annette Hemins and Mary Hayood Metz, "Real Teaching: How High School Teachers Negotiate Societal, Local Community, and Student Pressures When They Define Their Work," in R. Page and L. Valli, eds., *Interpretive Studies in U.S. Secondary Schools*(Albany: State University of New York Press, 1990), ch. 5.

4 학교교육의 정치적 구성에 대해서는 Ira Katznelson and Margaret Weir, *Schooling for All: Class, Race, and the Decline of the Democratic Ideal* (New York: Basic Books, 1985); Herbert M. Kliebard, *The Struggle for the American Curriculum, 1893~1958*(New York: Routledge & Kegan Paul, 1987); and Michael W. Apple, *Ideology and Curriculum*(London: Routledge & Kegan Paul, 1979). 조직의 생애주기를 고려한 개혁의 시기 적절성의 중요함을 일깨워준 Daivid Labaree

(1993년 11월 10일 편지에서)에게 감사한다.

5 '진짜 학교'와 평등의 개념 사이의 관계에 대해서는 Mary Hayward Metz, "Real School: A Universal Drama amid Disparate Experience," in Douglas E. Mitchell and Margaret E. Goertz, eds., *Education Politics for the New Century*(New York: Falmer Press, 1990), pp. 75~91; John W. Meyer and Brian Rowan, "Institutionalized Organizations: Formal Structure as Myth and Ceremony," *American Journal of Sociology* 83(September 1977): 340~363; Meyer and Rowan, "The Structure of Educational Organizations," in Marshall W. Meyer, ed., *Environments and Organizations*(San Francisco: Jossey-Bass, 1978), pp. 78~109; Paul J. DiMaggio and Walter W. Powell, "The Iron Cage Revisited: Institutional Isomorphism and Collective Rationality," and Stephen Brint and Jerome Karabel, "Institutional Origins and Transformations: The Case of American Community Colleges," in DiMaggio and Powell, eds., *The New Institutionalism in Organizational Analysis*(Chicago: Universiry of Chicago Press, 1991), pp. 63~82, 337~360.

6 Donald Orlosky and B. Othanel Smith, "Educational Change: Its Origins and Characteristics," *Phi Delta Kappan* 53(March 1972): 412~414.

7 Wilfred M. Aiken, *The Story of the Eight-Year Study*(New York: Harper & Row, 1942).

8 Ellwood P. Cubberley, *Runal Life and Education: A Study of the Rural-School Problem as a Phase of the Rural-Life Problem* (Boston: Houghton Mifflin, 1914); Wayne E. Fuller, *The Old Country School*(Chicago: University of Chicago Press, 1982); Andrew Gulliford, *America's Country Schools*(Washington, D.C: Preservation Press, 1986).

9 Henry Barnard, "Gradation of Public Schools, with Special Reference to Cities and Large Villages," *American Journmal of Education* 2(December 1856): 455~464.

10 John D. Philbrick, "Report of the Superintendent of Common Schools to the Assembly [of Connecticut], May 1856," *American Journal of Education* 2(September 1856): 261~264; David L. Angus, Jeffrey E. Mirel, and Maris A. Vinovskis, "Historical Development of Age Stratification in Schooling," *Teachers College Record* 90(Winter 1988):

211~236; Willard Wallier, *The Sociology of Teaching*(New York: John Wiley, 1965).

11 William J. Shearer, *The Grading of Schools*(New York:H. P. Smith, 1898); Frank Forest Bunker, *Reorganization of the Public School System*, U.S. Bureau of Education Bulletin no. 8, 916(Washington, D.C:GPO, 1916).

12 William T. Harris, "The Early Withdrawal of Pupils from School—Its Causes and Its Remedies," NEA, *Addresses and Proceedings, 1874*, pp. 260~272; E. E. White. "Several Problems in Graded—School Management," NEA, *Addresses and Proceedings, 1874*, pp. 255~263; Felix Adler, "Educational Needs," *North American Review* 136(March 1883): 290~291; John I. Goodlad and Robert H. Anderson, *The Non—Graded Elementary School*, rev. ed. (New York: Harcourt, Brace and World, 1963), ch. 3.

13 Leonard P. Ayres, *Laggards in Our Schools: A Study of Retardation and Elimination in City School Systems*(New York: Charities Publication Committee, 1909).

14 Angus, Mired, and Vinovskis, "Age Stratification"; David B. Tyack, *The One Best System: A History of American Urban Education*(Cambridge: Harvard University Press, 1974), pp. 198~216.

15 Goodlad and Anderson, *The Non—Graded Elementary School*.

16 The Carnegie Foundation for the Advancement of Teaching(CFAT), *First Annual Report of the President and Treasurer*(New York: Carnegie Foundation for the Advancement of Teaching 1906), p. 38 (이후로 CFAT의 연차 보고서는 짧은 제목과 일자로만 기술됨); '학점제' 의 기원과 결과에 대해서는 Dietrich Gerhard, "The Emergence of the Credit System in American Education Considered as a Problem of Social and Intellectual History," Presidential Address to the Historical Association of Greater St. Louis, May 1953.

17 Ellen Condliffe Lagemann, *Private Power for the Public Good: A History of the Carnegie Foundation for the Advancement of Teaching* (Middletown, Conn,: Wesleyan University Press, 1983), ch. 3.

18 CFAT, *First Annual Report, 1906*, pp. 38, 42.

19 CFAT, *First Annual Report, 1906*, pp. 39~47, and *Second Annual Report, 1907*, pp. 66~70; Leslie Santee Siskin, *Realms of Knowledge: Academic Departments in Secondary Schools*(Philadelphia: Falmer Press, 1994).

20 Ellsworth Tompkins and Walter H. Gaumnitz, *The Carnegie Unit: Its Origin, Status, and Trends*, U.S. Department of Health, Education, and Welfare Bulletin no.7, 1954(Washington, D.C.: GPO, 1954); Lagemann, *Private Power*, p. 95.

21 CFAT, *Second Annual Report, 1907*, p. 69.

22 U.S. Commissioner of Education, *Report for 1903*(Washington, D.C.: GPO, 1904), vol. 2, p. 1818.

23 Edward A. Krug, *The Shaping of the American High School, 1920~1941*, vol. 2(Madison: University of Wisconsin Press, 1972), p. 64; 교육자들의 카네기 단위에 대한 비판으로는 Thompkins and Gaumnitz, *Carnegie Unit*, pp. 53~54.

24 돌턴 고등학교장 E. D. Jackman은 Parkhust의 개혁이 성장하기를 도왔다. Jackman, "The Dalton Plan," *The School Review* 28(March 1920): 688~696 참조.

25 Sylvester Moorhead, "The Dalton Plan in the United States and England"(Ph.D. diss., Stanford University, 1950); Lawrence A. Cremin, *The Transformation of the School: Progressivism in American Education, 1876~1957*(New York: Alfred A. Knopf, 1961).

26 Helen Parkhurst, *Education on the Dalton Plan*(New York: E. P. Dutton, 1922).

27 같은 책.

28 같은 책.

29 Roy O. Billet, *Provisions for Individual Differences, Marking, and Promotion*, U.S. Bureau of Education Bulletin no. 17, 1932(Washington, D.C.: GPO, 1933), p. 9 and passim; Moorhead, "Dalton Plan," p. 94; Evelyn Dewey, *The Dalton Laboratory Plan*(New York: E. P. Dutton, 1922).

30 Moorhead, "Dalton Plan," pp. 220, 102(교육감의 말은 p. 273에서 언급함); June Edwards, "To Teach Responsibility, Bring Back the Dalton Plan" *Phi Delta Kappan*, 72(January 1991): 398~401.

31 교사의 말은 Krug. *High School, 1920~1941*, p. 165; Moorhead, "Dalton Plan," pp. 112~123, 205~212에서 언급하였다.

32 Committee on Education and Labor, U.S. House of Representatives, *A Compilation of Federal Education Laws*(Washington, D.C.: GPO, 1969), p. 369; John Dale Russell et al., *Vocational Education*(Washington, D.C.: GPO, 1938), pp. 38~40.

33 Nell Lawler, "Experimenting with a Core Curriculum," *Curriculum Journal* 8(November 1937): 310~312; William B. Brown, "The Core Is Not All of the Curriculum," *Curriculum Journal* 9(May 1938): 210~212; L. W. Webb, "Ten Years of Curriculum Planning by the North Central Association," *Curriculum Journal* 8(October 1937): 234~238; Daniel Tanner and Laurel Tanner, *History of the School Curriculum*(New York: Macmillan, 1990), pp. 168~171; Ralph N.D. Atkinson, "South Side High School's Plan of General Education," *The Clearing House* 17(May 1943): 548~553; Helen Babson, "Progress at Eagle Rock High School," *California Journal of Secondary Education* 16(May 1941): 299~303; Paul B. Jacobson, "Inaugurating the Core Program," *The Clearing House* 18(March 1944): 392~395. 고등학교 부서들의 지속적이고 전문적인 역할에 대해서는 Siskin, "Realms of Meaning" 참조.

34 Jesse Newlon, "The Need of a Scientific Curriculum Policy for Junior and Senior High Schools," *Educational Administration Supervision* 3 (1917~1918): 267; Denver Public Schools, *Denver Program of Curriculum Revision*, Monograph 12(Denver: Denver Public Schools, 1927); Cuban, *How Teachers Taught*, ch. 3.

35 Max McConn, "Freeing the Secondary School for Experimentation," *Progressive Education* 10(November 1933): 367.

36 같은 책, pp. 368~371; Wilfred D. Aiken, *The Story of the Eight—Year Study*(New York: McGraw—Hill, 1942); Krug, *High School, 1920~1941*, pp. 255~265.

37 Aiken, *Eight—Year Study*, chs. 2~3; Wilfred M. Aiken, "The Eight—Year Study: If We Were to Do It Again," *Progressive Education* 31(October 1953): 13; Cremin, *Transformation*, pp. 251~257.

38 Progressive Education Association, Commission on the Relation of School and College, *Thirty Schools Tell Their Story*, vol. 5 in *Adventure in American Education*(New York: Harper and Brothers, 1942).

39 Frederick Redefer, "The Eight—Year Study... after Eight Years," *Progressive Education* 28(November 1950): 33, 33~36; 대학 연구의 과학적 측면에 대한 비평과 옹호에 대해서는 Helmer G. Johnson, "Some Comments on the Eight—Year Study," *School and Society* 72(November 25, 1950): 337~339, and Paul E. Diederich, "The Eight—Year Study: More Comments," *School*

and Society 73(January 20, 1951): 41~42 참조.

40 Redefer, "After Eight Years," p. 33.

41 같은 책, pp. 34~35; Frederick L. Redefer, "The Eight—Year Study— Eight Years Later"(Ed.D. diss., Teachers College, Columbia University, 1951).

42 Redefer, "After Eight Years," p. 36.

43 같은 책, Redefer, "Eight Years Later," chs. 3~4.

44 Kliebard, *The Struggle for the American Curriculum* p. 269.

45 Redefer, "After Eight Years," p. 35; 8년 연구의 후속 평가에 대해서는 Gordon S. Plummer, "Unclaimed Legacy: The Eight—Year Study," *Art Education* 22(May 1969): 5~6; Charles D. Ritchie, "The Eight—Year Study: Can We Afford to Ignore It?" *Educational Leadership* 28(February 1971): 484~486; Elaine F. McNally "The Eight—Year Study," in O. L. Davis, ed., *Perspectives on Curriculum Development, 1776~1976* (Washington, D.C.: Association for Supervision and Curriculum Development, 1976), p. 221. 그 연구를 관리한 감독관의 느낀 점에 대해서는 Aiken, "Eight—Year Study," *Progressive Education* 31(October 1953): 11~14 참조.

46 Paul Goodman, *Compulsory Mis—Education*(New York: Vintage Books, 1964); Charles Silberman, *Crisis in the Classroom*(New York: Random House, 1970).

47 Allen Graubard, *Free the Children: Radical Reform and the Free School Movement*(New York: Pantheon, 1972).

48 J. Lloyd Trump, *Images of the Future*(Urbana, Ill.: Committee on the Experimental Study of the Utilization of Staff in the Secondary School, 1959); 과거와 현재의 학교개혁 설계자들과 학교개혁 사이의 관계에 대해서는 William W. Cutler III, "Cathedral of Culture: The Schoolhouse in American Educational Thought and Practice since 1820," *History Education Quarterly* 29(Spring 1989): 1~40.

49 Paul Nachtigal, *A Foundation Goes to School: The Ford Foundation Comprehensive School Improvement Program, 1960~1970*(New York: The Ford Foundation, 1972); J. Lloyd Trump, "How the Project Evolved and Developed," *NASSP Blletin* 61(November 1977): 1~4; A. John Fiorino, *Differentiated Staffing: A Flexible Instructional Organization* (New York: Harper & Row, 1972); David W. Beggs III. *Decatur—Lakeview High School: A Practical Application of the Trump*

Plan (Englewood Cliffs, N.J.: Prentice Hall, 1964).

50 Nachtigal, *Foundation*.

51 Division of Educational Development, Oregon State Department of Education, *The Oregon Program: Final Report, 1962~1967*(Salem, Oregon State Department of Education 1967) (p. 55부터 인용); Gaynor Petrequin, ed., *Individualzing Learning through Modular−Flexible Scheduling*(New York: McGrawHill, 1968).

52 Allen L. Dobbins, "Instruction at Adams," *Phi Delta Kappan* 52 (May 1971): 517, 516; 이번 호에는 애덤스 고등학교를 세운 사람들의 솔직한 자기 반성적인 글들이 실려 있다.—"Profile of a High school," pp. 514~530 참조.

53 Dobbins, "Adams," 517~519.

54 Robert B. Schwartz, "Profile of a High School: An Introduction" and "The John Adams Team," *Phi Delta Kappan* 52(May 1971): 515, 514; 또한, John Guernsey, "Portland's Unconventional Adams High," *American Education* 6(May 1970): 3~7 참조.

55 Gerald Grant, *The World we Created at Hamilton High*(Cambridge: Harvard University Press, 1988), chs. 2~3; Robert Hampel, *The Last Little Citadel: American High Schools since 1940*(Boston: Houghton Miffin, 1986), chs. 4~5.

56 Don Glines, "Why Innovative Schools Don't Remain Innovative," *NASSP Bulletin* 57(February 1973): 1~8; J. Lloyd Trump and William Georgiades, "Retrospect and Prospect," *NASSP Bulletin* 61(November 1977): 127~133; J. Lloyd Trump and William Georgiades, "Factors that Facilitate and Limit Change—From the Vantage of the NASSP Model Schools Project," 57(May 1973): 93~102; Richard R. Doremus, "What Ever Happened to... John Adams High School?" *Phi Delta Kappan* 83 (November 1981): 199~202; Doremus, "Northwest High School"; John R. Popenfus, Louis V. Paradise, and Kenneth Wagner, "StudentAttitudes toward Modular Flexible Scheduling," *The High School Journal* 62 (October 1978): 34~39; Neal C. Nickerson, Jr., "Comments on Research," *NASSP Bulletin* 87(March 1973): 104~111.

57 A. W. Sturges and Donald Mrdjenovich, "Anticipated and Experienced Problems in Implementing a Flexible−Modular School," *The Journal of Educational Research* 66(February 1973): 269~273; Scott D. Thompson, "Beyond Modular Scheduling," Phi Delta Kappan 52(April

1971): 484~487.

58 Nachtigal, *Foundation*, pp. 23, 22~26; the *Education Index*, 1929년 이후 H. H. Wilson이 간행했다. 정책 토론의 주제와 저자들에 대한 누적 색인으로써 유동적 시간표와 같은 정책 토론 주제에 대하여 좋은 지표가 된다.

59 John D. Philbrick, *City School Systems in the United States*, U.S. Bureau of Education Circular of Information no. 1, 1885(Washington, D.C.: GPO, 1885), p. 47; Patricia Hansen and John Guenther, "Minicourse Programs at the Crossroads," *Phi Delta Kappan* 59(June 1978): 715~716; 주의원들의 말은 Michael W. Kirst, "Recent State Education Reform in the United States: Looking Backward and Forward," *Educational Administration Quarterly* 24(August 1988): 319~328에서 언급함. William Bennett, *American Education: Making It Work*(Washington, D.C.: GPO, 1988).

60 최근, 교육개혁에 나타난 비슷한 문제의 증거들은 Donna E. Muncey and Patrick J. McQuillen, "Preliminary Findings from a Five-Year Study of the Coalition of Essential Schools," *Phi Delta Kappan* 74(February 1993): 486~489, and Patricia A. Wasley, "Stirring the Chalkdust: Changing Practices in Essential Schools", *Teachers College Record* 93(Fall 1991): 28~58 참조.

61 Lawrence A. Cremin, *The Transformation of the School: Progresstivism in American Education, 1876~1957*(New York: Alfred A. Knopf, 1962), ch. 9, pp. 350~351. 진보적 이론과 실제 적용 사이의 관계와 이와 관련된 의견이 변하는 환경에 대해서는 Arthur Zilversmit, *Changing Schools: Progressive Education Theory and Practice, 1930~1960*(Chicago: University of Chicago Press, 1993), esp. pp. 169~170.

62 Milbrey Wallin McLaughlin, "Implementation as Mutual Adaptation: Change in Classroom Organization," *Teachers College Record* 77 (February 1976): 342~343; Orlosky and Smith, "Educational Change"; Neal Gross, Joseph B. Giacquinta, and Marilyn Bernstein, *Implementing Organizational Innovations*(New York: Basic Books, 1971).

63 오늘날 중산층에 영향력 있는 강력한 개혁의 세 가지 예는 Henry Levin, *Accelerated Schools: A New Strategy for At-Risk Students*, Policy Bulletin no. 6 (Bloomington, Ind.: Consortium on Educational Policy Studies, School of Education, Indiana University, 1989); Theodore R. Sizer, *Horace's School: Redesigning the American High School*(Boston:

Houghton Mifflin, 1992); and James P. Comer, "New Haven's School—Community Connection," *Educational Leadership* 44(March 1987): 13~16 참조.

5장 학교교육을 다시 만들기

1 U.S. Department of Education, *America 2000: An Education Strategy* (Washington, D.C.: U.S. Department of Education, 1991), 15; New American Schools Development Corporation, *Designs for a New Generation of American Schools: Request for Proposals*(Arlington, Va.: New American Schools Development Corporation, 1991), cover, pp. 7, 20~21(Bush 대통령의 말은 p. 7에서 언급함); Karen DeWitt, "Bush's Model— School Effort Draws Ideas but Little Money," *New York Times*, May 28, 1992, p. A9; Gary Putka, "Foundation Encourages Firms to Devise a New Class of Schools," *Wall Street Journal*, August 26, 1991, pp. B1~B2; 학교교육에 대한 미국인의 영원한 믿음에 대해서는 Henry J. Perkinson, *The Imperfect Panacea: American Faith in Education, 1965~1990*(New York: McGraw—Hill, 1991).

2 William Celis III, "Private Group Hired to Run Nine Public Schools in Baltimore," *New York Times*, June 11, 1992, p. A9; David A. Bennett, "Rescue Schools, Turn a Profit," *New York Times*, June 11, 1992, p. A19; Mark Walsh, "Whittle Unveils Team to Design New Schools," *Education Week*, March 4, 1992, p. 1 Dinitia Smith, "Turning Minds into Profits," *This World*, September 20, 1992, pp. 8~9, 12; Linda Darling—Hammond, "For—Profit Schooling: Where's the Public Good?" *Education Week*, October 7, 1992, p. 40; Jonathan Kozol, "Whittle and the Privateers," *The Nation*, September 21, 1992, pp. 272~278.

3 Edison의 말은 Cuban, *Teachers and Machines: The Classroom Use of Technology since 1920*(New York: Teachers College Press, 1986) p. 9; Virginia Woodson Church, *Teachers Are People, Being the Lyrics of Agatha Brown, Sometime Teacher in the Hilldale High School*, 3rd ed. (Hollywood, Calif.: David Fischer Corporation, 1925), p. 59에서 언급. 최근 기술에 대한 찬사는 William C. Norris, "Via Technology to a New Era in Education," *Phi Delta Kappan* 58(February 1977): 451~453.

4 Howard Gardner, "The Two Rhetorics of School Reform: Complex Theories vs. the Quick Fix," *Chronicle of Higher Education*, May 6, 1992, pp. 7~8; 공립학교를 관리하기 위하여 새로운 영리학교를 세우는 휘틀 계획(Whittle's Project)의 축소에 대해서는 Geraldine Fabrikanr, "Whittle Schools Said to Scale Back Its For—Profit Schools Plan," *New York Times*, July 30, 1993, pp. C1, C5, and Peter Applebome, "The Reasons behind For—Profit Management's Appeal Are Clear. But Will It Really Work?" *New York Times*, November 2, 1994, p. B8 참조. 신 미국학교개발법인의 미사여구와 예산의 축소에 대해서는 James A. Mecklinburger, "The Braking of the 'Break—the—Mold' Express," *Phi Delta Kappon* 74(December 1992): 280~289 참조.

5 P. Carpenter—Huffman, G. R. Hall, and G. C. Sumner, *Change in Education: Insights from Performance Contracting*(Cambridge, Mass.: Ballinger, 1974), p. 54—학교에서의 성과계약을 통해 "검증되지 않은 학습 시스템을 팔려는 회사들 사이의 경쟁은 과장된 기대만을 부추기는 결과를 낳았다"는 것을 발견했다.

6 Mecklenburger, "'Break—the—Mold' Express," p. 281; Elisabeth Hansot, *Perfection and Progress: Two Modes of Utopian Thought*(Cambridge: MIT Press, 1974).

7 "Saving our Schools," *Business Week*, September 14, 1992, pp. 70~80; Lonnie Harp, "Group Dissects Education 'Industry' with Eye to Improving Productivity," *Education week*, November 18, 1992, pp. 1, 13; "Saving Our Schools," special issue of *Fortune*, Spring 1990; H. Thomas James, *The New Cult of Efficiency and Education*(Pittsburgh: University of Pittsburgh Press, 1969); NEA, *In Its Own Image: Business and the Reshaping of Public Education*(Washington, D.C.: NEA, 1990).

8 Gerald N. Tirozzi, "Must We Reinvent the Schools?" in *Voices from the Field: Thirty Expert Opinions on "America 2000," the Bush Administration Strategy to "Reinvent" America's Schools*(Washington, D.C.: William T. Grant Foundation Commission on Work, Family, and Citizenship and the Institute for Educational Leadership, 1991), pp. 9~10.

9 Richard Bumstead, "Performance Contracting," reprinted from *Educate* (October 1970) in J. A. Mecklenburger, J. A. Wilson, and R.W. Hostrop, eds., *Learning C.O.D.*(Hamden, Conn.: Linnet Books, 1972),

p. 28.

10 Larry Cuban, "Reforming Again, Again, and Again," *Educational Researcher* 19(January−February 1990): 3~13.

11 Edward J. Meade, Jr., "Ignoring the Lessons of Previous School Reforms," in *Voices*, p. 46; Robert E. Herriott and Neal Gross, eds., *The Dynamics of Planned Educational Change* (Berkeley: McCutchan, 1979), p. 275; Milbrey W. McLaughlin, "Where's the Community in *American 2000?*" in *Voices*, p. 44. '요술 고무(silly putty)'라는 은유는 Tomas B. Timer and David L. Kirp. *Managing Educational Excellence* (New York: Falmer Press, 1988), p. 127에 나온다.

12 Susan R. Nevas, "Analytic Planning in Education: Critical Perspectives," *Interchange* 8, no. 3(1977~1978): 13~42; James A. Mecklenberger, "My Visit to BRL," in Mecklenburger, Wilson, and Hostrop, eds., *Learning C.O.D.*, pp. 215~218; Leon Lessinger, *Every Kid a Winner: Accountability in Education*(New York: Simon and Shuster, 1970); James, *The New Cult*.

13 Raymond E. Callahan, *Education and the Cult of Efficiency*(Chicago: University of Chicago Press, 1962); David Tyack and Elisabeth Hansot, *Managers of Virtue: Public School Leadership in America, 1820~1980* (New York: Basic Books, 1982), pt. 2.

14 Cubberley에 대해 Callahan, *Cult*; NEA, *In Its Own Image*, p. 97에서 인용.

15 David Tyack, Robert Lowe, and Elisabeth Hansot, *Public Schools in Hard Times: The Great Depression and Recent Years*(Cambridge: Harvard University Press, 1984), chs. 1~2.

16 John Brackett, Jay Chambers, and Thomas Parrish, *The Legacy of Rational Budgeting Models in Education and a Proposal for the Future*, Project Report no. 83~A21, Institute for Research on Educational Finance and Governance, Stanford University, 1983.

17 Odiorne에 대해 S. J. Knezevich, *Management by Objectives and Results —A Guidebook for Today's School Executive*(Arlington, Va.: American Association of School Administrators, 1973), p. 4에서 인용. Carmelo V. Sapone and Joseph L. Guliano, "Management−by−Objectives: Promise and Problems," *Educational Technology* 17(August 1977): 38; Philip C. Winstead, "Managing by Objectives or Managing by Delusions?" *Educational Technology* 20(December 1980): 35~37; 학군

단위의 목표관리 실행에 대한 사례연구에 대해서는 Lee S. Sproull and Kay Ramsey Hofmeister, "Thinking about Implementation," *Journal of Management* 12, no. 1(1968): 43~60 참조.

18 Aaron Wildavsky, "Rescuing Policy Anlysis from PPBS," in R. H. Haveman and J. Margolis, eds., *Public Expenditures and Policy Analysis* (Chicago: Markham, 1970), p. 469; Brackett, Chambers, and Parrish, "Rational Budgeting Models in Education."

19 Michael W. Kirst, "The Rise and Fall of PPBS in California," *Phi Delta Kappan* 56(April 1975): 536~538.

20 Harry F. Wolcott, *Teachers versue Technocrats: An Educational Innovation in Anthropological Perspective*(Eugene, Or.: Center for Educational Policy and Management, 1977), pp. 14, 241, 244~245.

21 Kirst, "Rise and Fall of PPBS," pp. 536~538.

22 Francis Keppel, "The Business Interest in Education," *Phi Delta Kappan* 18(January 1967): 188, 187~190; Francis Keppel, "New Relationships between Education and Industry," *Public Administration Review* 30 (July－August 1970): 353~359; 군대·회사·학교의 관련성에 대해서는 Douglas D. Nobble, *The Classroom Arsenal Military Research, Information Technology, and Public Education*(Philadelphia: Falmer Press, 1991) 참조.

23 Stanley Elam, "The Age of Accountability Dawns in Texarkana," *Phi Delta Kappan* 51(June 1970): 509~514.

24 Quotations from James A. Mecklenburger and John H. Wilson, "Learning C.O.D: Can the Schools Buy Success?" reprinted from *Saturday Review* September, 18, 1971, in Mecklenburger, Wilson, and Hostrap, *Learning C.O.D.*, p. 2.

25 Mecklenberger, "My Visit to BRL," in Mecklenburger, Wilson, and Hostrap, *Learning C.O.D.*, p. 216; Roald F. Campbell and James E. Lorion, *Performance Contracting in School Systems*(Columbus: Charles E. Merrill Publishing Co., 1972), pp. 33~39.

26 교사들에 대해 Elam, "Texarkana," in Mecklenburger, Wilson, and Hostrrop, *Learning C.O.D.*, p. 25에서 인용. Campbell and Lorion, *Performance Contracting*, ch. 8; 여러 가지 비판을 보려면 Mecklenburger, Thomas, and Hostrop, *Learning C.O.D.*, pp. 43~47, 391~324, J. Lawrence McConville, "Evolution of Performance Contracting," *The Educational Forum* 37(May 1973): 443~452, and Paul Goodman, "The

. Education Industries," *Harvard Educational Review* 37(Winter 1967): 107~115 참조.

27 Campbell and Lorion, *Performance Contracting*, ch. 2.

28 Richard Bumstead, "Performance Contracting," in Meckelburger, Thomas, and Hostrop, *Learning C.O.D.*, p. 35; Reed Martin and Peter Briggs, "Private Firms in the Public Schools," *Education Turnkey News*, February—March 1971, Mecklenburger and Tomas, Hostrop, *Learning C.O.D.*, p. 226에서 언급함. Green에 대해 Campbell and Lorion, *Performance Contracting* p. 16에서 언급함.

29 Bumstead, "Performance Contracting," pp. 34~39; Campbell and Lorion, *Performance Contracting*, pp. 29~33.

30 *Education Daily*, October 1, 1975, p. 5; Campbell and Lorian, *Performance Contracting*, pp. 111~135; Carpenter—Huffman, Hall, and Sumner, *Change*, p. 53; Battelle Columbus Laboratories, *Final Report on the Office of Economic Opportunity Experiment in Educational Performance Contracting* (Columbus: Battelle Memorial Institute. 1972).

31 Myron Lieberman, *Privatization and Educational Choice* (New York: St. Martin's Press, 1989), ch. 4; Kozol, "Whittle"; 평가에 대한 다른 비평에 대해서는 Carpenter—Huffman, Hall. and Sumner, *Change* 참조; 사회적 실험으로 성과 계약에 대한 비평과 분석에 대해서는 Edward M. Gramlich and Patricia P. Koshel, *Educational Performance Contracting*(Washington, D.C.: Brookings Institutcion, 1975) 참조.

32 Josiah F. Bumstead, *The Blackboard in the Primary Schools* (Boston: Perkins and Marvin, 1841), p. viii. and Andrews & Co., *Illustrated Catalogue of School Merchandise*(Chicago, 1881), p. 73, Charnel Anderson, *Technology in American Education, 1650~1900*(Washington, D.C.: GPO, 1962), pp. 18, 32에서 인용. David Tyack, "Educational Moonshot?" *Phi Delta Kappan* 58(February 1977): 457; Philip W. Jackson, *The Teacher and the Machine*(Pittsburgh: University of Pittsburgh Press, 1967).

33 1931년까지 25개 주와 많은 대도시에 시청각 교육을 전담하는 부서가 있었다.—Cuban, *Teachers and Machines* p. 12; Paul Saettler, *A History of Instructional Technology*(New York: McGraw—Hill, 1968), ch. 7; David Tyack and Elisabeth Hansot, "Futures That Never Happened: Technology and the Classroom," *Education Week*,

September 4, 1985, pp. 40, 35.

34 Cuban, *Teachers and Machines*, Anthony Oettinger and Selma Marks, "Educational Technology: New Myths and Old Realities," *Harvard Educational Review* 38(Fall 1968): 697~717; *the Education Index*, 앞서 언급한 것처럼 다양한 교육공학적 교수법의 과장된 주장은 기복 있는 도표로 보여주었다.

35 Larry Cuban, "Determinants of Curriculum Change and Stability." in Jon Schaffarzick and Gary Sykes, eds., *Value Conflicts and Curriculum Issues*(Berkeley: McCutchan, 1979), pp. 139~196.

36 Anderson, *Technology*.

37 Saettler, *History*, pp. 110~111, 127.

38 Cuban, *Teachers and Machines*, ch. 1; Saettler, History, pp. 302~303.

39 Mark May and Arthur Lumsdaine, *Learning from Films*(New Haven: Yale University Press, 1958), p. 206.

40 William Levenson, *Teaching through Radio*(New York: Farrar and Rinehart, 1945), p. 181; Norman Woelfel and Keith Tyler, *Radio and the School*(Yonkers-on-Hudson: World Book Co., 1945), pp. 3, 4~5.

41 *Decade of Experiment: The Fund for the Advancement of Education, 1951~1961*(New York: The Ford Foundation, 1962); Cuban, *Teachers and Machines*, ch. 2.

42 Cuban, *Teachers and Machines*, pp. 38~39(옹호자에 대해 p. 50에 인용).

43 같은 책, ch. 3.

44 같은 책.

45 U.S. Department of Commerce, *Statistical Abstract of United States, 1991* (Washington,D.C.: GPO, 1991), p. 150; Peter West, "Survey Finds Gaps in U.S. Schools' Computer Use," *Education Week*, December 15, 1993, p. 8; Gina Boubion, "Technology Gap Frustrates Schools," *San Jose Mercuty*, March 14, 1993, pp. 1, 8A; Charles Pillar, "Separate Realities: The Creation of the Technological Underclass in America's Public Schools," *Macworld*, September 1992, pp. 218, 218~231.

46 Pillar, "Separate Realities," pp. 218~219.

47 U.S. Congress, Office of Technology Assessment, *Power On: New Tools for Teaching and Learning*(Washington, D.C.: GPO, 1988), p. 6, passim.

48 Larry Cuban, "Computers Meet Classroom; Classroom Wins," *Teachers College Record* 95, no. 2(Winter 1993): 185~210.

49 Susan Russell, *Beyond Drill and Practice: Expanding the Computer Mainstream*(Reston, Va.: The Council for Exceptional Children, 1989); Office of Technology Assessment, *Power On*.

50 교사와 정책입안자의 서로 다른 세계에 대해서는 Neal Gross, Joseph B. Giacquinta, and Marilyn Bernstein, *Implementing Organizational Innovations*(New York: Basic Books, 1971), and Milbrey McLaughlin, "Learning from Experience: Lessons from Policy Implementation," *Educational Evaluation and Policy Analysis* 9(Summer 1987): 172, 171~178 참조.

51 Linda Darling-Hammond and Barnett Berry, *The Evolution of Teacher Policy*(Washington, D.C.: Center for the Study of the Teaching Profession, 1988); William R. Johnson, "Teachers and Teacher Training in the Twentieth Century," in Donald Warren, ed., *American Teachers: Histories of a Profession at Work*(New York: Macmillan,1989), pp. 237~256; U.S. Department of Education, *America 2000*, p. 13.

52 "The Single Salary Schedule," *School and Society* 20(July 5, 1924): 9, 9~13; "An Unjust Discrimination," *The Journal of the National Education Association* 12(February 1923): 48; 1921년 이후 NEA는 단일 임금체계를 선호하였다.—NEA *Addresses and Proceedings, 1921*, p. 27.

53 Wayne E. Fuller, "The Teacher in the Country School," in Warren, ed., *Teachers*, pp. 98~117; Michael W. Sedlak, "'Let Us Go and Buy a School Master': Historical Perspectives on the Hiring of Teachers in the United States, 1750~1980," in Warren, ed., *Teachers*, pp. 257~290.

54 David Tyack and Elisabeth Hansot, *Learning Together: A History of Coeducation in American Public Schools*(New Haven: Yale University Press and the Russell Sage Foundation, 1990), pp. 57~69.

55 Willard A. Ellsbree, *The American Teacher: Evolution of a Profession in a Democracy*(New York: American Book Co., 1939); David Tyack, *The One Best System: A History of American Urban Education*(Cambridge: Harvard University Press, 1974), pp. 59~65, 255~294.

56 NEA, *Addresses and Proceedings, 1922*, p. 45; Vaughan MacCaughey,

"The Single Salary Schedule," *School and Society* 20(July 5, 1924): 9~13; Ellsbree, *Teacher*, p. 451.

57 Dio Richardson, "Single—Salary Schedules," *The Journal of the National Education Association* 11(June 1922): 226; Cora B. Morrison, "Single Salary Schedules," NEA, *Addresses and Proceedings*, 1924, pp. 480~486.

58 Henry D. Hervey, "The Rating of Teachers," NEA, *Addresses and Proceedings, 1921*, p. 825; Callahan, *Cult*; Richard J. Murnane and David K. Cohen, "Merit Pay and the Evaluation Problem: Why Most Merit Pay Plans Fail and a Few Survive," *Harvard Educational Review* 56 (February 1986): 2, 1~17.

59 Susan Moore Johnson, "Merit Pay for Teachers: A Poor Prescription for Reform," *Harvard Educational Review* 54 (May 1984): 179, 175~185; William A. Firestone, Susan H. Fuhrman, and Michael W. Kirst, *The Progress of Reform: An Appraisal of State Education Initiatives* (New Brunswick, N.J.: Center for Policy Research in Education, 1989).

60 Johnson, "Merit Pay."

61 Richard R. Doremus, "Kalamazoo's Merit Pay Plan," *Phi Delta Kappan* 63(February 1982): 409~410.

62 Johnson, "Merit Pay"; P. J. Porwoll, *Merit Pay for Teachers*(Arlington, Va.: Educational Research Service, 1979); Susan M. Johnson, "Incentives for Teachers: What Motivates, What Matters?" *Educational Administration Quarterly* 22(Summer 1986): 54~79; Murnane and Cohen, "Merit Pay," p. 2.

63 Murnane and Cohen, "Merit Pay," pp. 12~15.

64 Susan Moore Johnson, "Redesigning Teachers' Work," in Richard Elmore et al., *Restructuring Schools: The Next Generation of Educational Reform* (San Francisco: Jossey—Bass, 1990), pp. 125, 128.

65 Susan Moore Johnson, *Teachers at Work: Achieving Success in Our Schools*(New York: Basic Books, 1990), ch. 10.

66 Jerry Duea, "School Officials and the Public Hold Disparate Views on Education," *Phi Delta Kappan* 63(March 1982): 479; Dan C. Lortie, *Schoolteacher: A Sociological Study*(Chicago: University of Chicago Press, 1975), p. 105; Johnson, *Teachers at Work*.

67 Karen De Witt, "Most Parents in Survey Say Education Goals Can't Be Met," *New York Times*, November 13, 1991, p. B7.

68 Sarah Lawrence Lightfoot이 보여주듯이, 좋은 학교는 지역적 맥락에 맞는 다양한 형태로 나타났다. *The Good High School: Portraits of Character and Culture*(New York: Basic Books, 1983).

69 Milbrey W. McLaughlin, "Where's the Community in *America 2000?*" in *Voices*, p. 44; Edward J. Meade, Jr., "Ignoring the Lessons of Previous School Reforms," in *Voices*, p. 46; 모범학교와 실험학교와 관련하여 단명한 연방프로그램에 대해서는 Harold Howe II, "Seven Large Questions for *America 2000*'s Authors," in *Voices*, p. 27, and Michael W. Kirst, "Strengthening Federal – Local Relationships Supporting Educational Change," in Robert E. Herriott and Neal Gross, eds., *The Dynamics of Planned Educational Change*(Berkeley: McCutchan, 1979), p. 275 참조.

70 Vicki Matthews – Burwell, "Drinking It All In," *New York Times*, February 12, 1994, p. 15.

에필로그: 미래를 기대하며

1 U.S. Department of Education, *America 2000: An Education Strategy* (Washington, D.C.: U.S. Department of Education, 1990), p. 2; Milbrey W. McLaughlin, "Where's the Community in *America 2000?*" in *Voices from the Field: Thirty Expert Opinions on "America 2000," the Bush Administration Strategy to "Reinvent" America's Schools*(Washington, D.C.: William T. Grant Foundation Commission on Work, Family, and Citizenship and the Institute for Educational Leadership, 1991), pp. 43~44.

2 Richard F. Elmore and Milbrey Wallin McLaughlin, *Steady Work: Policy, Practice and the Reform of American Education*(Santa Monica: Rand Corporation, 1988); Michael Lipsky, *Street Level Bureaucracy: Dilemmas of the Individual in Public Services*(New York: Russell Sage Foundation, 1980); Milbrey McLaughlin, "Learning from Experience: Lessons from Policy Implementation," *Educational Evaluation and Policy Analysis* 9 (Summer 1987): 172.

3 Milbrey W. McLaughlin and Joan E. Talbert, *Contexts That Matter for Teaching and Learning: Strategic Opportunities for Meeting the Nation's Goals*(Stanford, Calif.: Center for Research on the Context of

Secondary School Teaching, 1993); Joan E. Talbert, Milbrey McLaughlin, and Brian Rowan,"Understanding Context Effects on Secondary School Teaching," *Teachers College Record* 95(Fall 1993): 45~68.

4 Daniel Lortie, *Schoolteacher*(Chicago: University of Chicago Press, 1975).

5 Elmore and McLaughlin, *Steady Work*, p. v.

6 *New Yorker*, August 12, 1991, pp. 22~23.

7 같은 책.

8 Jane L. David and Paul D. Goren, *Transforming Education: Overcoming Barriers*(Washington, D.C.: National Governors' Association, 1993); Harold Howe II, "*America 2000*: A Bumpy Ride on Four Trains," *Phi Delta Kappan* 73(November 1991): 192~203.

9 Leslie Siskin, *Realms of Knowledge: Academic Departments in Secondary Schools*(Philadelphia: Falmer Press, 1994); David K. Cohen, Milbrey W. McLaughlin, and Joan E. Talbert, eds., *Teaching for Understanding: Challenges for Policy and Practice*(San Francisco: Jossey—Bass, 1993); Katherine C. Boles, "School Restructuring by Teachers," *Journal of Applied Social Science* 28(June 1992): 173~203; James P. Comer, "Educating Poor Minority Children," *Scientific American*, November 1988, pp. 42~48; Henry M. Levin, "Accelerated Schools for Disadvantaged Students," *Educational Leadership* 44(March 1987): 19~21; Theodore R. Sizer, *Horace's School: Redesiging the American High School*(Boston: Houghton Mifflin, 1992).

10 저자들은 학교교육이 학생들의 학습 내용 향상과 교사들의 중요성에 초점을 두어야 함을 강조했다. 하지만 최근 학교교육에서 '제도 개혁'은 이러한 강조점과 부분적으로 양립된다. 제도 개혁에서는 학생들의 학습에 주안점을 두고 상향식·하향식 전략을 모두 제안하는데, 제도 개혁론자들은 교실에서 새로운 학습 표준을 도입하기 위하여 교사들의 창의적 역할이 필요하다고 역설했기 때문이다. 구조 변화에 대한 이러한 신진보주의적 의미를 통해 개혁가들은 적극적 학습을 강조하는 도전적 교육법과 이해를 위한 교수법을 옹호하였다. 그러나 국가표준과 시험에서 진보적 행정가들은 주요한 교수 내용을 결정하고 교사들은 교육과정에 관하여 거의 할 말이 없도록 만들기 때문에 과거 '단일 최선 제도'의 세련된 변형이 될 가능성이 크다. Marshall S. Smith and Jennifer O'Day, "Systemic School Reform," in Susan Fuhrman and Betty Malen, eds., *The Politics of Curriculum and Testing*(New York: Falmer Press,

1991), pp. 233~267 참조.

11 Deborah Meier, "Choice Can Save Public Education," *The Nation*, March 4, 1991, pp. 270, 253, 266~271.

12 John E. Chubb and Terry M. Mae, *Politics, Markets, and America's Schools*(Washington, D.C.: Brookings Institution, 1990); Chester E. Finn, "Reinventing Local Control," *Education Week*, January 23, 1991, pp. 40, 32; Dennis P. Doyle and Chester E. Finn, "American Schools and the Future of Local Control," *The Public Interest* 77(Fall 1984): 77~95.

13 Ellwood P. Cubberley, *Changing Conceptions of Education*(Boston: Houghton Mifflin, 1909), p. 78.

색 인

새 번역을 마치고 나서

학교를 믿고 맡기자!

세 번째 개정 번역판을 내는 역자들의 눈에 마지막까지 계속 밟혔던 단어가 Trusteeship이다. 이전 번역에서는 이를 신탁(信託)으로 두었다. 신탁의 사전적 의미는 "믿고 맡김"(국립국어원 표준국어대사전)이다. 이렇듯 신탁이라는 단어가 괜찮은 의미를 가졌지만 긍정적인 어감으로 다가오지 않는 이유는 아마도 해방 이후 UN의 신탁통치를 찬성 또는 반대했던 치열한 정치적 경험 때문이라 생각한다. 이를 감안하여 이번에는 원어 발음대로 트러스티십으로 두고 영어와 한글을 병기했다.

저자들은 학교를 통한 신탁이 "공동의 미래를 긍정적으로 기대하면서 위대한 과거의 경험을 보존하는 것"이라 하면서, 과거에 우리에게 주어졌던 신탁통치라는 정치적 과제와 같은 것임을 밝히고 있다. 학생을 학교에 믿고 맡겨야 하는 것이 단순하거나 쉽지 않은 일이기에 정치적 과제라고 역설하는 것이다.

과거와 비교해볼 때 학교의 '객관적' 질은 좋아졌음에도, 사람들은 학교가 예전 같지 않다고 이야기하는 경우가 많다. 국가 GDP의 약 5%가 교육 예산으로 쓰이고 있으며, 세계 어느 나라보다 좋은 학교시설을 보유하고 있다. 흔히 좋은 교육의 모범으로 부러워하는 핀란드의 교사는 성적으로 보아 상위 20%, 싱가포르는 상위 10%인 데 반해 우리나라의 교사는 상위 5%내에 드는 우등생들이다. 과거보다 더 많은 예산으로 더 나은 시설에서 더 우수한 교사들이 가르치고 있는데 왜 과거만 못하다고 느끼는 것일까?

"학교 가서 선생님 말씀 잘 듣고 친구들과 싸우지 마라!" 예전에 우리의 어머니들이 우리들의 등굣길에 하시던 말씀이다. 교사에 대한 존중과 공동체에 대한 소속감과 유대감을 일러 주신 것이다. 학교에 대한 믿음을 아침마다 자신들도 되새기고 자녀들에게도 알려 주신 것이다. 이런 말씀을 듣고 자라난 아이들이 이제 부모 세대가 되었다. 지금 부모들은 자녀들의 등굣길에 "학교 끝나고 빨리 오라!"고 한다. 학교에 대한 믿음을 거의 주지 않는다.

못 해서 믿음을 주지 않는 건지, 믿음을 주지 않아서 못하는 건지에 대한 필자와 역자들의 생각은 후자다. 한 번 믿어봤으면 좋겠다. 학교를 한 번 믿어보자. 믿으려면 어금니를 꽉 깨물어야 한다. 우리 학교니까 가능하다고!

2017년 새 봄을 재촉하며
옮긴이

지은이 소개

David Tyack
미국 스탠퍼드 대학교 역사학 명예교수

Larry Cuban
미국 스탠퍼드 대학교 교육학 명예교수

옮긴이 소개

권 창 욱
서울대학교 수학과 졸업
미국 컬럼비아대학교(수학교육학 박사)
전) 정신여고 수학교사
현) 앰플에듀(교육컨설팅) 대표

박 대 권
연세대학교 교육학과 졸업
연세대학교 대학원 교육학과 졸업
미국 컬럼비아대학교(교육정치학 박사)
전) 서울대학교 BK21역량기반교육혁신연구사업단 박사후 연구원
　　서울대학교 한국인적자원연구센터 선임연구원
현) 명지대학교 사회과학대학 청소년지도학과 조교수

학교 없는 교육개혁: 유토피아를 꿈꾼 미국 교육개혁 100년사

초판발행	2011년 9월 1일
제2판발행	2013년 9월 10일
제3판발행	2017년 2월 28일
중판발행	2018년 10월 26일

지은이	David Tyack · Larry Cuban
옮긴이	권창욱 · 박대권
펴낸이	안상준

편 집	배근하
기획/마케팅	이선경
표지디자인	권효진
제 작	우인도 · 고철민

펴낸곳	㈜ 피와이메이트
	서울특별시 마포구 월드컵북로 400, 5층 2호(상암동, 문화콘텐츠센터)
	등록 2014. 2. 12. 제2015-000165호
전 화	02)733-6771
f a x	02)736-4818
e-mail	pys@pybook.co.kr
homepage	www.pybook.co.kr
ISBN	979-11-87010-79-1 93370

* 잘못된 책은 바꿔드립니다. 본서의 무단복제행위를 금합니다.
* 역자와 협의하여 인지첩부를 생략합니다.

정 가   17,000원

박영스토리는 박영사와 함께하는 브랜드입니다.